权威·前沿·原创

皮书系列为
"十二五""十三五""十四五"时期国家重点出版物出版专项规划项目

BLUE BOOK

智库成果出版与传播平台

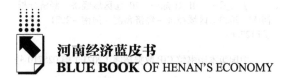

河南经济蓝皮书
BLUE BOOK OF HENAN'S ECONOMY

2021年河南经济形势分析与预测
ECONOMY OF HENAN ANALYSIS AND FORECAST (2021)

主　编／陈红瑜

副主编／赵德友　刘朝阳

社会科学文献出版社
SOCIAL SCIENCES ACADEMIC PRESS（CHINA）

图书在版编目（CIP）数据

2021 年河南经济形势分析与预测／陈红瑜主编．——
北京：社会科学文献出版社，2021.2（2024.10 重印）
（河南经济蓝皮书）
ISBN 978 - 7 - 5201 - 7923 - 2

Ⅰ. ①2⋯　Ⅱ. ①陈⋯　Ⅲ. ①区域经济 - 经济分析 -
河南 - 2020②区域经济 - 经济预测 - 河南 - 2021　Ⅳ.
①F127. 61

中国版本图书馆 CIP 数据核字（2021）第 025710 号

河南经济蓝皮书
2021 年河南经济形势分析与预测

主　　编／陈红瑜
副 主 编／赵德友　刘朝阳

出 版 人／冀祥德
组稿编辑／任文武
责任编辑／高振华　张丽丽
责任印制／王京美

出　　版／社会科学文献出版社·生态文明分社（010）59367143
　　　　　地址：北京市北三环中路甲 29 号院华龙大厦　邮编：100029
　　　　　网址：www. ssap. com. cn
发　　行／社会科学文献出版社（010）59367028
印　　装／北京盛通印刷股份有限公司

规　　格／开本：787mm×1092mm　1/16
　　　　　印张：20.5　字数：305 千字
版　　次／2021 年 2 月第 1 版　2024 年 10 月第 2 次印刷
书　　号／ISBN 978 - 7 - 5201 - 7923 - 2
定　　价／128.00 元

读者服务电话：4008918866

"河南经济蓝皮书"编委会

"河南经济蓝皮书"编辑部

摘　要

2020 年是新中国历史上极不平凡的一年，也是"十三五"规划收官之年。河南全面落实习近平总书记关于河南工作的重要讲话和指示批示精神，统筹推进疫情防控和经济社会发展，扎实做好"六稳"工作，全面落实"六保"任务，全省经济持续恢复向好，"十三五"规划目标任务总体完成，全面建成小康社会取得伟大历史性成就，中原更加出彩宏伟事业向前迈进了一大步。

2021 年"河南经济蓝皮书"深入贯彻党的十九大和十九届二中、三中、四中、五中全会及中央经济工作会议精神，认真落实省委十届十二次全会暨省委经济工作会议部署要求，重点围绕反映河南坚持新发展理念、立足新发展阶段、构建新发展格局情况展开研究，为党委政府和社会公众提供高质量的决策参考依据。本年度蓝皮书分为主报告、分析预测篇、战略措施篇和专题研究篇四大板块。

主报告由两篇文章构成。主报告 B.1《2020～2021 年河南省经济形势分析与展望》认为，2020 年面对新冠肺炎疫情带来的严重冲击和复杂多变的国内外环境，全省上下以习近平新时代中国特色社会主义思想为指导，积极落实党中央、国务院和省委省政府决策部署，统筹推进疫情防控和经济社会发展，生产供给不断改善，市场需求稳步回暖，新兴动能继续增强，民生大局总体平稳，全省经济呈现持续稳定恢复向好态势。2021 年是"十四五"开局之年，河南经济发展面临复杂多变的内外部环境，巩固经济恢复成果和增强经济发展后劲任务紧迫，必须立足新发展阶段，紧扣"十四五"规划

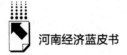

目标任务，坚定不移贯彻新发展理念，全面融入以国内大循环为主体、国内国际双循环相互促进的新发展格局，深入落实"四个着力"、持续打好"四张牌"，努力保持经济运行在合理区间，确保"十四五"开局之年迈好第一步、见到新气象。主报告 B.2《"十三五"时期河南省经济社会发展成就综述》深入分析"十三五"以来，河南在经济社会各个方面取得的辉煌成就，以及为高起点开启全面建设社会主义现代化新征程、谱写新时代中原更加出彩的绚丽篇章所奠定的坚实基础。

分析预测篇重点反映 2020 年河南三次产业运行态势和最终产品支出方面的变化形势，客观分析在新形势下各产业发展现状格局、取得的成绩、出现的亮点和发展中存在的问题等，并对未来发展趋势进行了预测。

战略措施篇主要反映全省贯彻落实党的十九大以及习近平总书记对河南工作的重要指示精神，重点围绕新发展格局、"三大攻坚战"、"四张牌"、"三区一群"等党中央、国务院和省委省政府重大发展战略措施推进情况、存在的问题以及如何进一步加快推进等方面进行了分析和研判。

专题研究篇立足新发展阶段，围绕河南构建新发展格局中的重点、热点、难点问题开展专题调研，通过理论与实践相结合进行深入分析和研究，对存在的问题给出有针对性的对策建议。

关键词： 经济形势　新发展阶段　全面小康　河南

Abstract

2020 is an extraordinary year in the history of New China, and it is also the closing year of the "13th Five – Year Plan". Henan has fully implemented the spirit of General Secretary Xi Jinping's important speech and instructions on the work of Henan Province, coordinated the promotion of COVID – 19 prevention and control and economic and social development, solidly performed the "Six Stabilities" work, fully implemented the "Six Guarantees" task, which have enabled the continuously recovering of Henan's economy, the overall completion of goals and tasks of the "13th Five – Year Plan" and the making of great historical achievements in comprehensively building a well-off society, making the Central Plains take a big step forward in its brilliant and grand undertaking.

In the 2021 *Blue Book of Henan's Economy*, Henan has thoroughly implemented the spirit of the 19th National Congress of the Communist Party of China, the 2nd, 3rd, 4th and 5th Plenary Sessions of the 19th Central Committee of the Communist Party of China and the Central Economic Work Conference, earnestly implemented the deployment requirements of 12th Plenary Session of the 10th Provincial Party Committee and the Provincial Party Committee Economic Work Conference, and attached importance to focus on the study of Henan's adherence to the new development concept, being based on the new development stage, and the construction of a new development pattern, so as to provide a high-quality decision-making reference for the party committee, the government and the social public. This annual blue book is divided into such four sections as General Reports, Analysis and Forecast, Strategic Measures and Monographic Study Part.

General Reports consists of two articles. The General Reports 1 – "Analysis and Outlook on the Economic Situation of Henan Province in 2020 and 2021"

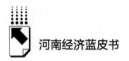

believes that in 2020, facing the severe impact, and the complex and changeable domestic and foreign environment caused by COVID – 19, the whole province has, under the guidance of Xi Jinping Thought on Socialism with Chinese Characteristics for a New Era, actively implemented the decisions and deployments of the Central Party Committee, the State Council, and the Provincial Party Committee and the Provincial Government, coordinated the promotion of COVID – 19 prevention and control and economic and social development, which have enabled a continuously improved production and supply, steadily recovering of market demand, continuously increased emerging momentum, generally stable overall situation of people's livelihood as well as a sustained and stable recovering economy. 2021 is the first year of the "14th Five – Year Plan". Since the economic development is facing a complex and changeable internal and external environment and the task of consolidating economic recovery and enhancing the potential for economic development is urgent, there is a must to, based on the new development stage, closely follow the goals and tasks of the "14th Five – Year Plan", unswervingly implement the new development concept, fully integrate into the new development paradigm with domestic circulation as the mainstay and domestic and international circulations reinforcing each other, deeply implement the "Four Focuses", continue to play the "Four Cards", and strive to maintain the economy operate within a reasonable range to ensure that there is a good beginning and new outlook of the "14th Five – Year Plan". The General Reports 2 – "A Summary of Henan Province's Economic and Social Development Achievements during the '13th Five – Year Plan'" makes an in-depth analysis of the brilliant achievements that Henan has made in all aspects of the economy and society since the "13th Five – Year Plan", as well as the solid foundation laid by Henan for starting a new journey of comprehensive socialist modernization from a high starting point and writing a more brilliant chapter in the Central Plains in the new era.

Analysis and Forecast Part focuses on the reflection of the operation situation of the three industries and the changes in the final product expenditure in Henan in 2020, objectively analyzes the current situation, achievements, highlights and existing problems in the development of each industry under the new situation, and makes prediction for the future development trend.

Strategic Measures Part mainly reflects the province's implementation of the spirit of the 19th National Congress of the Communist Party of China and the important instructions of General Secretary Xi Jinping on the work of Henan Province and makes analysis and study on the progress, existing problems and solutions of the implementation of the major development strategies made by the central party committee, provincial party committee and provincial government, such as the new development pattern, "Three Tough Battles", "Four Cards", "Three Zones and One Agglomeration".

Monographic Study Part, based on the new development stage, focuses on the key, hot and difficult issues in the construction of a new development pattern in Henan, carries out special investigations, conducts in-depth analysis and research through the combination of theory and practice, and gives targeted countermeasures and suggestions to the existing problems.

Keywords: Economy Situation; New Development Stage; Overall Well-off Society; Henan

目 录 ⬛⬛⬛

Ⅰ 主报告

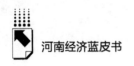

Ⅱ 分析预测篇

Ⅲ 战略措施篇

Ⅳ　专题研究篇

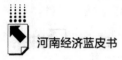

CONTENTS ⟨⟩▓▓▓

I General Reports

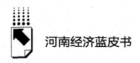
Ⅱ　Analysis & Forecast Part

III Strategic Measures Part

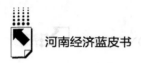
河南经济蓝皮书

Ⅳ Monographic Study Part

主 报 告
General Reports

B.1

2020～2021年河南省经济
形势分析与展望

河南省统计局[*]

摘　要：　2020年，面对新冠肺炎疫情带来的严重冲击和复杂多变的国
内外环境，河南省以习近平新时代中国特色社会主义思想为
指导，统筹推进疫情防控和经济社会发展，扎实做好"六
稳"工作，全面落实"六保"任务，全省生产供给不断改
善，市场需求稳步回暖，新兴动能继续增强，民生大局总体
平稳，经济运行呈现持续稳定恢复向好态势。2021年，河南
省在全面融入以国内大循环为主体、国内国际双循环相互促
进的新发展格局中迎来新的一轮发展机遇，但同时经济恢复
进程中新老问题交织，结构性矛盾凸显，部分领域回升势头

---

  *　课题组成员：陈红瑜，河南省统计局局长；赵德友，博士，河南省统计局副局长；朱启明，
河南省统计局综合处处长，二级巡视员；徐委乔，河南省统计局综合处副处长。执笔人：徐
委乔。

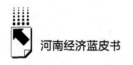

有所放缓，推动经济持续恢复面临不少挑战。

关键词： 经济形势　国内国际双循环　河南

2020 年，面对新冠肺炎疫情带来的严重冲击和复杂多变的国内外环境，全省上下以习近平新时代中国特色社会主义思想为指导，在省委省政府的正确领导下，统筹推进疫情防控和经济社会发展，扎实做好"六稳"工作，全面落实"六保"任务，全省生产供给不断改善，市场需求稳步回暖，新兴动能继续增强，民生大局总体平稳，经济运行呈现持续稳定恢复向好态势。2021 年，河南省面临的经济形势依然复杂严峻，疫情冲击带来的短期不利影响与发展中长期积累的结构性、周期性矛盾交织叠加，夯实全省经济持续稳定发展的基础还需要加力。

一　2020年河南省经济运行的基本特点

全省各地各部门积极落实党中央、国务院和省委省政府各项决策部署，在巨大困难挑战中稳住经济基本盘，2020 年全年实现地区生产总值54997.07 亿元，增长 1.3%，增速比第一季度、上半年、前三季度分别提高8.0 个、1.6 个、0.8 个百分点。其中，第一产业增加值 5353.74 亿元，增长 2.2%；第二产业增加值 22875.33 亿元，增长 0.7%；第三产业增加值26768.01 亿元，增长 1.6%。

（一）产业发展持续好转

1. 农业生产企稳向好

河南省构建推动农业高质量发展"1 + N"政策体系，加快建设现代农业强省，既筑牢国家粮食安全压舱石，又为实现乡村振兴夯实基础。粮食产量再创新高。2020 年粮食总产量连续 4 年超过 1300 亿斤，并首次跨越 1350

亿斤台阶，达 1365.16 亿斤，增长 1.9%。其中，夏粮产量 750.75 亿斤，增长 0.2%；秋粮产量 614.41 亿斤，增长 4.1%。畜牧业生产持续恢复。全省生猪重大项目持续推进，生猪稳产保供取得阶段性成效。2020 年 12 月末，全省生猪存栏 3886.98 万头，同比增长 22.6%，增速在前三季度由负转正的基础上继续回升，比前三季度提高 16.2 个百分点。全省生猪出栏降幅明显收窄，全年同比下降 4.2%，降幅比前三季度收窄 15.4 个百分点。牛羊等生产形势较好。全省牛出栏增长 1.2%，增速与前三季度持平，羊出栏增长 1.8%，比前三季度提高 2.5 个百分点。优势特色农业发展良好。优质专用小麦、优质花生种植面积分别达 1533 万亩、1893 万亩，全省十大优势特色农业产值占全省农林牧渔业总产值的比重达 57.0%。

2. 工业生产逐步恢复

河南及时在减税降费、助企脱困、产业发展、资金扶持等多方面出台了一系列政策措施，积极支持工业企业复工复产，全省工业经济 2020 年以来在开局探底后，总体呈现渐进式恢复增长态势，企业产能稳步恢复，工业经济发展逐步好转。全年全省规模以上工业增加值增长 0.4%，比前三季度提高 0.6 个百分点。近六成行业实现增长。全省 40 个工业行业大类中有 23 个行业增加值实现增长，增长面达 57.5%。其中，计算机通信和其他电子设备制造业、印刷和记录媒介复制业、其他制造业、家具制造业、有色金属矿采选业 5 个行业增长较快，增速超过 10%。传统支柱产业平稳增长。全省冶金、建材、化学、轻纺、能源等传统产业增加值增长 2.5%，增速高于规模以上工业 2.1 个百分点。五大主导产业占比提高。全省电子信息、装备制造、汽车及零部件、食品、新材料五大主导产业增加值占规模以上工业增加值的比重达 46.8%，同比提高 1.3 个百分点。工业用电量、工业增值税等相关指标降幅持续收窄。全年全省工业用电量同比下降 2.1%，工业增值税下降 8.2%，降幅比前三季度分别收窄 3.5 个、5.4 个百分点。

3. 服务业稳步复苏

河南先后出台促进全省服务业平稳健康发展的多项政策措施，大力帮扶各类市场主体，推动服务业在稳步复苏的同时提质升级。交通运输业稳定恢

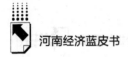

复。全年全省货物运输量增长 0.4%，比前三季度提高 4.0 个百分点。其中公路、民航货运量分别增长 1.4%、22.3%，分别比前三季度提高 3.6 个、0.9 个百分点；铁路货运量增长 1.7%，比前三季度回落 0.5 个百分点；水运货运量下降 12.1%，降幅比前三季度收窄 8.8 个百分点。全年全省旅客运输量下降 46.7%，降幅比前三季度收窄 2.1 个百分点。邮政电信业保持高速增长。全年全省邮政行业业务总量增长 40.5%，比前三季度提高 1.8 个百分点；电信业务总量增长 36.0%，比前三季度提高 4.6 个百分点。网络提速降费扎实推进，2020 年全省互联网用户、互联网宽带接入用户和移动互联网用户新增数均居全国第 1 位。金融运行总体平稳。12 月末，全省金融机构人民币各项存款余额增长 10.0%，各项贷款余额增长 12.9%。全年全省保险机构保费收入增长 3.1%。房地产市场逐步恢复。全年全省商品房销售面积同比下降 1.2%，降幅比前三季度收窄 1.2 个百分点，其中住宅销售面积下降 1.2%，比前三季度收窄 0.2 个百分点；商品房销售额增长 3.9%，比前三季度提高 3.5 个百分点，其中住宅销售额增长 4.8%，比前三季度提高 2.9 个百分点。规模以上服务业降幅收窄。1~11 月，全省规模以上服务业营业收入同比下降 1.8%，降幅比前三季度收窄 1.7 个百分点。

（二）市场需求稳步回暖

1. 投资需求恢复较好

河南将强化项目建设作为落实"六稳""六保"任务的关键性举措，一批重大项目加快推进，固定资产投资增速持续稳步回升。2020 年全年全省固定资产投资增长 4.3%，比第一季度、上半年、前三季度分别提高 11.8 个、1.7 个、0.7 个百分点。分领域看，工业投资、房地产开发投资分别增长 2.7%、4.3%，分别比前三季度提高 1.5 个、0.5 个百分点；民间投资、基础设施投资分别增长 2.5%、2.2%，虽比前三季度分别回落 0.8 个、0.7 个百分点，但比上半年分别提高 0.3 个、1.3 个百分点；社会领域投资增长 14.4%，拉动全省投资增长 0.8 个百分点。分产业看，第二产业投资增长 2.5%，第三产业投资增长 4.7%，分别比前三季度提高 1.4 个、0.6 个百分点；第一产业投资增长11.2%，比前三季度回落1.6个百分点，比上半年提高4.7个百分点。新开工项目投资快速增长。全年全省新开工项目个数同比增加794个，完成投资增长25.3%，高于全部投资21.0个百分点，拉动全部投资增长6.0个百分点；其中亿元及以上新开工项目个数同比增加625个，本年完成投资增长30.8%。

2. 消费需求逐步回暖

随着疫情防控取得重大战略成果和各项促消费、惠民生、激发市场活力的政策持续发力，居民生活秩序加快恢复，消费降幅持续收窄。2020年全年全省社会消费品零售总额同比下降4.1%，降幅比第一季度、上半年、前三季度分别收窄17.8个、7.2个、2.9个百分点，自8月以来全省社会消费品零售总额当月增速持续保持正增长；全年全省限额以上单位消费品零售额增速实现由负转正，增长0.1%。城镇市场降幅收窄，乡村市场实现增长。全年全省城镇限额以上零售额下降0.4%，降幅比前三季度收窄2.7个百分点；乡村限额以上零售额累计增速自9月起实现由负转正，全年增长5.4%，比前三季度提高4.1个百分点。批发零售业实现增长，住宿餐饮业降幅收窄。全年全省限额以上批发零售业零售额增长0.1%，比前三季度提高2.6个百分点，其中批发业下降2.1%，零售业增长0.3%；住宿餐饮业零售额下降0.7%，降幅比前三季度收窄5.5个百分点，其中住宿业下降16.0%，餐饮业增长3.3%。生活类商品较快增长，汽车类商品降幅收窄。全年限额以上粮油食品类、日用品类商品零售额分别增长12.8%、8.3%，汽车类商品零售额下降1.7%，降幅比前三季度收窄4.6个百分点。

3. 进出口实现较快增长

河南强化政策支持，优化企业服务，各项稳外贸政策举措逐步落地见效，外贸基本盘稳定，进出口实现较快增长。2020年全年全省进出口总值突破6500亿元，达6654.82亿元，增长16.4%，比前三季度提高14.0个百分点，同比提高12.8个百分点。从出口看，全年全省出口4074.96亿元，增长8.5%，比前三季度提高10.9个百分点。其中，手机出口2314.8亿元，增长6.0%，占全省出口总值的56.8%，是最大的单项出口商品；服装等七

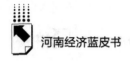

大类劳动密集型产品出口301.7亿元，增长24.5%。从进口看，全年全省进口2579.86亿元，增长31.7%，比前三季度提高20.4个百分点。其中进口集成电路989.6亿元，增长42.4%，占全省进口总值的38.4%，是最大的单项进口商品；进口金属矿及矿砂351.9亿元，增长16.0%。

（三）新兴动能持续增强

1. 新产业较快发展

河南坚持制度创新，示范引领，工程带动，在装备制造、食品加工、电子信息等领域充分发挥承接产业转移的综合优势，新兴产业加快培育，产业结构持续优化。全年全省高技术制造业增加值增长8.9%，高于全省规模以上工业增速8.5个百分点；战略性新兴产业、高技术制造业增加值占规模以上工业增加值的比重分别达22.4%、11.1%，同比分别提高3.4个、1.2个百分点。高技术制造业投资快速增长。全年全省高技术制造业投资增长24.3%，比上半年提高11.4个百分点，高于全部投资增速20.0个百分点，其中医药制造业增长36.5%，电子及通信设备制造业增长21.7%。

2. 新产品快速增长

智能制造、电子信息、新能源等知识密集型、高附加值的新产品快速增长。规模以上工业企业的光电子器件产量增长89.2%，传感器增长73.3%，发动机增长40.3%，锂离子电池增长32.7%。在相关补贴政策促销带动下，新能源汽车销售较好，全年全省限额以上单位新能源汽车零售额同比增长20.8%。

3. 新业态方兴未艾

现代新兴服务业较快增长，2020年1～11月，全省互联网和相关服务业营业收入增长26.6%，软件和信息技术服务业营业收入增长13.9%，其中互联网生活服务平台营业收入增长72.8%。全年全省快递业务量增长46.9%，比前三季度提高3.8个百分点。全年全省网上零售额增长23.7%，其中实物商品网上零售额增长29.2%。郑州海关全年共验放跨境电商进出口清单2.43亿单，货值306亿元，分别增长91.5%、89.4%。

（四）民生大局总体稳定

1. 就业形势总体平稳

各地各部门坚持减负、稳岗、扩就业并举，做好重点群体就业帮扶工作，当前全省就业形势总体平稳。全年全省城镇新增就业122.59万人，失业人员再就业36.85万人，就业困难人员实现就业12.22万人，分别完成年度目标任务的111.5%、147.4%、152.8%；城镇登记失业率3.24%，保持基本稳定。12月末对全省770家第二、三产业企业开展的用工情况调查显示，全省企业用工规模继续恢复，被调查企业用工人数比三季度末增长0.3%，其中农民工人数增长2.4%。

2. 物价涨幅有所回落

2020年，全省居民消费价格涨幅逐月回落，全年同比上涨2.8%，比第一季度、上半年、前三季度分别回落2.7个、1.3个、0.8个百分点。

3. 重点民生支出保障较好

2020年，全省一般公共预算收入增长2.8%，一般公共预算支出增长2.2%，民生支出占一般公共预算支出比重为76.6%，其中公共卫生、水利、住房保障等民生领域支出分别增长55.4%、29.2%、12.4%。全年新增发放创业担保贷款144.05亿元，其中新增发放返乡农民工创业担保贷款93.77亿元；民生领域投资较快增长，文化、体育和娱乐业投资增长25.8%，卫生投资增长18.0%。

二 2021年河南省经济发展面临的机遇与挑战

2021年是"十四五"开局之年，更是我国在全面建成小康社会、实现第一个百年奋斗目标之后，乘势而上开启全面建设社会主义现代化国家新征程、向第二个百年奋斗目标进军的第一年，河南发展面临的机遇与挑战并存。随着河南重大战略叠加效应不断增强，改革开放红利加快释放，经济新动能快速成长，综合竞争优势持续扩大，全省经济稳中向好、长期向好的基本面没有改变也不会改变。同时，河南与全国一样，发展不平衡不充分问题仍然突出，加之疫情变化和外部环境存在诸多不确定性，推动全省经济高质量发展的困难仍然较多，需要做好继续攻坚克难的充分准备。

（一）重要战略机遇期的支撑条件依然较多，经济发展长期向好

当今世界百年未有之大变局加速演进，世界经济重心"东升西降"。近年来美国等一些发达国家迟迟走不出国际金融危机阴影，经济发展陷入低迷，社会内部严重分裂甚至走向对立，而新兴市场国家和发展中国家整体性崛起，国际地位和话语权不断提升且呈现加速发展态势。按汇率法计算，2019年新兴经济体和发展中国家的经济总量占全世界比重近40%，比40年前提高约20.0个百分点。

我国经济潜力足、发展韧性强、回旋空间大、社会大局稳，决胜全面建成小康社会取得决定性成就，为开启全面建设社会主义现代化国家新征程奠定了坚实基础。一是经济实力大幅提升，我国国内生产总值2020年跨越100万亿元大关，占世界经济的比重超过16%，成为带动世界经济增长的主要动力源，是2020年唯一实现正增长的全球主要经济体。二是经济结构持续优化，超大规模市场优势显现，消费在经济发展中的基础性作用不断增强，重点领域投资持续较快增长，装备制造业和高技术产业增加值比重持续上升。三是科技创新作用凸显，研发经费投入强度达到中等发达国家水平，2019年科技进步贡献率达59.5%。四是生态环境明显改善，京津冀等重点区域空气质量明显好转，地级及以上城市黑臭水体消除比例超过90%。五是改革开放不断深化，2016~2020年新增减税降费累计达7.6万亿元左右，营商环境全球排名从2017年的第78位升至2019年的第31位，共建"一带一路"稳步推进，全球规模最大的自由贸易协定RCEP成功签署。六是人民生活水平显著提高，居民收入与经济同步增长，全国832个国家级贫困县全部实现脱贫摘帽，"十三五"期间城镇新增就业超过6000万人，建成了世界上规模最大的社会保障体系。

河南在全面融入以国内大循环为主体、国内国际双循环相互促进的新发展格局中将迎来新的一轮发展机遇。从内循环看，河南经济总量自2004年起持续稳居全国第5位，综合实力较强。工业基础雄厚，装备制造、食品等产业优势明显，产业体系完备，可以有效承接东部沿海和国际相关地区的产业转移；战略叠加优势凸显，黄河流域生态保护和高质量发展、中部地区崛起等国家战略叠加效应持续释放；交通枢纽地位突出，河南处于全国经济由东向西梯次推进发展同时又承南接北的中间地带，内捷外畅、立体高效的现代综合交通网络基本形成，具有辐射全国的独特区位优势和良好的交通基础条件；人力资源丰富，职业教育规模和质量在国内处于领先水平，劳动人口素质持续提升；城镇化快速发展，常住人口城镇化率提升幅度2018～2019年连续两年居全国第1位；自然禀赋优良，产业发展、城镇建设受自然条件限制较小；文化底蕴深厚，是中华民族和华夏文明的重要发祥地。从外循环看，河南由内陆腹地变身开放高地，全面开放新格局加快形成。开放通道"四路协同"，全省空中、陆上、网上、海上四条"丝绸之路"协同并进，郑州机场客货运吞吐量连续4年保持中部地区"双第一"，中欧班列（郑州）通达24个国家126个城市，跨境电商网购保税模式领跑全国；开放平台"五区联动"，航空港区、自贸区、自创区、跨境电商综试区、大数据综试区等功能定位各有侧重的5个国家战略互联互通、优势互补，使河南成为全国内陆地区功能性口岸数量最多、种类最全的省份；开放环境持续优化，严格落实外商投资准入负面清单，外商投资备案手续办理时间和进出口贸易整体通关时间大幅压缩，国际贸易"单一窗口"功能不断完善。

（二）内外风险挑战交织叠加，经济发展不确定性增大

外部环境不稳定因素增多。尽管在低基数、疫苗投入应用、超常规刺激政策等因素的共同作用下，2021年世界经济有望出现恢复性增长，但复苏将十分脆弱，形势仍然复杂严峻，世界主要经济组织近期均不同程度下调2021年世界经济增速预期。世界银行于2021年1月、亚太经合组织于2020

年12月、国际货币基金组织于2020年10月分别预计2021年全球经济增速为4.0%、4.2%、5.2%，分别比其上一次预测下调0.2个、0.8个、0.2个百分点。同时，单边主义、保护主义、民粹主义的逆流仍在涌动，美国遏制中国发展以维护其世界霸权的冲动很强，全球产业链供应链价值链受到非经济因素冲击。此外，美国宏观政策的溢出效应明显上升，给全球经济稳定恢复带来不利影响。

河南经济恢复进程中新老问题交织，结构性矛盾凸显，部分领域回升势头有所放缓，推动经济持续恢复面临不少挑战。从面临的长期矛盾看，河南省创新发展短板明显，科技教育发展不均衡，R&D经费投入强度不足全国平均水平的2/3，自主创新能力总体不强，高素质、高层次人才短缺，2019年全省博士毕业生总数仅为浙江大学的1/5左右；经济结构不合理，工业结构亟须进一步优化，2020年全省高耗能工业增加值占规模以上工业增加值的比重仍高达35.8%，比"十二五"末提高2.6个百分点；中心城市国际化程度低，国际门户枢纽功能和高端要素服务功能不足；资源环境约束加剧，部分地区生态环境问题较为突出；居民收入水平长期偏低，2020年全省居民人均可支配收入仅为全国平均水平的77.1%，制约消费能力提升。从突出的短期问题看，一方面，市场需求不足影响全省经济循环顺畅。消费需求恢复相对滞后，一些非必需消费有所推迟，商务旅行和各类聚集出行活动减少，消费升级类商品零售回暖缓慢。2020年全省社会消费品零售总额同比下降4.1%，限额以上单位的化妆品类、金银珠宝类、文化办公用品类、家用电器和音像器材类商品零售额分别下降20.8%、10.5%、9.0%、7.3%，全省居民人均生活消费支出下降1.2%，其中教育文化娱乐消费支出下降16.4%。居民消费信心恢复相对偏慢，不利于形成"消费回补—生产加快—投资扩大"的良性循环，2020年以来，全省工业品出厂价格指数持续回落，从第一季度增长0.5%回落至上半年下降0.7%、全年下降0.8%，同时全省制造业投资增长缓慢，2020年全年制造业投资仅增长0.8%，分别低于工业投资、全部投资增速1.9个、3.5个百分点，其中消费品制造业投资下降5.5%，汽车制造业投资下降9.3%。另一方面，实体经济生产经营中仍然存在一些困难。企业库存压力增大。2020年11月末，全省规模以上工业企业产成品存货增长3.6%，增速较上年同期提高11.8个百分点；产成品存货周转天数14.3天，较上年同期增加0.9天；应收账款平均回收期43.4天，较上年同期增加8.5天。企业融资等要素制约仍需破解。2020年全年全省计划总投资5000万元及以上项目和房地产开发企业本年实际到位资金虽增长6.5%，但其中国内贷款同比下降8.2%，降幅同比扩大4.8个百分点。企业效益有待进一步提升。1～11月，全省规模以上工业40个行业大类中有25个行业利润下降，下降面62.5%；亏损企业个数占规模以上工业的14.0%，较上年同期提高0.7个百分点。

三　2021年河南省经济高质量发展的建议

展望2021年，要深入贯彻习近平总书记关于河南工作的重要讲话和指示批示精神，坚持稳中求进工作总基调，立足新发展阶段，贯彻新发展理念，融入新发展格局，既要增强忧患意识，坚持底线思维，又要坚定必胜信心，强化系统观念，精准施策、统筹兼顾，牢牢把握经济工作主动权，努力实现多重目标的动态平衡，促进全省经济社会持续健康发展，在"十四五"开局之年迈好第一步、见到新气象。

（一）突出扩大内需战略，增强发展动力

以加快推进重大项目建设为重点扩大有效投资。在产业、交通、能源等领域滚动实施"982"补短板工程，突出抓好"两新一重"项目建设，持续推进城镇老旧小区改造提升，深入实施高速公路"13445工程"，积极鼓励引导民间资本参与项目建设，稳步提高重大项目储备总量和质量。全面促进消费，持续提升传统消费，大力培育新兴消费，不断激发潜在消费。发挥大宗商品消费带动作用，完善落实新能源汽车购置、家电更新等政策，积极推进网络零售、在线教育、远程医疗等线上消费，加快重点步行（商业）街建设改造，培育一批区域消费中心。

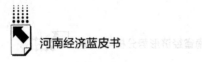

（二）推动制造业高质量发展，壮大发展实力

推进产业链现代化，实施延链补链强链工程，持续提升全产业链核心竞争优势。发挥产业基础优势，统筹传统产业改造和新兴产业培育，加大重点产业转型升级推进力度，加快产业产品结构调整步伐，提高产品附加值，培育龙头企业，提升产业核心竞争力，打造世界品牌。积极发展数字经济，推动制造业加速向数字化、网络化、智能化发展，提升产业链水平，形成新的竞争优势，奋力打造先进制造业强省。

（三）持续推进改革开放创新，激发发展活力

深化"放管服"改革，持续优化营商环境，实现营商环境评价县域全覆盖，扎实推进国企改革三年行动，深化要素市场化配置改革。推动更高水平的全方位对外开放，统筹推进开放通道、开放平台、开放环境建设，强化四条"丝绸之路"融合聚合发展，强化郑州航空港经济综合实验区开放枢纽优势，持续深化自贸区制度创新。聚焦企业、人才、平台、载体等关键环节，统筹推进自主创新和开放创新、科技创新和制度创新，提升创新体系能力和成果转化能力。

（四）扎实推进新型城镇化，挖掘发展潜力

持续提升城市品质，深入实施百城建设提质工程，实施一批公共基础设施提升项目，坚持"房住不炒"，促进房地产市场平稳健康发展。强化郑州、洛阳两大都市圈引领作用，引导产业在都市圈内节点城市合理布局，推动形成优势互补高质量发展的区域经济布局。加快县域经济高质量发展，全面推进产业集聚区"二次创业"，强化县域产业支撑。

（五）切实保障和改善民生，汇聚发展合力

稳定促进就业，继续做好援企稳岗工作，加强重点群体就业帮扶，积极发展基于共享经济、数字经济的新就业形态，多渠道灵活就业。提升教育发

展水平，持续支持郑州大学、河南大学"双一流"建设，积极引进高水平院校来豫办学。提高社会保障水平，实施全民参保计划攻坚行动。加强普惠性、基础性、兜底性民生建设，办好重点民生实事。始终坚持抓好常态化疫情防控，坚持外防输入、内防反弹。

B.2
"十三五"时期河南省经济社会发展成就综述

河南省统计局*

摘　要：　"十三五"时期，在以习近平同志为核心的党中央坚强领导下，河南省坚持稳中求进工作总基调，坚定不移贯彻新发展理念，坚持以供给侧结构性改革为主线，推动高质量发展，有力有序化解发展不平衡不充分的矛盾，沉着冷静应对外部挑战明显上升的复杂局面，坚决果断抗击新冠肺炎疫情，坚定朝着既定目标任务前进。经济实力大幅跃升，转型升级步伐加快，创新引领作用明显增强，基础支撑能力大幅提升，城乡区域发展更趋协调，发展动能持续增强，社会民生福祉持续改善，经济社会发展成就显著，决胜全面建成小康社会取得决定性成就。

关键词：　"十三五"时期　经济社会　发展成就　河南

　　"十三五"时期，面对国内外风险挑战明显上升的复杂局面和艰巨繁重的改革发展稳定任务，在以习近平同志为核心的党中央坚强领导下，河南省委省政府团结带领全省人民以习近平新时代中国特色社会主义思想为指导，

---

* 课题组成员：陈红瑜，河南省统计局局长；赵德友，博士，河南省统计局副局长；朱启明，河南省统计局综合处处长，二级巡视员；徐委乔，河南省统计局综合处副处长。执笔人：徐委乔。

认真落实习近平总书记关于河南工作的重要讲话和指示批示精神,坚持稳中求进工作总基调,坚持新发展理念,坚持以供给侧结构性改革为主线,扎实做好"六稳"工作,全面落实"六保"任务,高质量发展不断取得积极成效,实现了"两个跨越""两个翻番""三大转变":经济总量连续跨过 4 万亿元、5 万亿元两个大台阶,人均生产总值连续跨越 7000 美元、8000 美元两个新台阶;生产总值、居民人均可支配收入提前一年实现比 2010 年翻一番目标;产业结构实现由"二三一"到"三二一"的历史性转变,常住人口城镇化率突破 50% 大关,实现由乡村型社会向城市型社会的历史性转变,空中、陆上、网上、海上丝绸之路"四路协同"格局基本形成,实现由全国发展腹地向内陆开放高地的历史性转变。全省"十三五"规划目标任务总体完成,决胜全面建成小康社会取得决定性成就。

一 经济实力大幅跃升

面对严峻复杂的国内外环境,全省上下认真贯彻落实党中央决策部署,坚持稳中求进工作总基调,坚持以供给侧结构性改革为主线,坚持深化改革开放,推动全省经济稳健前行,形成全面建成小康社会的强大物质基础。根据地区生产总值统一核算结果,2020 年全省地区生产总值为 54997.07 亿元,经济总量持续稳居全国第 5 位,按可比价格计算,是"十二五"末2015 年的 1.36 倍,2016~2020 年年均增长 6.3%,高于全国 0.6 个百分点。农业综合生产能力提升。全省加快粮食生产核心区建设,坚持藏粮于地、藏粮于技,粮食总产量连续 4 年超 1300 亿斤,2020 年达 1365.16 亿斤,再创历史新高,占全国粮食产量的 10.2%,稳居全国第 2 位。花生产量连续稳居全国第 1 位,蔬菜、肉类、禽蛋、水果等产量位居全国前列,为保障全国农产品供给贡献了河南力量。工业生产总体平稳。在中美贸易摩擦加剧,经济下行压力逐步加大的背景下,全省工业增速虽较"十二五"时期有所放缓,但仍保持平稳增长。2020 年全省规模以上工业增加值是 2015 年的 1.35倍,2016~2020 年年均增长 6.2%,高于全国 0.7 个百分点。服务业较快增长。随着对服务业各项扶持政策力度的不断加大，全省服务业规模持续扩大，2020年全省服务业增加值达26768.01亿元，是2015年的1.45倍，2016~2020年，全省服务业增加值年均增长7.7%，高于地区生产总值增速1.4个百分点。财政金融实力明显增强。2019年全省财政总收入、一般公共预算收入分别突破6000亿元、4000亿元，一般公共预算支出突破1万亿元；2020年全省金融机构存贷款余额分别突破7万亿元、6万亿元。

二　转型升级步伐加快

经济结构持续优化。服务业增加值占GDP的比重不断提升，于2018年实现了由"二三一"到"三二一"的历史性转变，2020年全省服务业增加值占GDP比重达48.7%，比2015年提高8.5个百分点，三次产业比重由2015年的10.8∶48.4∶40.8优化为2020年的9.7∶41.6∶48.7，服务业占比接近50%。产业转型升级取得突破性进展。强化新技术应用赋能，改造提升优势产业和传统产业，优势主导产业发展壮大，传统产业加快转型，制造业智能化、绿色化、技术化"三大改造"和十大新兴产业发展行动深入实施，大数据、5G、人工智能等新兴产业加快集聚，以"Huanghe"本土品牌为引领的鲲鹏计算产业初具规模。2020年，全省电子信息产业、装备制造业、汽车及零部件产业、食品产业、新材料产业五大主导产业占规模以上工业增加值的比重达46.8%，比2015年提高2.8个百分点；高技术制造业、战略性新兴产业占规模以上工业增加值比重分别达11.1%、22.4%，比2015年分别提高2.3个、10.6个百分点。供给侧结构性改革成效明显。截至2019年底，累计化解煤炭过剩产能6334万吨，淘汰落后和过剩钢铁产能564万吨，商品住房去库存周期降至10个月，企业市场化债转股项目累计签约金额1126亿元，累计降低实体经济企业成本超3000亿元。重点领域补短板投资不断扩大，2016~2020年全省基础设施、教育、卫生、文体娱乐投资年均增速分别达18.8%、22.9%、15.7%、26.6%，公共卫生安全防控体系进一步完善。

三 创新引领作用明显增强

研发投入力度持续加大。2016~2019年，全省研究与试验发展（R&D）经费支出累计超2500亿元，年均增长16.2%，2019年R&D经费投入强度达1.46%，比2015年提高0.28个百分点。多层次创新载体加快形成。郑洛新国家自主创新示范区核心载体作用不断增强，全省共建设大学科技园、专业化众创空间、科技企业孵化器等省级以上各类科技创新创业孵化载体407家，在孵企业及团队近3万家。高端创新资源加快集聚。国家农机装备创新中心、国家生物育种产业创新中心、国家超级计算郑州中心等重大平台相继落户，国家级创新平台达172个，新型研发机构发展到102家。两院院士、国家创新人才、中原学者等高端人才突破百名，杰出人才和杰出青年近千名，创新型科技团队超600个。创新主体规模逐步扩大。以郑洛新国家自主创新示范区为引领，推动管理体制和人事薪酬制度等改革不断深化，最大限度释放政策红利，全省科技型中小企业突破1万家，数量居中部首位。关键技术攻关实现突破。盾构机、新能源客车、耐火材料、超硬材料等产业技术水平和市场占有率均居全国首位，小麦、玉米、花生、芝麻、棉花等品种选育水平全国领先，农业科技整体实力稳居全国第一方阵。

四 基础支撑能力大幅提升

综合交通枢纽优势更加凸显。郑徐、郑万、郑阜、商合杭、太焦等高铁相继开通运营，全省高铁（含城际铁路）通车里程达1980公里，米字形高速铁路网基本建成；郑州入选空港型国家物流枢纽，郑州机场三期北货运区开工建设；高速公路连通所有县城，通车里程比"十二五"末增加795公里，达7100公里，继续保持在全国第一方阵；淮河、沙颍河水运通江达海。能源保障能力不断增强。青电入豫项目建成投用，电力装机容量突破1亿千瓦，风电、光伏等新能源发电装机年均增速达70%，可再生能源装机占比突破 28%；鄂安沧输气管道濮阳支线投产送气，管道天然气通达全部省辖市城区和 90% 以上县城；十大水利工程加快推进，前坪水库、出山店水库等工程建成投用，农村饮水安全巩固提升工程惠及 1.4 万个行政村 2359 万人。信息通信水平全面提升。以 5G、大数据中心等新型基础设施建设为牵引，着力将河南打造成全国最重要的信息通信枢纽和信息集散中心之一，郑州直联点成为国家互联网网间互联架构的顶层关键节点，全省累计建设 5G基站 4.5 万个，县城以上城区完成 5G 网络全覆盖，"全光网河南"全面升级，在全国率先实现 20 户以上自然村光纤接入和 4G 覆盖。

五 城乡区域发展更趋协调

深入推进以人为核心的新型城镇化。2019 年全省常住人口城镇化率达53.21%，比 2015 年提高 6.36 个百分点，增幅居全国第 2 位；郑州国家中心城市和郑州都市圈一体化发展全面提速，洛阳副中心城市和都市圈建设加快推进，区域中心城市引领城镇协同联动发展格局逐步形成；县域经济快速发展，县域治理"三起来"示范效应显现，全国百强县数量稳居中西部首位，产业集聚区"二次创业"全面展开。人居环境品质大幅提升。百城建设提质工程与文明城市创建统筹推进，2019 年全省城市建成区绿化覆盖面积达 12.08 万公顷，比 2015 年增加 28.0%，建成区绿化覆盖率达 41.0%，比 2015 年提高 3.3 个百分点；城市公共交通标准运营车辆达 3.91 万辆，比2015 年增加 43.1%；成功创建国家生态园林城市 2 个、园林城市（县城）53 个、文明城市（市县）11 个。乡村振兴战略有力实施。农村承包地、宅基地等农业农村改革取得阶段性成效，农村集体资产清产核资工作全面完成，城乡融合发展体制机制创新探索走在全国前列。高标准农田"百千万"建设工程持续推进，累计建成高标准农田 6910 万亩；农业生产绿色化持续推进，全省农药、化肥施用量连续下降，2019 年比 2015 年分别下降16.7%、6.9%；农民收入增速持续高于城镇居民，城乡居民收入倍差从2015 年的 2.36 缩小至 2020 年的 2.16。

六 发展动能持续增强

重点领域改革进一步深化。"放管服"改革成效显著,建成省、市、县、乡、村五级全覆盖的政务服务网,政务服务事项网上可办率超过98%,行政许可事项承诺办结时限比法定时限压缩70%以上,省本级行政许可事项"不见面审批"实现率达87.4%,在全国率先全面推开商事登记"三十五证合一",营商环境评价在全省域展开,社会信用体系建设走在全国前列,大规模减税降费政策得到有效落实,营商环境不断优化,企业创业创新热情有效激发,市场主体达781万户。国企改革攻坚战圆满收官,1124家"僵尸企业"处置顺利完成。"引金入豫""金融豫军"两大工程加快推进,12家全国性股份制商业银行全部入驻。开放优势进一步彰显。2016~2020年,全省进出口总值累计达2.8万亿元,其中2020年达6654.8亿元,创历史新高。融入"一带一路"建设深入推进,郑州航空港经济综合实验区对外开放门户作用不断增强,郑州机场货运航线网络覆盖全球主要经济体,客货运吞吐量连续4年保持中部地区"双第一",中欧班列(郑州)年开行突破1000班,首创跨境电商"1210网购保税进口"模式,累计业务总量、纳税总额均居全国第1位,"内陆无水港"实现通江达海,空中、陆上、网上、海上丝绸之路"四路协同"格局基本形成。自贸区多项创新成果在全国复制推广,海关机构实现省辖市全覆盖,新增郑州经开、洛阳、开封综合保税区,功能性口岸体系日趋完善,河南省成为内陆地区指定口岸数量最多、功能最全的省份。

七 社会民生福祉持续改善

脱贫攻坚成效显著。提前一年实现53个贫困县全部脱贫摘帽,718.6万建档立卡贫困人口全部脱贫,9536个贫困村全部退出贫困序列,"三山一滩"区域性整体贫困得到解决。持续办好民生实事。财政民生支出累计超

3.5万亿元，占一般公共预算支出比重稳定在76%以上；扎实推进重点群体就业，城镇新增就业累计超680万人，帮助支持超过270万农村劳动力转移就业；社会保障体系更趋完善，城乡居民基本养老保险和基本医疗保险实现制度、人群全覆盖；130万户城镇中低收入住房困难家庭实现住有所居，累计实施棚户区改造197万套，城镇老旧小区改造116.6万户，居全国前列。生态环境明显改善。能源消费结构不断优化，非化石能源消费比重从2015年的5.1%提高到2019年的10.7%，增加5.6个百分点，单位生产总值能耗累计下降25%左右；蓝天、碧水、净土三大保卫战扎实推进，大气环境质量持续好转，PM2.5、PM10年均浓度下降幅度均超过30%，劣V类水质国控断面动态清零，土壤环境质量总体稳定；统筹山水林田湖草沙系统治理，沿黄复合型生态廊道初具规模。教育文化卫生服务水平不断提升。郑州大学、河南大学入选国家"双一流"建设规划，职业教育规模保持全国领先地位，义务教育超大班额基本消除；公共文化服务体系日臻完善，二里头夏都遗址博物馆等标志性项目建成投用，第十一届全国少数民族传统体育运动会等重大活动成功举办，文化事业蓬勃发展，2019年文化产业增加值占地区生产总值比重达4.19%，比2015年提高1.19个百分点；公共卫生体系补短板全面提速，国家区域医疗中心加快建设，县县均有综合医院、中医院和妇幼保健院，乡镇卫生院、行政村卫生室实现全覆盖，新冠肺炎疫情防控取得重大战略成果。依法治省全面推进，社会治理体系更加健全，基层基础全面加强，社会大局保持和谐稳定。

回首"十三五"，习近平总书记参加十三届全国人大二次会议河南代表团审议，亲临河南视察，在郑州主持召开黄河流域生态保护和高质量发展座谈会，发表一系列重要讲话并对河南工作作出指示批示，为河南发展定向导航，极大地激发了河南人民同心共筑中国梦、争先进位谋出彩的奋斗热情，河南发展的"颜值更高、筋骨更壮、气质更佳"，为乘势而上开启全面建设社会主义现代化河南新征程奠定了坚实基础。

展望"十四五"，世界正经历百年未有之大变局，我国发展仍处于重要战略机遇期，河南正处于战略叠加的机遇期、蓄势跃升的突破期、调整转型的攻坚期、风险挑战的凸显期。我们要胸怀"两个大局",增强机遇意识和风险意识,准确识变、科学应变、主动求变,坚持以习近平新时代中国特色社会主义思想为指导,加快建设现代化经济体系,全面融入以国内大循环为主体、国内国际双循环相互促进的新发展格局,以党建高质量推动发展高质量,确保全面建设社会主义现代化河南开好局、起好步,在黄河流域生态保护和高质量发展中走在前列,在中部地区崛起中奋勇争先,谱写新时代中原更加出彩的绚丽篇章。

分析预测篇

Analysis & Forecast Part

B.3
2020~2021年河南省农业农村
经济形势分析与展望

李鑫 李丽*

摘　要：　2020年，河南统筹疫情防控和农业农村发展，扎实实施乡村振兴战略，深入推进农业供给侧结构性改革，着力推动农业高质量发展，全省农业经济运行总体平稳。展望2021年，优先发展农业农村、全面推进乡村振兴都将给农业农村发展带来重大机遇，全省农业农村经济将有望稳步发展，为"十四五"时期"三农"工作取得新成绩开好局、起好步。

关键词：　农业农村　乡村振兴　经济形势　河南

---

*　李鑫，河南省统计局农业农村处处长；李丽，河南省统计局农业农村处高级统计师。

2020 年，在以习近平同志为核心的党中央坚强领导下，全省上下统筹疫情防控和农业农村发展，认真贯彻落实中央及河南省委关于"三农"工作重大决策部署，全面落实"米袋子"省长负责制和"菜篮子"市长负责制，有力保障了市场供应和基本民生。全年全省农林牧渔业增加值 5600.17 亿元，增长 2.5%，农业农村在应对疫情和经济社会发展中充分发挥了"稳定器""压舱石"作用。

一　全省粮食及重要农产品供给得到有力保障

（一）粮食总产创历史新高

河南省委省政府牢记习近平总书记嘱托，切实扛稳保障粮食安全的重大政治责任，通过积极畅通农资供应，强化技术指导服务，确保了不误农时抓好生产管理；及时开展病虫害统防统治和农业防灾减灾工作，最大限度地减轻了 2020 年春季倒春寒、春季小麦条锈病和赤霉病偏重流行风险大、"三夏"干旱及秋季洪涝灾害的影响，粮食生产再获丰收。全省粮食总产量从 2017 年起已连续 4 年超过 1300 亿斤，2020 年首次跨越 1350 亿斤台阶，达到 1365.16 亿斤，占全国的 10.2%，居全国第 2 位；同比增加 26.08 亿斤，增长 1.9%，对全国粮食增产的贡献率达 23.1%（见图 1）。河南克服了多种不利因素的影响，牢牢守住了"中原粮仓"，彰显了农业大省的责任与担当。

（二）经济作物生产稳定

全省积极克服疫情和自然灾害的双重影响，持续做好经济作物生产调度、技术服务和产销对接等工作，全力抓好蔬菜、食用菌、油料、中药材的稳产保供工作，相关经济作物生产形势良好，产量实现稳定增长。

1. 蔬菜及食用菌产量稳定增长

全省蔬菜及食用菌产量 7612.39 万吨，增长 3.3%。其中，蔬菜产量 7434.91 万吨，增长 3.3%；食用菌产量 177.48 万吨，增长 2.1%。

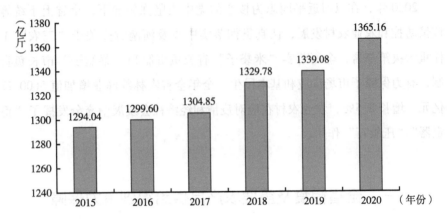

图1 2015～2020年河南粮食总产量

资料来源：河南省统计局。

2. 油料产量保持较快增长

全省油料产量672.57万吨，增长4.2%。其中，油菜籽产量45.95万吨，增长3.8%；花生产量594.93万吨，增长3.2%；油茶籽产量8.80万吨。

3. 中药材种植积极性提高

疫情导致中药材需求增加，全省中药材种植积极性提高，预计全年中药材播种面积239.29万亩，增长3.9%；中药材产量175.68万吨，增长6.6%。

二 全省畜牧业生产和供应有序恢复

（一）生猪产能持续恢复

全省上下立足目标任务狠抓生猪产能恢复，积极落实规模猪场新建改扩建、贷款贴息、良种补贴等生猪产业发展扶持政策，推动生猪生产健康发展。随着政策红利的逐步释放，全省生猪生产呈现良好恢复势头，规模以上猪场生猪和能繁母猪存栏量已连续16个月保持正增长,稳产保供取得阶段性成效。2020年12月末,全省生猪存栏3886.98万头,已经恢复至2017年末的88.5%,同比增长22.6%;其中能繁母猪402.61万头,已经恢复至2017年末的91.4%,同比增长33.7%。

2020年,全省猪肉产量324.80万吨,同比下降5.7%,降幅同比收窄22.4个百分点。全年生猪出栏4311.12万头,同比下降4.2%,降幅同比收窄25.5个百分点。从季度情况看,第三、第四季度生猪出栏分别达到938.27万头、1392.16万头,分别同比增长12.5%、59.7%,出栏量正在加速恢复。2020年以来,全省猪粮比处于较高水平,生猪养殖收益较好(见图2)。

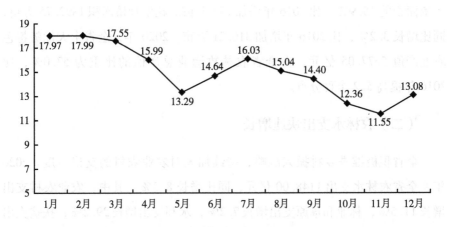

图2 2020年各月份全省猪粮比

资料来源:河南省统计局。

(二)牛羊禽等生产形势较好

2020年,全省牛、羊价格高位运行,效益较好,生产实现增长。2020年12月末,全省牛存栏391.68万头,增长1.7%;羊存栏1965.12万只,增长3.5%;家禽存栏70436.65万只,增长1.2%。2020年,全省牛出栏241.25万头,增长1.2%;牛肉产量36.71万吨,增长1.4%;羊出栏2342.65万只,增长1.8%;羊肉产量28.64万吨,增长1.9%;家禽出栏

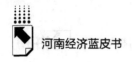

110828.12 万只，增长 1.8%；禽肉产量 148.05 万吨，增长 1.9%；禽蛋产量 449.42 万吨，增长 1.6%；牛奶产量 210.05 万吨，增长 2.9%。

三　全省乡村振兴继续稳步推进

（一）优势特色农业发展良好

全省在稳定粮食生产的基础上持续调整种养结构，优化品种，提升品质。2020 年全省夏收优质专用小麦种植面积发展到 1350 万亩，占全部小麦种植面积的 15.9%，比 2016 年增加 750 万亩。花生种植面积 1892.75 万亩，同比增长 3.2%，比 2016 年增加 316.21 万亩。2020 年，全省十大优势特色农业产值 5677.05 亿元，占全省农林牧渔业总产值的比重为 57.0%，比 2016 年提高 5.2 个百分点。

（二）农林水支出快速增长

全省积极推进乡村振兴战略，持续加大对农业农村的支出力度。2020 年，全省农林水支出 1148.00 亿元，同比增长 8.3%。其中，农业农村支出增长 11.5%，林业和草原支出增长 7.2%，水利支出增长 29.2%，扶贫支出增长 4.9%。

（三）粮油食品类销售额快速增长

粮油食品是人们的基本生活必需品，2020 年粮油食品类销售额保持了快速增长。2020 年，全省限额以上批发和零售业商品中粮油食品类销售额 1141.01 亿元，增长 15.1%。其中，粮油类增长 34.5%，水产品类增长 16.5%，蔬菜类增长 6.5%。

（四）第一产业投资较快增长

全省持续加大涉农项目投资力度，生猪重大项目等持续推进。2020 年，全省第一产业投资增长11.2%，高于全省固定资产投资增速6.9个百分点。其中，畜牧业投资增长45.6%。

（五）农村居民收入增速高于城镇居民

2020年，全省扎实抓好农民工群体稳就业工作，开展农村劳动力职业技能培训，促进了农村劳动力就业。随着疫情防控形势好转，生产生活秩序逐渐恢复正常，粮食再获丰收，猪牛羊等畜产品价格持续高位运行，农村居民收入实现较快增长。2020年，全省农村居民人均可支配收入16107.93元，名义增长6.2%，高于城镇居民4.6个百分点，城乡居民收入比值为2.16，比上年下降0.1。河南省地方经济社会调查队的调查显示，2020年全省农户种植小麦、玉米和稻谷的亩均生产收益分别为450.64元、526.6元和995.0元，分别同比增长8.7%、89.1%和17.3%，增幅为近年来最大。

四　全省农业农村经济存在的主要问题

（一）生猪产能仍未完全恢复

截至2020年12月底，全省生猪存栏约相当于2017年的88.5%，尚未恢复到常年正常水平。2020年12月底，全省玉米平均价格达2.54元/公斤，同比上涨28.6%，比年初上涨29.6%；小麦麸价格同比上涨27.5%，比年初上涨27.3%；育肥猪配合饲料价格同比上涨9.8%，比年初上涨10.3%。养殖成本的较大幅度上涨需要占用更多资金，导致不少养殖场户面临资金紧张的困难，中小型养殖场户资金短缺问题尤为突出，在一定程度上影响了生猪恢复生产和扩大规模的进程。

（二）禽类价格波动较大

2019年9月至2020年6月，全省鸡蛋、活鸡价格一路下跌，分别从

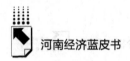

11.32 元/公斤和 15.36 元/公斤下跌到 5.75 元/公斤和 10.80 元/公斤,跌幅分别为 49.2% 和 29.7%。2020 年 7 月以来,随着需求的快速恢复,鸡蛋、活鸡价格分别快速上涨至 2020 年 12 月底的 8.43 元/公斤和 12.12 元/公斤,但同比仍分别下降 11.2% 和 22.1%。价格的大幅波动导致养殖户收益不稳定,甚至严重亏损,有序安排生产的难度明显增加,不利于市场的稳定供给。

(三)农村居民收入增速相对落后

2020 年,全省农村居民人均可支配收入名义增长 6.2%,低于全国 0.7 个百分点,居全国第 26 位,在中部六省中居第 5 位,仅高于受疫情影响最严重的湖北省,分别低于安徽、湖南、山西、江西 1.6 个、1.5 个、1.4 个、1.3 个百分点。

五 促进全省农业农村发展的对策建议

党的十九届五中全会对"三农"工作高度重视,强调要优先发展农业农村,全面推进乡村振兴,加快农业农村现代化。习近平总书记在中央农村工作会议上指出,"民族要复兴,乡村必振兴",强调要坚持把解决好"三农"问题作为全党工作的重中之重,举全党全社会之力推动乡村振兴。河南省委十届十二次全会暨省委经济工作会议也明确提出,建设现代化河南,大头重头在"三农",潜力空间也在"三农"。"十四五"时期,要把河南农业农村发展的优势转化为乡村振兴的强大优势,同时瞄准制约河南农业高质量发展的关键环节发力,补短板、强弱项、固优势,努力开启农业农村现代化新征程。

(一)严守粮食安全的生命线

一是继续坚持"藏粮于地"。要采取"长牙齿"的硬措施,落实最严格的耕地保护制度,坚决守住耕地红线;要持续推进高效节水灌溉示范区建设，打造高标准农田"升级版"，不断提升耕地的信息化、智能化、精细化管理水平，持续提高耕地质量。二是继续坚持"藏粮于技"。要充分发挥农业科技创新的支撑和引领作用，布局建设一批农业重点实验室、重大农业科学设施装置，加大种业技术、重点品种研发和种质资源保护利用力度，选育更多具有自主知识产权和良好市场前景的优良品种，破解种源"卡脖子"问题；要发挥农业科技示范基地的示范效应，普及"大户带散户"的农技推广模式，让越来越多的种植户科学种粮，享受到科技进步带来的成果。三是让农民吃下"定心丸"。要稳定和加大对种粮农民的补贴力度，使农民在粮食生产中获得更高收益，充分调动农民种粮的积极性。

（二）加大对生猪养殖户的支持力度

要继续严格执行各项防控措施，严格防范非洲猪瘟疫情；要在严格遵守畜禽养殖用地政策的前提下，在养殖用地、金融贷款、财政补贴等方面对养殖户给予支持；要加大养殖专业人才培养力度和对养殖户的专业培训力度，完善推广生猪养殖技术，进一步提升生猪养殖规模化、现代化水平。

（三）多措并举促进农村居民增收

要继续加大对农村转移劳动力的技术培训力度，增强农民工就业的竞争力；要依托乡村振兴战略下的返乡下乡创业，带动更多农村居民实现"家门口就业"；要加快农业经济结构调整，发展高产、优质、高效、生态农业，做大做强优势特色产业，加快发展乡村旅游、休闲农业等，促进农村居民经营性收入增长；要继续推进农村土地制度和集体产权制度改革，增加农村集体经济收入，带动农民多渠道增收。

2021年是"十四五"开局之年，是全面建设社会主义现代化国家新征程开启之年。全省必须深入学习贯彻习近平总书记关于"三农"工作的重要论述和视察河南重要讲话精神，坚持农业农村优先发展，坚持稳中求进工作总基调，继续深化农业供给侧结构性改革，继续抓重点、补短板、强弱项，进一步提高农产品质量效益和竞争力，加快建设农业强省，更好地发挥

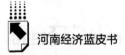

农业农村"稳定器""压舱石"作用。展望2021年，随着乡村振兴战略的深入实施和农业供给侧结构性改革的不断深化，河南粮食产能将保持稳定，生猪产能将逐渐恢复，优势特色农业将继续发展，乡村振兴积极因素将不断累积，这会给农业农村发展带来重大机遇，全省农业农村经济将有望保持平稳发展态势。

2020~2021年河南省工业
形势分析与展望

孙磊 张静*

摘　要：　2020年以来，面对新冠肺炎疫情对河南省工业经济运行带来
的前所未有的冲击以及愈加错综复杂的国内外宏观经济形
势，全省工业经济整体呈现低速运行态势。在困难形势下，
全省工业产业结构持续优化，新兴产业带动力持续增强。展
望2021年，全省工业经济运行机遇与困境并存，工业经济增
长的下行压力依然较大。针对工业运行现状与问题，本文从
提振工业经济发展后续力量、优化营商环境、促进产业结构
优化等方面提出了保持工业经济平稳增长的政策建议。

关键词：　工业形势　产业结构　河南

　　2020年是"十三五"规划收官之年，面对新冠肺炎疫情对工业经济的强
烈冲击、更加错综复杂的国内外宏观经济形势和持续加大的经济下行压力，全
省上下以习近平新时代中国特色社会主义思想为指导，深入贯彻落实党的十九
大和十九届二中、三中、四中、五中全会及中央、河南省委经济工作会议精神，
坚持新发展理念，持续优化工业产业结构，推进落实一系列促进国内经济循环、
刺激国内外需求、稳定扶持企业复工复产的政策措施，工业经济实现恢复性增

---

* 孙磊，河南省统计局工业统计处处长；张静，河南省统计局工业统计处。

长。但由于疫情变化和外部环境仍存在诸多不确定性，我国经济恢复基础尚不牢固。2021 年宏观经济形势仍然复杂严峻，经济复苏不稳定不平衡，疫情冲击导致的各类衍生风险不容忽视，工业经济增长面临的下行压力依然较大。

一 2020年河南省工业经济运行发展状况

（一）工业经济低速运行

2020 年初，突如其来的新冠肺炎疫情对全省工业经济运行带来了前所未有的冲击，工业主要指标水平大幅下降，2020 年 2 月全省工业增加值增速降至历史低点 –13.0%。随着全省统筹推进疫情防控和经济社会发展，不断出台减税降费、助企脱困、稳定就业等政策措施，企业生产经营秩序逐步恢复正常，工业经济运行主要指标逐渐趋稳。2020 年，全省规模以上工业增加值同比增长 0.4%，低于全国平均水平 2.4 个百分点，增速较前三季度提高 0.6 个百分点，较上半年回落 0.2 个百分点，较第一季度提高 7.2 个百分点（见图 1）。受国内外疫情和国际贸易形势的共同影响，全年全省工业经济总体呈低速运行态势。

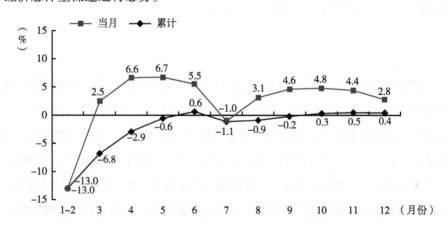

图 1 2020 年河南规模以上工业增加值分月增速

资料来源：河南省统计局。

1. 半数以上行业增加值实现增长

2020年，河南40个工业行业大类中，有23个行业增加值实现增长，增长面为57.5%，较前三季度回落2.5个百分点，较上半年提高12.5个百分点。其中，煤炭开采和洗选业，有色金属矿采选业，烟草制品业，纺织业，家具制造业，印刷和记录媒介复制业，石油加工、炼焦和核燃料加工业，黑色金属冶炼和压延加工业，计算机、通信和其他电子设备制造业，其他制造业，废弃资源综合利用业，电力、热力生产和供应业12个行业增加值实现较快增长，增速在5.0%以上。

2. 超六成行业增加值增速较上半年提高

与上半年相比，2020年全年有26个行业增加值增速有所提高，提高面为65.0%。分工业三大门类看，采矿业增长4.2%，增速较上半年回落1.1个百分点；制造业下降0.3%，增速较上半年回落0.9个百分点；电力、热力、燃气及水生产和供应业增长4.8%，增速较上半年提高8.4个百分点。金属制品、机械和设备修理业，废弃资源综合利用业，印刷和记录媒介复制业，计算机、通信和其他电子设备制造业4个行业增速较上半年提高10.0个百分点以上；电力、热力生产和供应业，铁路、船舶、航空航天和其他运输设备制造业，纺织业，有色金属矿采选业，水的生产和供应业5个行业增速较上半年提高5.0个百分点以上。

3. 近半数产品产量实现增长

2020年，全省工业企业共生产工业产品476种，其中247种产品产量实现同比增长，增长面51.9%，较上半年提高6.5个百分点。重点监测的105种产品中，有53种产品产量实现同比增长，增长面为50.5%，较上半年提高10.5个百分点。食品类产品中冻肉增长44.3%，焙烤松脆食品增长130.7%，糖果增长239.6%，固体及半固体乳制品增长88.1%，罐头增长21.5%；装备类产品中，工业锅炉增长37.9%，发动机增长40.3%，气体分离及液化设备增长75.3%，大型拖拉机增长71.4%，医疗仪器设备及器械增长311.0%；化工类产品中，化肥增长10.7%，涂料增长31.0%，单晶硅增长82.1%；建材类产品中，水泥增长11.3%，商品混凝土增长11.1%，

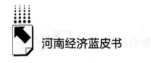

天然花岗石建筑板材增长26.4%；此外，汽车产量同比下降23.5%，手机产量同比下降36.0%。

（二）工业产业结构持续优化

1. 五大主导产业占比提高

2020年，全省电子信息产业、装备制造业、汽车及零部件产业、食品产业、新材料产业五大主导产业增加值占规模以上工业增加值的比重为46.8%，较2019年提高1.3个百分点。

2. 传统支柱产业平稳增长

2020年，全省冶金、建材、化学、轻纺、能源等传统产业增加值同比增长2.5%，增速高于规模以上工业增加值2.1个百分点，增速较前三季度提高0.6个百分点，较上半年提高0.2个百分点。

3. 新产业有效带动工业经济增长

受疫情因素对工业经济冲击的影响，战略性新兴产业、高技术产业等工业新产业增长速度均较上年有所回落，但仍保持增长趋势，产业规模平稳扩大，有效拉动全省工业经济增长。2020年，全省战略性新兴产业增加值同比增长2.6%，增速高于规模以上工业增加值2.2个百分点，拉动规模以上工业增加值增长0.4个百分点，占规模以上工业增加值的比重达到22.4%，较上半年提高1.0个百分点，较2019年提高3.4个百分点。高技术产业增加值同比增长8.9%，增速高于规模以上工业增加值8.5个百分点，拉动规模以上工业增加值增长0.9个百分点，占规模以上工业增加值的比重达到11.1%，较上半年提高1.8个百分点，较2019年提高1.2个百分点。部分具有较高科技含量的工业新产品产量实现快速增长，其中城市轨道车辆增长52.9%，锂离子电池增长32.7%，传感器增长73.3%，集成电路增长160.7%，光电子器件增长89.2%，石油钻井设备增长115.7%，发电机组增长52.8%，金属成型机床增长14.5%。

4. 大型企业支撑作用增强

2020年，面对复杂艰难的生产经营形势，全省大型企业工业增加值增速持续回升，对全省工业经济增长的支撑和拉动作用不断增强。2020年，全省501家大型工业企业工业增加值同比增长3.5%，高于规模以上工业增加值3.1个百分点，增速较上半年提高2.1个百分点；占规模以上工业增加值的比重为42.3%，较上半年提高1.3个百分点；对全省工业经济增长的贡献率达到132.9%，较上半年提高35.4个百分点，较2019年提高98.8个百分点；拉动全年工业经济增长0.5个百分点，为全省工业经济增长提供了强有力支撑。

二　影响河南省工业经济平稳增长的主要因素

（一）国际国内宏观经济形势不佳

2020年全球疫情肆虐，世界经济深度衰退，国际贸易和投资大幅萎缩；我国国内经济面临市场循环不畅、有效内需不足等问题，工业经济运行面临较大压力，特别是一些外向型行业受国际市场循环不畅影响较为严重，还有一些关键零部件来源于国外的产业也受到一定冲击。

（二）工业经济发展后劲不足

1. 工业投资增速持续低迷

受市场需求不足影响，工业固定资产投资力度减弱。2020年以来工业投资增速持续低迷，2020年上半年增长2.5%，前三季度增速回落至1.2%，全年增长2.7%。工业投资占固定资产投资的比重由2020年初的30.8%降至12月的28.5%。工业投资力度减弱意味着后期工业增长将缺乏新的增长点，对工业经济可持续发展将产生不利影响。

2. 工业企业单位数持续减少

截至2020年底，全省规模以上工业企业单位数为19210家，较2019年底减少1454家，较2018年底减少2700余家。工业企业单位数持续减少，新增单位对工业经济增长拉动乏力。

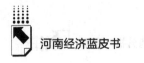

（三）市场需求不振

受疫情因素影响，国内需求明显走弱，短时间内难以有效提振，产品销售不畅，企业产能不能充分释放。特别是国际贸易所受冲击巨大，进出口活动持续低迷，外贸企业新订单不足，老订单被推迟、暂停或取消，原料和成品库存积压现象严重，对出口型企业带来较大冲击。2020年，全省工业生产者出厂价格指数（PPI）为99.18%，较2019年全年回落0.98个百分点。2020年全年全省工业产品产销率为98.3%，较上年同期回落0.1个百分点。

三　2021年河南省工业经济形势判断及建议

2021年，国内外宏观经济形势依然复杂，新冠肺炎疫情因素将持续影响宏观经济。拉动全省工业加快增长的有利因素主要有三个。一是国家各项惠企政策和刺激消费的政策叠加效应正在逐步显现，更多的资金将流向制造业、中小民营企业，实体经济受惠面将更大、程度将更深。二是由于国外疫情形势严峻，国外订单将集中回流国内。三是河南省工业体系健全，产业链条完整，且多处于中上游，受国际市场影响相比沿海省份较晚、较小，有更多机会、更大空间抓住抓好国内市场。影响全省工业增长的不利因素主要有两个。一是2021年宏观经济环境依然偏紧，经济周期性波动依然处于收缩期，与疫情制约形成叠加效应，贸易摩擦仍会加剧，不会有根本性的缓解。2020年全国规模以上工业增加值增速仅为2.8%，特别是对河南省影响较大的东部省份工业经济多为低速增长，对河南省工业增长拉动力减弱。二是工业经济发展后劲不足。受市场需求不足影响，工业投资力度减弱，工业投资增速波动下行，规模以上工业企业单位数可能将进一步减少。

2021年是"十四五"开局之年，面对复杂严峻的工业经济形势，河南要继续坚持稳中求进工作总基调，主动融入以国内大循环为主体、国内国际双循环相互促进的新发展格局，出台更有针对性的政策措施，巩固和扩大全省工业经济稳定恢复增长态势，实现工业经济平稳向好发展。

（一）加大工业投资力度

一是开展产业链精准招商，抢抓产业转移及外溢机遇，积极承接东部沿海省份产业转移，引进扩大新项目新投资，加大招商和合作开放力度，针对产业链断点精准招商，统筹推进营商环境软硬件优化。二是建立省、市和产业集聚区、工业园区高效协同机制，推动各地充分发挥规模市场优势和挖掘转型发展潜力，拓展承接新兴产业转移方式，加快新兴产业布局。三是扩大新兴产业投资，紧抓国家扩大战略性新兴产业投资机遇，积极争取国家战略性新兴产业发展基金、国家新兴产业创业投资引导基金等加大在豫投资力度。

（二）优化营商环境

一是深化投资领域"放管服"改革，持续推进投资审批制度改革，进一步优化合并审批流程、环节、事项等，健全部门间协调联动机制，真正实现从审批到验收全部并联。二是重视和发挥好行业龙头骨干企业在特殊时期的重要作用，研究制定更有针对性的扶持政策，降低企业成本费用，切实帮助企业松绑减负。三是落实国家减税降费、再贷款、金融服务、促进消费等政策，制定配套政策措施或实施细则，着力缓解中小企业现金流短缺问题，引导各类金融机构加大中小企业支持力度，帮助广大中小企业纾困解难。

（三）加大主导产业改造提升力度

一是加快引导传统优势产业企业面向构建以国内大循环为主体、国内国际双循环相互促进新发展格局的市场需求，开发高附加值中间产品和终端产品。二是谋划优势产业链和产业集群，提升电子信息、装备制造、汽车及零部件、食品和新材料五大主导产业优势，建设一批重大产业基地，完善产业链条。

（四）打造新兴产业集群

着力发展高技术产业、战略性新兴产业，充分发挥产业集聚区的产业集

聚带动作用，发展壮大高端装备制造、新能源汽车、生物医药、新一代信息技术、节能环保等新兴产业。研究制定培育战略性新兴产业的相关政策，建立健全各项政策的部门间协调落实机制，形成合力建设新兴产业发展的良好环境，为全省工业经济发展提供持续有力的新动能。

B.5
2020～2021年河南省服务业形势分析与展望

陈琛 王予荷 孟静 陈哲*

摘　要：　2020年河南省服务业增速受新冠肺炎疫情和国际贸易摩擦等多重
因素影响大幅下降，随着疫情得到有效控制，服务业多项指标逐
月好转，部分服务业领域和新动能领域保持增长甚至较快增长，
有力助推全省经济运行保持稳定恢复态势。本文通过分析当前河
南服务业发展情况，指出河南服务业发展面临的机遇和挑战，并
提出加快河南服务业发展的对策建议。在双循环新发展格局下，
2021年服务业作为经济发展的新引擎和激活经济的新动能，将继
续保持增长态势，助力后疫情时代河南实现跨越发展。

关键词：　服务业　经济复苏　双循环　河南

　　2020年以来，在以习近平同志为核心的党中央坚强领导下，河南认真
贯彻落实党中央、国务院和省委省政府各项决策部署，一手抓疫情防控，一
手推复工达产、复商复市，努力克服新冠肺炎疫情和国际贸易摩擦等多重因
素影响。全省服务业增速虽受疫情冲击影响大幅下降，但服务业多项指标逐
月好转，部分服务业领域和新动能领域保持增长甚至较快增长，服务业运行
有亮点、有韧劲，有力助推全省经济运行保持稳定恢复态势。

---

* 陈琛，河南省统计局服务业统计处；王予荷，河南省统计局服务业统计处处长；孟静，河南
省统计局服务业统计处副处长；陈哲，河南省统计局服务业统计处。

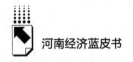
一 河南服务业稳步复苏，渐成经济发展新引擎

（一）全省服务业稳步复苏

1. 规模以上服务业持续恢复

河南规模以上服务业企业①生产经营持续恢复，主要指标降幅继续收窄，2020 年 1~11 月全省规模以上服务业企业营业收入较 2019 年同期下降 1.8%，降幅较 2020 年上半年收窄 4.1 个百分点。净服务收入较 2020 年上半年提高 4.1 个百分点，较 2019 年同期增长 5.0%。

近七成行业营业收入继续保持正增长。35 个行业大类中，24 个行业大类营业收入继续保持正增长，正常增长的行业大类数量较上半年增加 2 个。其中互联网和相关服务，机动车、电子产品和日用产品修理业，装卸搬运和仓储业，多式联运和运输代理业，邮政业，软件和信息技术服务业，新闻和出版业，租赁业，房地产中介服务，研究和试验发展，科技推广和应用服务业 11 个行业营业收入同比增长 10.0% 以上（见图 1）。

企业经营预期明显提高。2020 年第四季度规模以上服务业企业生产经营景气状况调查结果显示，企业对下季度经营预期的信心继续增强，服务业企业行业信心指数为 63.5，较上半年调查结果提高 2.4；服务业企业宏观经济信心指数为 67.0，较上半年调查结果提高 3.1。2020 年 12 月 28 日至 2021 年 1 月 4 日企业生产经营情况问卷快速调查结果显示，在参与调查的 3781 家规模以上服务业企业中，达到正常生产水平 80% 以上的企业和员工

---

① 规模以上服务业企业范围包括：年营业收入 2000 万元及以上的交通运输、仓储和邮政业，信息传输、软件和信息技术服务业，水利、环境和公共设施管理业，卫生；年营业收入 1000 万元及以上的租赁和商务服务业，科学研究和技术服务业，教育，房地产业（不含房地产开发经营）；年营业收入 500 万元及以上的居民服务、修理和其他服务业，文化、体育和娱乐业，社会工作法人单位。未包括金融业、批发和零售业、住宿和餐饮业、房地产开发经营业法人单位。

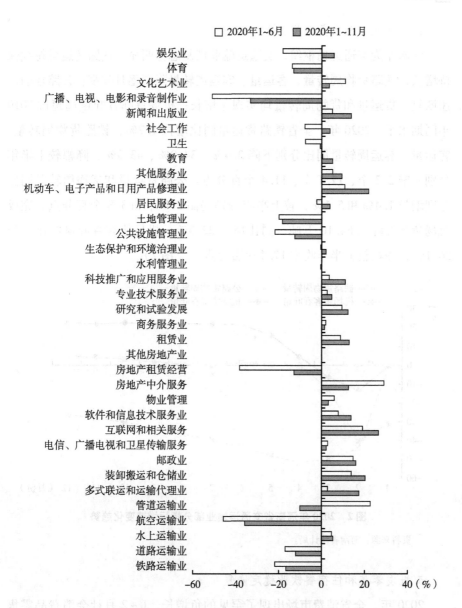

图1 35个行业大类营业收入增速对比

资料来源：河南省统计局。

到岗80%以上的企业分别占78.8%和88.8%。八成以上企业用工规模稳定，计划扩大或已扩大用工规模的企业比例达到7.8%。

2. 交通运输业恢复态势明显

河南作为交通运输枢纽,交通运输业恢复态势明显。铁路货运量持续保持增长,铁路货物周转量、客运量、客运周转量降幅逐月收窄;公路运输迅速恢复,货运量和货物周转量均实现正增长;机场货邮吞吐量远超过2019年同期水平。2020年,全省铁路货运量同比增长1.7%,铁路货物周转量、客运量、客运周转量同比分别下降2.4%、34.9%、43.9%,降幅较上半年分别收窄2.3个、17.1个、11.4个百分点。公路货运量和货物周转量同比分别增长1.4%和5.1%,较上半年分别提高2.8个和3.8个百分点。完成机场货邮吞吐量64.10万吨,同比增长22.3%;机场旅客吞吐量同比下降26.1%,降幅较上半年收窄17.4个百分点(见图2)。

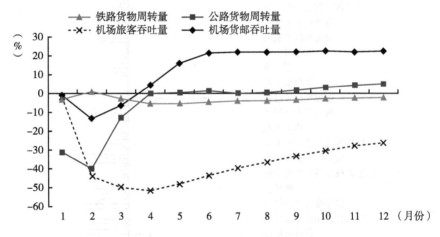

图2 2020年河南省交通运输业部分指标增速变化趋势

资料来源:河南省统计局。

3. 批发零售和住宿餐饮业稳定恢复

2020年,全省消费市场出现了罕见的负增长,1~2月社会消费品零售总额同比下降26.5%。2020年4月3日郑州发放第一期消费券,之后三门峡、焦作、新乡、洛阳等地陆续发放涉及餐饮业、旅游业、零售业、住宿和体育业等行业的消费券或出台消费补贴措施,帮助企业渡过难关。批发零售和住宿餐饮业稳定恢复,限额以上批发业商品零售额和餐饮业营业额均实现正增长，2020 年同比分别增长 7.5% 和 2.6%，增速较上半年分别提高 4.0 个和 13.3 个百分点。限额以上零售业商品零售额和住宿业营业额降幅收窄，2020 年同比分别下降 1.0% 和 15.1%，降幅较上半年分别收窄 7.8 个和 17.0 个百分点。

4. 房地产业逐步复苏

2020 年全省房地产开发投资 7782.3 亿元，同比增长 4.3%，增速较上半年提高 1.7 个百分点。其中，住宅投资 6453.0 亿元，同比增长 6.6%。随着国内疫情好转，为缓解资金回笼压力，房地产企业逐渐加大推盘降价力度，成交量稳步回升。2020 年河南商品房销售面积 14100.66 万平方米，同比下降 1.2%，降幅比上半年收窄 4.0 个百分点。商品房销售额 9364.36 亿元，同比增长 3.9%，增速比上半年回升 7.9 个百分点。

5. 金融业运行总体平稳

为积极应对疫情影响，河南出台了《河南省人民政府办公厅关于强化金融服务支持企业健康发展的通知》和《河南省人民政府关于印发河南省应对疫情影响支持中小微企业平稳健康发展若干政策措施的通知》等金融支持政策，充分发挥逆周期货币政策调节作用，全省金融业发展基本稳定。各项存贷款平稳运行，2020 年 12 月末，全省金融机构本外币各项存款余额为 77552.6 亿元，同比增长 9.6%；金融机构各项贷款余额为 64115.2 亿元，同比增长 12.7%。保费收入增速持续加快。2020 年，全省保险机构保费收入同比增长 3.1%，增速较上半年提高 1.4 个百分点。

6. 邮政业增速创近两年新高，电信业高位运行

2020 年邮政业业务总量累计完成 829.65 亿元，同比增长 40.5%，增速创近两年新高，比上半年提高 5.9 个百分点；邮政业业务收入（不包括邮政储蓄银行直接营业收入）累计完成 405.51 亿元，同比增长 21.5%，比上半年提高 4.3 个百分点。

全省信息通信业量收均保持较快增长，2020 年全省完成电信业务总量 8155.82 亿元，同比增长 36.0%；完成电信业务收入 677.70 亿元，同比增

长5.1%。

2020年河南省服务业主要经济指标增速如表1所示。

表1　2020年河南省服务业主要经济指标增速

单位：%

指标	1~3月	1~6月	1~9月	1~12月
规模以上服务业企业营业收入	-14.4	-5.9	-3.5	-1.8①
铁路运输总周转量	-19.1	-20.1	-17.9	-14.6
公路运输总周转量	-13.7	0.4	0.9	4.4
水上运输总周转量	-29.4	-22.9	-19.0	-9.2
航空运输总周转量	-45.5	-49.2	-43.3	-39.5②
限额以上批发业商品销售额	-10.5	3.5	7.5	7.5
限额以上零售业商品销售额	-23.7	-8.8	-3.9	-1.0
限额以上住宿业营业额	-49.3	-32.1	-22.1	-15.1
限额以上餐饮业营业额	-33.8	-10.7	-2.2	2.6
商品房销售面积	-24.6	-5.2	-2.4	-1.2
金融机构人民币存款余额	7.9	9.7	9.7	10.0
金融机构人民币贷款余额	15.3	15.0	13.4	12.9
保费收入	-4.9	1.7	3.5	3.1
邮政业业务总量	15.4	34.6	38.7	40.5
电信业务总量	38.1	34.7	31.4	36.0

①②为2020年1~11月数据。

资料来源：河南省统计局。

（二）服务业渐成经济发展新引擎

1. 服务业对经济增长的贡献率近八成

服务业增加值率先实现由负转正。在2020年第一季度增加值增速为-4.9%的不利局面下，河南省服务业上半年先于第一、第二产业摆脱负增长。2020年，河南服务业增加值26768.01亿元，同比增长1.6%，对经济增长的贡献率为56.1%，高于2019年同期10.5个百分点，逐渐成为拉动河南经济增长的主动力和关键引擎，为实现河南经济高质量发展提供了重要支撑。

2. 服务业成为吸引投资和就业的主要渠道

随着河南产业结构的调整,"三二一"的投资结构更加稳固。2020年河南服务业投资增速超过工业投资和全部投资,服务业投资占固定资产投资的比重为67.6%,较上半年提高1.1个百分点。服务业就业蓄水池功能日趋明显,2020年第三季度全省"四上"服务业单位期末用工人数224.63万人,同比增长2.3%,高于全省"四上"单位8.2个百分点。市场主力军作用更加明显,截至2020年9月底,全省服务业市场主体达到644.9万户,同比增长13.5%,其中2020年1～9月新开84.8万户,占全省的84.0%,服务业对全省市场主体数量和资本总额增长的贡献率分别为86.0%和68.0%。

3. 服务业成为税收主要来源

2020年河南服务业税收收入3004.57亿元,占全部税收收入的59.3%,占比较上半年提高0.5个百分点。其中,房地产业,批发和零售业,金融业,公共管理、社会保障和社会组织,租赁和商务服务业五个行业税收收入,占服务业税收收入的比重分别为33.5%、21.5%、14.6%、8.2%、6.1%,合计达83.9%,对全省服务业税收支撑作用较强。

二 抢抓机遇,服务业助力后疫情时代河南发展

突如其来的新冠肺炎疫情让全球经济遭遇"寒冬",但同时促进了以移动支付、线上线下融合等新业态新模式为特征的新经济迅速发展,助推部分传统服务业快速走上数字化转型道路,为后疫情时代河南经济发展提供助力。

(一)现代新兴服务业为河南经济增长注入新动力

2020年1～11月,全省现代新兴服务业[①]实现营业收入2710.52亿元,

---

① 本文中现代新兴服务业指邮政业,电信、广播电视和卫星传输服务,互联网和相关服务,软件和信息技术服务业,租赁业,商务服务业,研究和试验发展,专业技术服务业,科技推广和应用服务业9个行业大类。

同比增长 6.4%，增速高于全省平均水平 8.2 个百分点，较上半年提高 1.5 个百分点，拉动规模以上服务业增长 2.0 个百分点，9 个行业大类均实现正增长，其中邮政业、互联网和相关服务、软件和信息技术服务业、租赁业、研究和试验发展、科技推广和应用服务业等行业均保持 10% 以上的增速。

（二）网络经济推动河南经济复苏

零售、餐饮、教育、房地产、文化、办公等在受到疫情影响的同时快速对接"互联网资源"，现代互联网信息技术和高技术引领的服务业行业蓬勃发展，成为助力服务业复苏的主要力量。2020 年 1～11 月，全省互联网和相关服务实现营业收入 165.73 亿元，同比增长 26.6%，增速创 2020 年内新高。疫情使人们越来越习惯线上消费和线上娱乐模式，2020 年 1～11 月，全省互联网平台营业收入同比增长 43.4%，其中互联网生活服务平台营业收入同比增长 72.8%。新型消费模式带动网络实物商品销售快速增长。2020 年前三季度，河南监测的本省电子商务平台共计 110 个，在本省电子商务平台上实现的交易金额为 3223.24 亿元，比 2019 年同期增长 12.5%，规模以上服务业企业电子商务销售额增长 18.8%。

（三）邮政电信业助力"数字化"转型升级

在网络强国战略的推动下，高速、移动、安全、泛在的新一代信息基础设施建设突飞猛进，河南邮政电信业规模不断扩大。2020 年以来，居家防疫刺激了"宅经济"发展，居民宅在家里，三餐可靠生鲜配送，看病可靠在线问诊，工作可靠远程办公，教育可靠线上培训，快递业务继续呈现爆发式增长，抖音、哔哩哔哩、快手、西瓜等视频网站流量高速增长。2020 年全省快递服务企业业务量累计完成 31.00 亿件，快递业务收入 249.05 亿元，占邮政行业收入的比重为 61.4%。在快递业务量方面，郑州市继续稳居全国城市排名 20 强，商丘市首次进入全国城市排名 50 强。移动互联网接入流量同比增长 53.0%。网络提速降费扎实推进，2020 年全省互联网用户、互联网宽带接入用户和移动互联网用户新增数均居全国第 1 位。

（四）人力资源服务业助推"稳就业"

疫情期间，中央提出扎实做好"六稳"工作，全面落实"六保"任务。稳就业是"六稳"的首要工作，保居民就业是"六保"的最根本底线。为了给就业创业、灵活就业提供更多机会，河南先后出台了《河南省人民政府关于进一步做好稳就业工作的实施意见》《河南省人民政府办公厅关于应对新冠肺炎疫情影响做好2020年高校毕业生就业工作的通知》。全省人力资源服务业充分利用互联网平台，在劳务外包、临时聘用、特殊人资、共享员工、灵活就业等方面助力企业复工，帮扶居民就业，助推"稳就业"。2020年1～11月，全省235家规模以上人力资源服务企业营业收入同比增长4.4%，高于全省规模以上服务业平均增速6.2个百分点。其中，公共就业服务增长6.6%，劳务派遣服务增长2.8%，其他人力资源服务增长18.8%。

三 河南服务业发展隐忧依在

（一）复苏步伐仍慢于全国平均水平

2020年以来，河南服务业企业继续呈现复苏态势，但复苏步伐明显慢于全国平均水平。2020年全省社会消费品零售总额增速较2019年下降4.1%，降幅高于全国0.2个百分点；2020年全省房地产开发投资同比增长4.3%，低于全国2.7个百分点。2020年1～11月全省规模以上服务业营业收入降幅高于全国3.4个百分点，特别是比重较大的铁路运输、道路运输、航空运输等行业营业收入下降幅度仍在10.0%以上。中国"北煤南运"战略运输通道浩吉铁路开通，部分货运经过西安铁路局（三门峡），不再经过郑州铁路局，导致河南铁路货运量增长情况弱于全国。2020年全省铁路客货运总周转量同比下降14.6%，降幅高于全国0.9个百分点。

（二）"聚集性"和"接触式"行业复苏缓慢

疫情对"接触式"行业影响较大，交通出行、公园景区管理、电影娱乐、住宿等行业营业收入虽然较疫情严重时有所好转，但下降幅度依然较大。2020年1～11月，全省规模以上航空运输业，广播、电视、电影和录音制作业等行业营业收入同比下降幅度仍在20.0%以上；规模以上铁路运输业、道路运输业、房地产租赁经营、公共设施管理业、土地管理业、体育等行业营业收入和限额以上住宿业营业额同比下降幅度均在10.0%以上。2020年第四季度规模以上服务业企业生产经营景气状况调查结果显示，交通运输、仓储和邮政业，租赁和商务服务业，水利、环境和公共设施管理业，文化、体育和娱乐业等服务业企业行业信心指数低于全省平均水平，行业复苏仍有待时日。

（三）服务业企业就业稳岗形势依然严峻

2020年12月28日至2021年1月4日企业生产经营情况问卷快速调查结果显示，有17.2%的企业已裁员或计划裁员。其中，小微型企业已裁员或计划裁员的比例高于大中型企业，21.0%的微型企业和17.3%的小型企业已裁员或计划裁员，全省服务业企业就业稳岗形势依然严峻。2020年第四季度规模以上服务业企业生产经营景气状况调查结果显示，企业对下季度的整体用工需求指数为49.2，较上半年调查结果回落0.3。

四 对2021年河南服务业经济形势的判断和对策建议

党中央、国务院和河南省委省政府对服务业发展高度重视，陆续出台了加快发展生产性服务业促进产业结构调整升级、加快发展生活性服务业促进消费结构升级等指导意见和政策措施，为河南服务行业发展，大力推进经济转型，着力壮大服务业主导产业，积极培育服务业新兴产业提供了广阔空间和难得机遇。特别是2020年以来，习近平总书记多次强调，加快形成以国内大循环为主体、国内国际双循环相互促进的新发展格局，形成更多新的增长点、增长极，着力打通生产、分配、流通、消费各个环节。服务业作为国民经济的重要产业，是促进人、财、物、信息高效流通，支撑分配、流通、消费环节的核心和关键，在服务双循环发展战略中将发挥重要作用。

目前，国际国内宏观环境正发生深刻变化，世界经济处于深度调整期。新冠肺炎疫情仍在全球蔓延，国内零星散发病例和局部暴发疫情的风险依然存在，"聚集性"和"接触式"消费有待进一步恢复，服务业发展的不稳定、不确定因素依然较多。同时，国内区域竞争日趋激烈，各省纷纷把加快发展现代服务业摆在重要位置，市场、资本、人才、技术等领域的竞争压力加大，行业和部门条块分割依然存在。在双循环新发展格局下，服务业作为河南经济发展的新引擎和激活经济的新动能，对统筹推进疫情防控和经济社会发展、抓"六保"促"六稳"意义重大。

（一）继续实施扩大内需战略

河南有1亿人的市场，蕴含着巨大的需求潜力。在促进消费方面，要积极稳定汽车、家电等居民传统大宗消费，适当增加公共消费。同时，应顺应居民消费升级大趋势和疫情期间涌现出来的新需求，大力培育绿色消费、信息消费、数字消费、智能消费、康养消费等新兴消费增长点。在推动线上消费乘势成长的同时，促进线下消费加快回补。

（二）加快发展新兴服务业

疫情期间，"宅经济""云经济"兴起，加速了数字升级，远程办公、在线教育、网络手游等线上服务呈现快速发展的态势，河南应以此为契机，调整优化产业结构，继续加强创新，提高新技术水平，加快培育发展壮大新兴服务业，不断挖掘服务业新的增长点。

（三）着力稳定就业和促进小微型企业发展

河南规模以上小微型服务业企业数量占全省服务业企业数量的80.0%，

营业收入和用工人数均占 50.0% 左右，是吸纳就业的主力军，因此支持促进小微型企业发展是稳就业的关键。建议政府和相关部门通过失业保险稳岗返还、职业培训补贴等多种渠道，支持企业稳定现有就业岗位，增加灵活就业岗位，着力稳定就业。针对小微型企业受疫情冲击较重的情况，政府和相关部门需继续加大减税降费力度，为中小企业解忧纾困，在积极为中小企业减免场地租金、寻找订单等方面给予更大力度支持，帮助小微型企业提高抗风险能力。

B.6

2020～2021年河南省固定资产
投资形势分析与展望

朱丽玲　呼晓飞 *

摘　要：　2020年，突如其来的新冠肺炎疫情和复杂多变的国内外环境，给河南固定资产投资带来了前所未有的困难和挑战。全省上下统筹推进疫情防控和经济社会发展，认真落实常态化疫情防控举措，全面推进复工复产，重点项目建设加快推进，投资增速持续回升，为河南经济发展提供了有力支撑。同时，由于疫情变化和外部环境存在诸多不确定性，国内经济恢复基础尚不牢固；世界经济形势复杂严峻，疫情冲击导致的各类风险不容忽视，固定资产投资保持稳定增长面临的挑战增多。2021年，要坚持稳中求进工作总基调，立足新发展阶段、贯彻新发展理念，增强投资增长后劲。继续发挥投资关键作用，激发全社会投资活力，不断扩大有效投资，推动河南固定资产投资持续发展。

关键词：　固定资产投资　双循环　河南

2020年，面对新冠肺炎疫情冲击严重、经济下行压力加大的形势，全省深入贯彻习近平总书记关于统筹推进疫情防控和经济社会发展工作重要讲

---

* 朱丽玲，河南省统计局固定资产投资处副处长；呼晓飞，河南省统计局固定资产投资处。

话和指示批示精神,将强化项目建设作为落实河南省委省政府工作部署和抓好"六稳"工作、落实"六保"任务的关键性举措,三大领域投资波动回升,民生相关投资保持较快增长,新开工项目支撑有力,全省固定资产投资增速持续回升。但同时,基础设施投资和制造业投资增速低迷等问题仍需关注,稳投资的压力依然存在。

一 2020年固定资产投资运行基本情况

2020年,全省固定资产投资(不含农户,下同)比2019年增长4.3%,比全国平均水平高1.4个百分点,居全国第14位;2020年第一季度、上半年和前三季度投资增速分别为-7.5%、2.6%和3.6%;在1~5月实现由负转正后,河南固定资产投资增速持续回升(见图1)。

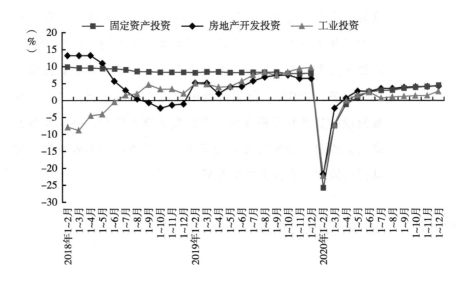

图1　2018年以来河南省固定资产投资、房地产开发投资、工业投资分月增速

资料来源:河南省统计局。

（一）三大领域投资呈波动增长态势

1. 工业投资小幅增长

2020年，全省工业投资同比增长2.7%，较第一季度、上半年、前三季度分别加快9.5个、0.2个、1.5个百分点，拉动固定资产投资增长0.7个百分点。在全省固定资产投资增速逐月回升的背景下，工业投资增速在2020年1～6月达到高点后，自7月以来出现先回落又逐步回升的波动趋势。从行业看，采矿业投资增长20.9%，较第一季度、上半年分别加快9.4个、0.3个百分点，较前三季度回落0.9个百分点；制造业投资增长0.8%，较第一季度、前三季度分别加快7.6个、1.0个百分点，较上半年回落0.4个百分点；电力、热力、燃气及水生产和供应业投资增长8.9%，较第一季度、上半年、前三季度分别加快19.2个、2.6个、3.7个百分点。从主要板块投资看，五大主导产业投资同比增长7.2%，较第一季度、上半年、前三季度分别加快11.2个、2.4个、1.9个百分点；传统支柱产业投资增长6.7%，较第一季度、前三季度分别加快12.3个、1.7个百分点，较上半年回落0.2个百分点；高耗能行业投资同比增长9.3%，较第一季度、前三季度分别加快12.0个、0.1个百分点，较上半年回落0.2个百分点。从具体领域看，高技术制造业投资支撑有力。2020年，全省高技术制造业同比增长24.3%，高于工业投资21.6个百分点，拉动工业投资增长2.0个百分点，其中，医药制造业投资增长36.5%，电子及通信设备制造业投资增长21.7%；五大主导产业中，新材料、装备制造和电子信息产业投资分别增长45.0%、9.4%和18.4%。

2. 基础设施投资增速波动明显

2020年以来，河南聚焦关键领域，统筹实施一批重点基础设施项目，高速公路"双千工程""13445工程"大力推进，"四水同治"、十大水利工程进展顺利，引江济淮工程、小浪底南北岸灌区工程、大别山革命老区引淮供水灌溉工程等加快推进；郑州、洛阳多条轨道交通线路加快建设，郑州市地铁3号线、4号线建成通车，基础设施投资在波动中实现增长。2020年，

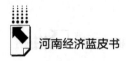

全省基础设施投资同比增长 2.2%，较第一季度、上半年分别加快 13.7 个、1.3 个百分点，较前三季度回落 0.7 个百分点，拉动固定资产投资增长 0.4 个百分点。基础设施投资增速自 2020 年 6 月转正后，在 8 月有所回落，而后加快，临近年末时再度放缓，全年波动明显。分行业看，占比 27.5% 的道路运输业投资增长 22.8%，拉动基础设施投资增长 5.2 个百分点；占比 55.5% 的公共设施管理业投资下降 7.2%，下拉基础设施投资 4.4 个百分点。

3. 民间投资保持增长

2020 年，全省民间投资同比增长 2.5%，较上半年加快 0.3 个百分点，较前三季度回落 0.8 个百分点，拉动固定资产投资增长 1.7 个百分点。分产业看，民间投资主要集中在第三产业，全年第三产业民间投资同比增长 4.7%，增速高于全省民间投资 2.2 个百分点，占民间投资的比重为 60.9%，高于 2019 年同期 1.3 个百分点。分行业看，民间投资集中在工业和房地产开发业，其中工业民间投资同比下降 1.4%，占民间投资的比重为 34.3%；房地产开发业民间投资同比增长 5.6%，占民间投资的比重为 40.0%。

（二）民生相关投资保持较快增长

2020 年，全省社会领域投资同比增长 14.4%，增速较上半年和前三季度虽有所回落，但高于全部投资 10.1 个百分点，拉动全部投资增长 0.8 个百分点。其中，教育投资增长 5.8%，卫生投资增长 18.0%，文化、体育和娱乐业投资增长 25.8%。房地产开发投资同比增长 4.3%，增速较第一季度、上半年、前三季度分别加快 6.6 个、1.7 个、0.5 个百分点，拉动全部投资增长 1.3 个百分点。农林牧渔业投资同比增长 12.1%，高于全部投资 7.8 个百分点，占投资的比重为 4.3%，拉动全部投资增长 0.5 个百分点。其中，畜牧业投资发挥了较强的带动作用，2020 年，全省畜牧业投资增长 45.6%，拉动农林牧渔业投资增长 10.7 个百分点。

（三）新开工项目规模大、投资增长快

2020 年以来，全省各地不断出台稳投资政策，主动谋划投资项目，积

极推动项目开工建设。如郑州市通过各种渠道加强项目谋划及加大项目开工落地力度，强化政府投资；南阳市实施"两轮两翼"战略，重抓重推"九大专项"，通过重大项目建设扩增量、提质量。从新开工项目平均规模看，2020年，全省新开工项目平均计划总投资为1.91亿元，同比增长10.4%，新开工项目规模扩大为后续投资平稳增长打下了基础。从新开工项目完成投资情况看，2020年全省新开工项目完成投资同比增长25.3%，高于全部投资21.0个百分点，拉动全部投资增长6.0个百分点，占全部投资比重为28.6%。其中，新开工亿元及以上项目计划总投资同比增长21.5%，完成投资增长30.8%。新开工项目规模和完成投资大幅增长，成为当前拉动河南投资增长的主要因素。

二 全省固定资产投资存在的问题

（一）基础设施投资增速低迷

2020年，由于部分续建重点项目建设接近尾声、投资力度减弱以及疫情影响等，河南基础设施投资增速持续低迷，连续多月低于全部固定资产投资增速，与2018年以来的高速增长态势形成鲜明对比。从新开工基础设施项目投资规模看，2020年，全省新开工基础设施项目计划总投资最大的是郑州轨道交通8号线一期工程（303.47亿元）和7号线一期工程（219.8亿元），但由于开工时间短，尚未形成较大工作量，短期对全省基础设施投资的拉动作用有限。从省重点基础设施项目建设情况看，一些项目进展缓慢，影响全省基础设施投资增长。比如，在建的水利工程中，部分项目受土地组卷、林地审批、资金落实、设计变更等问题影响，进展不快。从续建重点基础设施项目来看，2018年开工建设的郑州市四环线及大河路快速化工程项目已接近尾声，2020年全年完成投资同比大幅下降82.3%，下拉全省基础设施投资4.5个百分点；此外，郑州市贾鲁河综合治理生态绿化工程PPP项目、市民文化服务区地下交通项目、洛阳市王城大道快速路机场路至

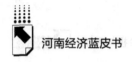

南环路一期建设工程、郑州市轨道交通 5 号线工程等项目完成投资较 2019 年均大幅下降，对全省基础设施投资也有明显下拉作用。

（二）制造业投资增长缓慢

2020 年，全省制造业投资同比仅增长 0.8%，低于工业投资 1.9 个百分点。一方面，重点项目规划中制造业项目占比低。据统计，在 2020 年初河南制定的补短板"982"工程方案中，制造业项目 2270 个，仅占全部项目的 28.4%；制造业项目计划总投资仅占全部项目计划总投资的 26.3%。另一方面，消费恢复偏慢，不利于形成"消费回补—生产加快—投资扩大"的良性循环。全省汽车制造业投资同比下降 9.3%，消费品制造业投资同比下降 5.5%，其中，食品制造投资仅增长 0.1%，服装服饰、现代家居产业投资分别下降 21.2%、25.1%。

（三）项目建设资金来源单一，贷款资金同比降幅明显

2020 年，河南项目（不含 5000 万元以下项目）建设实际到位资金同比增长 6.5%，高于全省固定资产投资增速 2.2 个百分点。从资金来源结构看，自筹资金增长 6.6%，占比达 72.0%，是资金增长的主要动力；国家预算资金增长 16.0%，高于全部资金增速 9.5 个百分点；国内贷款下降 8.2%，低于全部资金增速 14.7 个百分点。

三 2021年固定资产投资形势展望

2021 年是我国现代化建设进程中具有特殊重要性的一年，基于国内外经济形势和全省固定资产投资领域实际情况，预计 2021 年河南固定资产投资有望保持稳定增长。

（一）面临的机遇

1. 政策环境更加优化，扩大有效投资依然是稳增长的重要抓手

党中央、国务院高度重视补短板稳投资工作，预计"十四五"期间积

极的财政政策和稳健的货币政策取向不会有大的变化，减税降费、降低融资成本政策将继续实施，"放管服"改革力度将持续加大，地方政府专项债券将加快发行使用，金融机构对制造业、民营企业的中长期融资将逐步增加，经济发展的活力和动力将进一步增强。河南省委省政府始终把稳投资作为稳增长的关键抓手，明确要求进一步优化投资环境，聚焦关键领域扩大有效投资。随着河南投融资体制改革的深入推进，投资审批流程进一步优化，优化营商环境行动加快实施，减税降费等降成本政策效应将逐步显现。

2. 国家战略实施和大项目落地是投资增长的重要动力

中部地区崛起、黄河流域生态保护和高质量发展两大国家战略，再次显著提升了河南在全国发展大局中的地位，为河南实现转型升级和跨越发展提供了重大历史机遇。今后，河南在国家发展大局中的地位将更加重要，责任将更大，将日益成为国家促进区域协调发展的战略支撑以及应对外部风险挑战的战略腹地。按照"项目跟着规划走、要素跟着项目走"和"构建国内国际双循环新发展格局"的要求，立足河南资源禀赋、产业基础、环境条件、发展阶段等实际情况，河南省发展和改革委员会初步梳理出4.4万个"十四五"谋划项目，这些项目的实施将有力推动全省2021年投资增长。

（二）面临的挑战

产业转移和招商引资面临更多制约因素，资金、土地、环保等关键要素约束明显。近年来，河南各地不断加大招商引资力度，积极承接东部地区产业转移项目，相关投资不断增长。然而，随着环保治理要求提高和人口红利减弱，项目成本上升，承接产业转移和招商引资将面临更多制约因素，这必然会影响未来项目投资的增速。政府融资方面，河南严格执行国家防范地方政府隐性债务风险政策，政府融资渠道主要为发行地方政府债券和PPP模式，而专项债券资金使用范围固定、规模有限，PPP模式受10%的政策红线限制，很多市县已无实施空间，目前合规渠道融资远难以满足实际建设需要。土地方面，河南是粮食生产核心区，新增建设用地指标有限，土地占优补优、占补平衡难度大。比如，2019年国家共下达给河南新增建设用地计划指标23.19

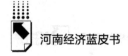

万亩,但仅保障高速公路"双千工程"、十大水利工程就需要 14.50 万亩,这导致市县一些项目落实用地指标比较困难。此外,近年来沙石等主要建筑原材料短缺且价格持续大幅上涨;铁路、公路、河务、管道、电网、航运等项目由于涉及部门多、管理层级跨度大,地方协调推进较为困难;部分项目单位对新形势下更严的环保政策还不适应等问题,也都将持续影响全省项目推进。

四 做好河南固定资产投资工作的政策建议

河南固定资产投资应贯彻新发展理念,坚持创新、协调、绿色、开放、共享,以发展理念转变引领发展方式转变,以发展方式转变推动发展质量和效益提升,在构建双循环新发展格局中发挥重大作用。

(一)支持创新发展,着力推动产业转型升级

把创新作为引领发展的第一动力,打造区域核心创新创业载体,激发全社会创新活力和创造潜能。围绕河南省政府确定的高端装备、智能网联及新能源汽车、新能源、生物医药及高性能医疗器械、节能环保、数字产业等新兴产业重点领域,加强对转型升级项目的谋划,积极推动河南制造业高质量发展,以制造业高质量发展促进制造业投资增长。

(二)支持薄弱环节建设,激发投资活力

"十四五"期间应把补齐短板作为增强发展平衡性、协调性、可持续性的关键举措,继续下大力气改善生态环境,提高公共服务共建能力和共享水平,确保社会发展的短板领域能够得到长足发展。发挥中央预算内投资在外溢性强、社会效益高的领域的引导和撬动作用,积极谋划实施一批补短板项目,不断激发全社会投资活力。

(三)支持民间投资和小微投资

从 2005 年的"非公经济 36 条"到 2010 年的"民间投资新 36 条",国

家出台的一系列政策都旨在促进民间投资的发展，着力扫除阻碍民间投资发展的"玻璃门"，建立同等的市场准入标准，营造公平、公正的市场环境。2016年，河南省政府出台《关于印发河南省促进民间投资健康发展工作方案的通知》，为民间项目投资创造了良好的政策环境和营商环境。"十四五"期间，河南需进一步清理和修订不利于民间投资发展的政策规定，杜绝部分政策执行中存在的"贴标签"现象，切实保障民营企业发展权利平等、机会平等、规则平等，确保民间资本在项目审批、建设、运营等环节与国有资本享受平等待遇，为民间资本营造公平竞争的投资环境。

（四）加大对外开放和招商引资力度

准确把握新发展格局，塑造综合优势，充分利用好构建新发展格局这一重大机遇，打造国内大循环的重要战略支点以及国内国际双循环的重要战略节点。

加快推进郑州航空港经济综合实验区建设，织密铁路网和高速公路网，大力发展航空经济和多式联运，完善现代交通枢纽，打造口岸优势，建设高水平自由贸易试验区和跨境电子商务综合试验区，构建开放型经济新体制，发展外向型产业集群，形成有全球影响力的内陆开放合作示范区。同时，积极承接国内外产业转移，着眼于产业链整合提升和优势产业集群培育，突出引进龙头企业和标志性项目，推动招商引资向高端化提升。

B.7
2020~2021年河南省消费品
市场形势分析与展望

张喜峥 周文瑞*

摘　要：2020年，随着疫情防控形势不断好转，各项稳经济促消费政
策效应日渐显现，商品流通日趋平稳，市场向好因素不断增
加，消费市场稳步恢复。展望2021年，虽然全省消费品市场
面临居民收入增速有所放缓、传统消费拉动作用减弱等方面
的压力，但同时我国将进入全面建设社会主义现代化的新阶
段，构建以国内大循环为主体、国内国际双循环相互促进的
新发展格局，消费升级日趋明显，全省消费品市场仍将保持
平稳发展态势。

关键词：消费品市场　双循环　消费升级　河南

　　"十三五"时期是全面建成小康社会决胜阶段，宏观经济加速调整，经
济发展进入新常态，新型消费方兴未艾，消费升级步伐加快，消费品市场总
体运行平稳。2020年，随着疫情防控形势不断稳固，全省消费品市场逐渐
恢复平稳发展态势。

一　2020年河南省消费品市场运行情况及特点

　　突如其来的新冠肺炎疫情使消费品市场受到较大冲击，2020年初河南及

---

* 张喜峥，高级统计师，河南省统计局贸易外经统计处处长；周文瑞，河南省统计局贸易外经
统计处。

全国社会消费品零售总额均呈现较大幅度下降。随着国内疫情防控形势不断稳固，各项稳经济促消费政策效应日渐显现，企业复工复市有序展开，消费市场逐渐恢复。2020年，全省社会消费品零售总额22502.77亿元，同比下降4.1%，降幅比1～2月收窄22.4个百分点。其中限额以上单位消费品零售额5949.33亿元，同比增长0.1%，比1～2月提高33.0个百分点（见图1）。

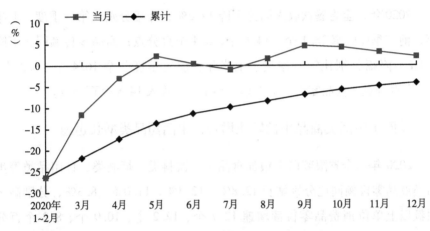

图1　2020年河南社会消费品零售总额增速走势

资料来源：河南省统计局。

（一）消费市场恢复平稳

新冠肺炎疫情对消费品市场影响明显，2020年1～2月全省社会消费品零售总额同比下降26.5%。随着疫情防控取得重大战略成果，消费者信心持续恢复，社会消费品零售总额下降幅度不断收窄。3月、4月全省社会消费品零售总额同比分别下降11.6%、2.9%；5月增速由负转正，同比增长2.1%；6月、7月同比分别增长0.5%、-1.0%，与5月相比增速小幅回落；8～12月同比分别增长1.5%、4.6%、4.3%、3.2%、2.1%，消费品市场逐渐恢复至平稳发展态势。

（二）城乡市场下降幅度同步收窄

2020年，全省城镇市场零售额同比下降4.3%，降幅分别比第一季度、

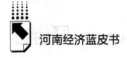

上半年、前三季度收窄 18.0 个、7.2 个、2.8 个百分点；乡村市场零售额同比下降 3.5%，降幅分别比第一季度、上半年、前三季度收窄 16.7 个、6.8个、2.8 个百分点。

（三）餐饮收入降幅收窄明显，商品零售额下降幅度较小

2020 年，全省餐饮收入同比下降 17.2%，降幅分别比第一季度、上半年、前三季度收窄 28.1 个、14.6 个、5.4 个百分点；商品零售额同比下降 2.4%，降幅分别比第一季度、上半年、前三季度收窄 16.4 个、6.2 个、2.6 个百分点。商品零售额下降幅度小于餐饮收入 14.8 个百分点。

（四）生活类商品平稳较快增长，中西药品类增长迅速

2020 年，全省限额以上粮油食品类、饮料类、烟酒类、日用品类等生活类商品零售额同比分别增长 12.8%、12.3%、11.0%、8.3%，分别高于限额以上单位消费品零售额增速 12.7 个、12.2 个、10.9 个、8.2 个百分点；中西药品类零售额同比增长 25.8%，高于限额以上单位消费品零售额增速 25.7 个百分点。

（五）汽车类商品降幅收窄，新能源汽车较快增长

汽车类商品零售较快增长对全省消费品市场恢复有重大拉动作用。2020年 12 月，全省限额以上汽车类商品零售额同比增长 10.2%，高于限额以上单位消费品零售额增速 3.8 个百分点。2020 年，全省限额以上汽车类商品零售额同比下降 1.7%，降幅比 1~11 月收窄 1.4 个百分点。新能源汽车零售额在相关补贴政策带动下快速增长，2020 年 7~12 月零售额分别比上年同期增长 30.0%、50.1%、43.5%、68.9%、54.8%、87.3%。2020 年限额以上新能源汽车零售额增长 20.8%，高于限额以上单位消费品零售额增速 20.7 个百分点。

（六）网上零售额快速增长，占比提高

根据国家统计局反馈，2020 年全省网上零售额同比增长 23.7%，高于

全省社会消费品零售额增速27.8个百分点。其中，实物商品网上零售额增长29.2%，占全省社会消费品零售总额的10.1%，比2019年提高2.4个百分点。

（七）企业生产经营情况持续好转

2020年12月21~28日开展的限额以上批发零售住宿餐饮企业调查结果与2020年4月22~24日开展的调查结果相比，75.4%的企业恢复到正常生产水平的80%以上，同比提高16.1个百分点；85.5%的企业员工到岗率达到80%以上，同比提高8.7个百分点；68.0%的企业预计第四季度营业额与上年同期持平或保持增长，同比提高18.8个百分点。

二　2020年河南省消费品市场存在的问题

2020年，随着新冠肺炎疫情防控取得重大战略成果，向好因素不断增加，全省消费品市场稳步复苏。但疫情对消费品市场的影响依然存在，住宿餐饮业受其消费特点限制，年初损失的消费难以弥补，全年零售额下降仍较为明显。在疫情防控成为常态的形势下，居民对生活类、防疫物资类商品消费有所侧重，高档消费品、部分消费升级类等非生活必需品消费受到一定程度抑制。

（一）住宿餐饮业零售额下降幅度依然较大

疫情集中暴发时正值春节期间，大量年夜饭订单取消，同时由于住宿餐饮业具有消费者相对集中等特点，在疫情防控形势基本好转后向公众开放较晚，2020年1~2月全省住宿餐饮业零售额下降幅度较大。随着疫情防控形势的不断好转，住宿餐饮消费日渐恢复，但年初的消费损失难以弥补，全年零售额下降依然明显。2020年全省住宿业零售额同比下降20.6%，下降幅度分别大于批发业、零售业14.0个、18.7个百分点；餐饮业同比下降16.9%，下降幅度分别大于批发业、零售业10.3个、15.0个百分点。

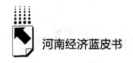

（二）高档消费品销售受疫情变化影响明显

化妆品类、金银珠宝类等高档消费品消费弹性较大，受疫情变化影响较为明显。2020 年 1~2 月，全省限额以上化妆品类、金银珠宝类零售额分别同比下降 44.9%、46.7%，降幅分别大于限额以上单位消费品零售额 12.0个、13.8 个百分点，其后随着疫情防控形势持续好转，高档消费逐步恢复。但随着入冬以来新冠肺炎疫情在部分地区偶有发生，居民消费转向谨慎，高档消费品零售额降幅有所扩大。2020 年 12 月，全省限额以上化妆品类、金银珠宝类零售额分别同比下降 10.4%、8.5%，降幅分别比上月扩大 4.2个、8.7 个百分点。2020 年，全省限额以上化妆品类、金银珠宝类零售额分别同比下降 20.8%、10.5%，分别低于限额以上单位消费品零售额增速20.9 个、10.6 个百分点，降幅分别居 23 类商品降幅的第 1 位、第 3 位。

（三）部分消费升级类商品的消费受到抑制

2020 年，全省消费升级类商品中，限额以上体育娱乐用品类、文化办公用品类、通信器材类零售额分别同比下降 0.2%、9.0%、10.3%，分别低于限额以上单位消费品零售额增速 0.3 个、9.1 个、10.4 个百分点，降幅比 1~2月收窄，降幅分别小于限额以上单位消费品零售额 20.4 个、1.4 个、20.1 个百分点；限额以上电子出版物及音像器材类零售额与上年同期持平，低于限额以上单位消费品零售额增速 0.1 个百分点，降幅比 1~2 月收窄，降幅小于限额以上单位消费品零售额 7.0 个百分点。

三 2021年河南消费品市场增长的有利条件和制约因素

（一）消费品市场增长的有利条件

国家构建以国内大循环为主体、国内国际双循环相互促进的新发展格局，促消费政策不断发力，居民消费持续升级，消费市场基础性作用更加稳固，推动消费品市场平稳发展。

1. 构建双循环新发展格局，消费品市场发展迎来新机遇

党中央、国务院提出"加快构建以国内大循环为主体、国内国际双循环相互促进的新发展格局"的重要战略部署，坚持扩大内需这个战略基点，增强消费对经济发展的基础性作用，全面促进消费，充分发挥我国消费市场规模巨大的优势，打通生产、分配、流通、消费各环节，进一步激发消费潜能，消费品市场迎来新的发展机遇。

2. 促消费政策不断发力，推动消费品市场平稳健康发展

2020年以来，国家先后制定了《关于促进消费扩容提质加快形成强大国内市场的实施意见》《关于提振大宗消费重点消费促进释放农村消费潜力若干措施的通知》，河南省也出台了《关于促进消费市场扩容提质的若干意见》。各项促消费政策为持续释放消费潜能，促进消费市场扩容提质，推动消费品市场平稳健康发展提供了政策支持。

3. 消费对经济增长仍将保持较高拉动作用

"十三五"前4年，我国最终消费对GDP增长的贡献率分别为66.5%、58.8%、76.2%和57.8%，相应的资本形成总额对GDP增长的贡献率分别为43.1%、32.1%、32.4%和31.2%，这4年最终消费对GDP增长的贡献率均超过资本形成总额对GDP增长的贡献率，与"十二五"时期相比，消费对经济增长的贡献作用明显提升。随着国内大循环格局加快形成，消费不断升级，消费对经济增长的贡献作用仍将保持在较高水平。

4. 消费升级态势明显，新的消费热点加速形成

2016～2020年，限额以上体育娱乐用品类、书报杂志类、电子出版物及音像制品类、中西药品类、文化办公用品类、通信器材类等消费升级类商品零售额合计增速分别高于全省限额以上单位消费品零售额增速1.3个、2.2个、4.1个、5.5个、8.9个百分点，消费升级态势日益明显。随着居民收入水平提高和消费理念提升，促消费政策效应日益显现，消费升级态势日渐明显，新的消费增长点将加快形成。

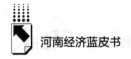

（二）全省消费品市场进一步增长的压力依然存在

随着转方式、调结构持续深入，经济发展的国内国际环境日益复杂，宏观经济运行面临下行压力，河南消费品市场平稳增长的压力依然存在。

1. 居民收入增速放缓，制约消费快速增长

"十三五"前4年，全省居民人均可支配收入年均增长8.7%，低于"十二五"后2年年均增速1.1个百分点。特别是2020年，全省居民人均可支配收入仅增长3.8%。据测算，"十三五"前4年全省社会消费品零售额增速与居民收入增速的弹性系数为1.1982，且呈逐年下降态势，2019年全省社会消费品零售额增速与居民收入增速的弹性系数下降到1.1178，即居民收入每增长1个百分点，带动社会消费品零售额增长1.1178个百分点。随着居民收入放缓，消费增速将有所回落。

2. 城镇化进程放慢，对消费的拉动作用减弱

2016~2019年全省城镇化率分别同比提高1.65个、1.66个、1.55个、1.50个百分点，城镇化进程呈逐渐放慢趋势。按照2019年全省城乡居民人均消费支出相差10426元计算，城镇化率每提高1个百分点，将拉动全省消费品市场规模扩大100亿元左右。城镇化进程放慢对消费品市场的拉动作用将有所减弱。

3. 石油类、家居类等传统消费增长点对市场拉动作用不再明显

随着新能源汽车市场占有率持续提高，传统燃油汽车占比下降，石油类商品零售额增速将有所放缓。在"房住不炒"政策指引下，房地产市场回归理性，预计未来一段时期将保持较低增长速度。房地产市场低位运行，势必将影响家具类、家用电器和音像材料类、建筑及装潢材料类等相关商品销售。

（三）2021年全省消费品市场展望

2021年，疫情变化和外部环境仍存在诸多不确定性，燃油汽车、石油

类、家居类等传统消费品对消费品市场增长的拉动作用仍有可能减弱。但随着我国逐步构建以国内大循环为主体、国内国际双循环相互促进的新发展格局，各项促消费政策效应日渐显现，居民基本生活类商品消费平稳增长，绿色消费、环保消费、智能消费等观念深入人心，消费升级态势日渐明显，全省消费市场仍将保持平稳发展态势。

四　政策建议

（一）持续提高城乡居民收入，释放居民消费潜能

一要稳步提高城乡居民收入。建立健全收入增长机制，改革和完善收入分配制度。优化农村产业结构，鼓励发展镇村企业，促进农业体验经济和乡村旅游健康发展，完善农村社保体系。二要继续鼓励大众创业，万众创新。加大对"双创"活动的政策扶持力度，降低创业门槛，切实保护知识产权和研究成果，提高人民创业、创新积极性。三要健全社会保障机制，进一步加大住房、医疗、教育等基本保障力度，大力推进租购并举的住房制度发展，完善医疗保障支付制度，优化医疗资源配置，着力解决进城务工人员子女就近入学、入托难问题。解决居民消费的后顾之忧，进一步释放城乡居民消费潜能。

（二）加快推进城镇化进程，进一步释放消费潜力

城镇化率提高可以改善居民消费结构，与东部省份相比，河南城镇化程度依然较低，一定程度上制约了消费的增长。今后要把加快推进农村城镇化同乡村振兴相结合，延长农业产业链条，增强中小城市特别是小城镇的劳动吸附能力，打破城乡二元化壁垒，推动城镇化发展。进一步健全户籍制度建设；持续推动非城镇户口居民在住房、就学、医疗、健康养老等方面与城镇户口居民享受同等待遇；完善人才引进机制，吸纳各类人才，优化城市营商环境。

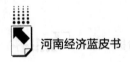

（三）培育新的消费热点，推动消费持续升级

一是着力培育新的消费热点。紧扣居民绿色消费理念，提高绿色农产品、节能家电、新能源汽车和绿色建材等绿色消费品的市场供应能力。顺应实物消费智能化、个性化发展趋势，大力发展智能家居、智能穿戴等智能产品，提高定制家具、个性化商品的市场供应能力和产品质量。加快推进5G基站建设，尽快实现5G基站城乡全覆盖，推动5G手机加快普及。二是鼓励地摊经济、夜经济发展。加大对地摊经济的规范引导力度，合理规划地摊经济开放区域和开放时间，拓展各阶层居民消费空间，提高中低收入者收入水平。打造夜经济特色商业街区、特色商业圈，加强商业、文化与旅游的结合，推动游、购、娱融合发展，推动夜间消费。三是加快发展服务消费。加快旅游消费、文化娱乐消费、教育消费、康养消费发展，推动线上线下消费融合，促进消费扩容提质。

（四）完善促进消费的保障机制，提升消费信心

一要严把消费产品和服务质量关。深入推进内外销产品"同线同标同质"工程稳步实施，加快推进消费品和服务标准制定完善。二要进一步规范市场经营秩序。严厉打击违法经营行为，重点加大对侵犯消费者隐私权行为的打击惩戒力度，切实维护消费者权益，让消费者敢消费。三要提高消费金融服务水平。创新消费金融支持和服务方式，丰富消费信贷和保险产品。

B.8
2020～2021年河南省对外贸易
形势分析与展望

付晓莉　付喜明　郭谦*

摘　要：　2020年，面对前所未有的困难和挑战，河南省外贸进出口总
　　　　值6654.82亿元人民币，居全国第10位，保持中部第1位。贸
　　　　易结构进一步优化，主要贸易方式均实现增长，外贸市场布
　　　　局持续优化，加工贸易增速超两位数，一般贸易占比有所下
　　　　降。2021年，疫情变化和外部环境存在诸多不确定性，世界
　　　　经济形势依然复杂严峻，外贸发展面临诸多不稳定不确定因
　　　　素。要立足新发展阶段，贯彻新发展理念，构建新发展格
　　　　局，持续优化口岸营商环境，服务高水平对外开放，推动外
　　　　贸高质量发展，为"十四五"外贸开好局、起好步作出
　　　　贡献。

关键词：　对外贸易　营商环境　河南

2020年，面对严峻复杂的国内外形势和新冠肺炎疫情的严重冲击，在以习近平同志为核心的党中央坚强领导下，我国成为全球唯一实现经济正增长的主要经济体，河南外贸进出口也实现了超预期增长，外贸规模再创历史新高。据郑州海关统计，2020年，河南省贸易进出口总值6654.82亿元人

---

* 付晓莉，郑州海关统计分析处处长；付喜明，郑州海关统计分析处预警监测科科长；郭谦，新乡海关综合业务科科长。

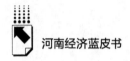

民币，比 2019 年增长 16.4%。其中，出口 4074.96 亿元，增长 8.5%；进口 2579.86 亿元，增长 31.7%。贸易顺差 1495.10 亿元，缩小 16.8%。

一 2020年河南省外贸进出口主要特点

（一）进出口规模创历史新高

2020 年，世界经济增长和全球贸易遭受严重冲击，我国外贸发展外部环境复杂严峻，在这样困难的情况下，全省外贸进出口仍实现了快速回稳、持续向好，展现了强大的韧性和综合竞争力。河南省进出口总值连续 4 年保持 5000 亿元以上规模，2020 年首次突破 6500 亿元大关，再创历史新高。其中，出口增速高出全国出口平均水平 4.5 个百分点，进口增速高出全国进口平均水平 32.4 个百分点。"十三五"期间，河南省外贸进出口合计 2.78 万亿元，较"十二五"进出口合计增长 57.4%，"十三五"期间河南省外贸年均增速 7.7%，开放型经济发展成效显著。

（二）以加工贸易方式进出口为主，增速超两位数，保税物流方式进出口增速最快

2020 年，河南省以加工贸易方式进出口 4195.58 亿元，增长 16.9%，占全年河南省外贸进出口值的 63.0%，比 2019 年增加 0.2 个百分点；以一般贸易方式进出口 2190.90 亿元，增长 9.1%，占全省外贸进出口值的 32.9%，减少 2.2 个百分点；以保税物流方式进出口 226.30 亿元，增长 199.3%。

（三）外商投资企业进出口占比超六成，民营企业进出口增速位居第一

2020 年，河南省外商投资企业进出口 4100.67 亿元，增长 15.7%，占全省外贸进出口总值的 61.6%；民营企业进出口 2020.71 亿元，增长

19.0%，占全省外贸进出口值的 30.4%；国有企业进出口 478.42 亿元，增长 5.6%，占全省外贸进出口值的 7.2%。

（四）美国、东盟（10国）、欧盟（27国，不含英国）分列前三大贸易伙伴，对美国进出口增速由负转正

2020 年，河南省对美国进出口 1334.50 亿元，增长 4.9%，其中 12 月当月对美进出口 218.96 亿元，增长 79.4%，一举扭转了前 11 个月下降的趋势；对东盟（10 国）进出口 867.95 亿元，增长 13.2%；对欧盟（27 国，不含英国）进出口 844.45 亿元，增长 40.1%；同期，河南省对中国台湾地区、韩国、日本进出口分别为 693.26 亿元、481.88 亿元和 331.47 亿元，分别增长 51.5%、29.0% 和 12.9%（见表 1）。

表 1　2020 年河南省进出口主要市场情况

单位：亿元，%

主要市场	进出口		出口		进口	
	合计	增长	合计	增长	合计	增长
美国	1334.50	4.9	1284.03	3.9	50.46	41.7
欧盟(27国,不含英国)	844.45	40.1	741.64	45.2	102.81	12.0
东盟(10国)	867.95	13.2	322.87	-8.6	545.08	31.9
中国台湾地区	693.26	51.5	38.11	11.9	655.14	54.7
韩国	481.88	29.0	121.27	-9.1	360.61	50.2
日本	331.47	12.9	213.61	6.8	117.87	25.8
中东(17国)	258.13	4.9	240.64	3.3	17.48	33.0
中国香港地区	208.56	-1.0	208.28	-1.0	0.28	-7.5
中国内地(国货复进口)	203.17	14.2	0.00	—	203.17	14.2
澳大利亚	187.25	6.8	89.29	16.7	97.96	-0.9
英国	186.96	29.1	178.16	31.3	8.80	-3.0

资料来源：郑州海关。

（五）机电产品出口恢复增长，集成电路拉动进口增长

出口方面，劳动密集型产品出口大幅增长，机电产品出口恢复增长，农

产品、铝材出口下降。2020 年，河南省机电产品出口 2820.03 亿元，增长 4.4%，其中手机出口 2314.78 亿元，增长 6.0%；服装等 7 大类劳动密集型产品出口 301.67 亿元，增长 24.5%，其中纺织纱线、织物及制品出口 99.18 亿元，增长 53.2%；服装及衣着附件出口 75.42 亿元，下降 4.2%；家具及其零件出口 64.75 亿元，增长 45.8%。同期，农产品出口 119.55 亿元，下降 34.5%；发制品出口 117.20 亿元，下降 10.0%。此外，铝材出口 91.52 亿元，下降 2.0%。

进口方面，集成电路带动进口增长，矿产品进口增速较快。2020 年，河南省集成电路进口 989.60 亿元，增长 42.4%。金属矿及矿砂进口 351.91 亿元，增长 16.0%，其中铜矿砂及其精矿进口 140.26 亿元，增长 1.8%；铁矿砂及其精矿进口 87.06 亿元，增长 35.9%。此外，食品进口 69.35 亿元，增长 17.0%；美容化妆品及洗护用品进口 60.86 亿元，下降 7.3%（见表 2）。

表 2　2020 年河南省主要进出口商品情况

单位：亿元，%

主要进口商品	进口值	增长	主要出口商品	出口值	增长
机电产品	1865.58	40.4	机电产品	2820.03	4.4
其中：集成电路	989.60	42.4	其中：手机	2314.78	6.0
音视频设备及零件	314.61	48.8	劳动密集型产品	301.67	24.5
铜矿砂及其精矿	140.26	1.8	其中：纺织纱线、织物及制品	99.18	53.2
铁矿砂及其精矿	87.06	35.9	服装及衣着附件	75.42	-4.2
食品	69.35	17.0	家具及其零件	64.75	45.8
美容化妆品及洗护用品	60.86	-7.3	未锻轧铝及铝材	91.52	-2.0
原油	38.17	-2.7	蔬菜及食用菌	41.34	-51.7
未锻轧铜及铜材	31.11	211.0	汽车（包括底盘）	40.91	-13.9
煤及褐煤	23.08	-22.1	汽车零配件	40.58	-17.0
大豆	18.42	-2.1	文化产品	28.68	46.3
服装及衣着附件	14.66	80.6	陶瓷产品	28.60	-8.6
医疗仪器及器械	13.43	16.1	塑料制品	23.17	56.5

资料来源：郑州海关。

（六）郑州市进出口占比逾七成，13个地市进出口保持增长

2020年，郑州市进出口总值4946.39亿元，同比增长19.7%，占全省外贸进出口总值的74.3%。济源、洛阳、三门峡等13个省辖市（示范区）外贸进出口总值保持增长；增速方面，济源、鹤壁、驻马店居前3位（见表3）。

表3 2020年河南省各省辖市（示范区）进出口值统计

单位：亿元，%

省辖市（示范区）	进出口		出口		进口	
	数值	增长	数值	增长	数值	增长
郑州市	4946.39	19.7	2948.83	10.0	1997.56	37.6
开封市	66.87	-8.7	54.63	-14.1	12.24	27.2
洛阳市	193.06	24.9	172.44	29.4	20.62	-3.3
平顶山市	34.40	-4.7	30.43	-8.3	3.97	35.6
安阳市	63.33	5.8	23.57	-12.2	39.76	20.3
鹤壁市	38.39	27.2	36.10	34.2	2.30	-30.1
新乡市	101.74	19.8	89.96	27.6	11.78	-18.5
焦作市	136.04	-9.5	102.35	-8.4	33.69	-12.7
濮阳市	86.78	0.4	40.55	0.6	46.22	0.2
许昌市	134.97	7.2	118.81	4.9	16.16	27.6
漯河市	44.66	-31.3	34.56	-41.9	10.10	80.1
三门峡市	176.70	11.6	19.15	-24.3	157.55	18.5
商丘市	42.59	23.1	32.67	37.8	9.93	-8.9
周口市	106.91	3.8	87.54	3.4	19.37	5.7
驻马店市	61.98	25.7	56.96	31.7	5.01	-17.2
南阳市	128.63	-26.6	101.91	-33.6	26.72	22.5
信阳市	57.50	14.3	34.85	9.1	22.65	23.3
济源市	233.88	59.9	89.64	158.0	144.25	29.3

资料来源：郑州海关。

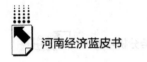

二 2020年河南省外贸进出口呈现的主要亮点

（一）手机产业发展迅猛，成为拉动全省外贸快速增长的引擎

围绕手机产业展开的进出口大幅增长是拉动河南省进出口特别是进口快速增长的主要因素。数据显示，2020年第四季度，苹果手机总体销量上涨约21%，伴随着苹果新款手机的热销，2020年，全省进口集成电路989.60亿元，增长42.4%；进口音视频设备及零件314.61亿元，增长48.8%，二者合计拉动全省进口20.3个百分点。2020年，河南出口手机2314.78亿元，增长6.0%，拉动全省出口增长3.5个百分点。

（二）贸易伙伴更趋多元

"一带一路"倡议提出至今，我国已经与167个国家和国际组织签署了198份共建"一带一路"合作文件。共建"一带一路"倡议从理念转化为行动，从愿景转化为现实，取得了丰硕成果，贸易畅通给各方都带来了实实在在的利益。2013年，河南对共建"一带一路"国家进出口647.47亿元；2020年，河南对共建"一带一路"国家进出口1562.71亿元，是2013年的2.4倍，占全省进出口总值的23.5%。此外，河南对拉丁美洲、中东市场外贸额分别增长13.4%、4.9%。综上，除了传统主要贸易伙伴之外，河南对共建"一带一路"国家、拉丁美洲等市场的外贸持续保持增长，贸易伙伴更趋多元化。

（三）口岸营商环境持续优化

"放管服"改革进一步深入，持续精简单证办理手续，提高电子化程度。实施"一网通办"，审批事项全部实现全流程网上办理。邮递物品监管信息化率达到100%。行邮税征收全部实现手机移动支付，实行进境邮件监管"查征一体化"，进境物品纳税更加便捷。关检融合带动通关流程大幅度整合优化,通关一体化改革持续深化,通关更加便捷高效,2020年9月,河南省进、出口整体通关时间较2017年分别压缩68.7%、79.1%,提前完成国务院到2020年压缩50%的目标。国际贸易"单一窗口"建设成效显著,货物申报等主要业务应用率稳定在100%,极大提高了通关效率。

(四)对外开放平台更趋完善

"十三五"以来,全省上下更加重视对外开放,"五区联动""四路协同"的开放格局逐步形成,口岸、综合保税区等开放平台更加完善,全省18个省辖市(示范区)海关机构全覆盖,河南自贸试验区获批建设,航空港区开放龙头地位逐步确立,跨境电商发展走在全国前列,海关特殊监管区域的作用进一步发挥,中欧班列运行质效良好,新郑综保区二期建成运行,郑州经开综保区整合获批,南阳卧龙综保区建成并封关运营,洛阳综保区获批,商丘、民权、许昌3个保税物流中心(B型)相继获批建设,形成了原产地证书"信用签证"、跨境电商零售进口正面监管模式等一系列制度创新成果。2020年,郑州海关共监管中欧班列(郑州)1063班,货运量63.20万吨,货值249.20亿元,分别增长3.5%、23.2%、22.8%。郑州机场国际货运业务运行情况良好,主要指标快速增长。全年累计开通国际货运航线41条,海关监管货运航班8349架次,增长110.6%;监管国际地区货邮量45.13万吨,增长47.9%,助力2020年郑州机场货运增速居全国大型机场首位。

三 当前河南省外贸发展值得关注的问题

(一)外贸支柱多元化格局尚未形成

河南外贸龙头企业较少,外贸对富士康等境外投资企业依赖严重,省内民营企业、国有企业外贸占比相对较低。2020年河南民营企业、国有企业的外贸占比分别为30.4%、7.2%,远低于外商投资企业61.6%的占比。

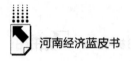

（二）进出口商品结构平衡度相对较差

河南进出口商品主要是手机及其零部件，2020年，河南集成电路和音视频设备及零件进口值占全省进口总值的50.6%，手机出口值占全省出口总值的56.8%。河南外贸对手机的依赖度高，外贸商品结构失衡状态较为显著，应对外贸波动的抗风险能力相对较差。

（三）"五区联动""四路协同"发展进入瓶颈期

"五区联动"缺乏有机关联，"五区"发展动能不协调。如航空港区除智能终端制造外其他产业集群尚未形成较大规模，一些功能性口岸尚未充分发挥作用；郑州航空口岸缺少与航空主体配套的物流园区，不利于市场竞争和成本控制，制约了空运物流的进一步发展；航空口岸货源仍然依靠省外的物流集疏，本地产业支撑依然不足；河南自贸试验区体量不大，占全省外贸比重较低，且郑州、开封和洛阳三个片区发展不均衡；跨境电商综合监管服务创新模式需加大建设力度。

（四）跨境物流经历最难旺季，多重因素令出口企业承压

由于全球疫情持续，国际物流运力下降，国际海运价格暴涨，全球外贸企业都面临"一舱难求"的局面。海关调研显示，海运费以到墨西哥为例，价格从每立方米30美元上涨至每立方米132美元，到欧洲各国的价格也普遍为每立方米100多美元。海运价格涨幅巨大，订舱成功率却只有50%左右，大大提高了企业的运输成本。同时，人民币汇率也不断攀升，从2020年5月28日至2021年1月6日，人民币升值累计已超9.4%。据模型测算，仅考虑汇率因素，人民币每升值1%，将导致出口下降0.52%，进口增长0.41%。人民币升值导致企业利润变相缩水，收益降低。此外，为应对国内环保压力，重污染天气红色管控期间，企业停工停产。据部分企业反映，部分订单无法按时交付，降低了客户对公司的信任度，后续订单难以持续。

四　2021年河南省外贸形势展望及相关建议

当前全球经济贸易出现明显复苏势头，全球制造业发展状况继续改善，国际组织对全球经济贸易悲观情绪有所减弱，调低衰退幅度。部分主要经济体贸易继续回暖。生产消费拉动国内经济加速企稳向好。但是，疫情仍在全球加速扩散蔓延。展望2021年，我国外贸进出口仍面临多重不确定性。欧美多国疫情再度反弹，法国、英国、西班牙等欧洲国家日新增感染人数创疫情暴发以来新高；世界卫生组织认为2021年6月前难以实现广泛的疫苗接种。疫情反复成为经济贸易复苏的最大不确定性因素。随着以国内大循环为主体、国内国际双循环相互促进的新发展格局加快形成，高水平对外开放不断推进，新的国际合作和竞争新优势不断形成，2021年全省外贸进出口规模有望保持增长，外贸高质量发展有望取得新的成效。

（一）持续优化口岸营商环境，培塑贸易便利新优势

以便企利民为出发点，突出"优化协同高效"原则，在业务模式、流程、制度等方面，坚持运用法治思维和方式积极探索监管改革创新，在持续提高进出口货物通关时效的基础上，进一步提升进出口企业政策措施红利的获得感，切实激发市场主体活力。围绕加快推进规则、标准等制度型开放的要求，聚焦生产要素流通、消费需求联通、物流体系畅通，在进出境监督管理等方面探索更加灵活的政策体系，更加科学的管理体制，更加便利的监管模式，进一步降低进出口环节制度性交易成本，提升跨境贸易便利化水平。深入推进"放管服"改革，在"管得住、放得开、效率高、成本低"上下功夫，强化事中事后监管，持续压缩货物整体通关时间，着力降低口岸物流成本，提升贸易便利化水平。用好用足政策手段，发挥关税措施、技术性贸易措施等的作用，营造有利于外贸企业发展的营商环境。

（二）加快打造高质量开放平台

发挥河南省国家战略优势、区位优势、产业优势和交通枢纽优势，打造

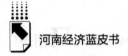

高质量对外开放平台，加快推动"口岸经济"发展。加快建设郑州国际航空枢纽，推动更多航线落地郑州，加入国际"安智贸"项目；加快谋划建设"空中丝绸之路"开放试验区；发挥航空港实验区的交通优势，发展航空物流和智能终端制造等临空产业，打造开放窗口和航空都市。加快郑州铁路口岸优化整合升级，进一步提升口岸整体集疏能力；建立地方政府统筹联络机制，创新铁路口岸管理体制，优化铁路口岸营商环境。加快省内综保区创新升级，进一步健全和完善制度机制，持续推动综保区高水平开放高质量发展。

（三）进一步拓展产业链供应链

扩大水果、冰鲜水产品等功能性口岸规模，打造分拨和运营基地，逐步形成集合上下游产业链的全球性生鲜港。积极打造进口药品国内分拨中心，以"药品口岸＋综保区"的发展模式，吸引药品流通企业和医药生产企业落户。设立整车进口品牌分拨中心，依托中欧（郑州）班列和整车进口口岸，推动奔驰、宝马等世界知名品牌设立汽车整车及零部件区域分拨中心，形成辐射中部地区的整车进口产业链，加快推进铁路口岸大监管区建设。建设全国重要的国际邮件枢纽口岸，推动邮政航空开通国际邮件专线，扩大国际邮件出口范围，拓展国际邮件进境业务规模，推动建设邮政第四口岸。

（四）充分发挥"五区联动"叠加优势

发展多式联运提升河南省外贸新优势，进一步拓展中欧班列（郑州）业务范围、功能优势，加快建设中欧班列集结中心，开展班列集结编组作业，建设多式联运进出口货运集散中心；支持开展以中欧班列（郑州）集结中心为纽带的多式联运业务，推动"米"字形高铁物流网络铁公空多式联运示范工程建设。利用申建综保区机遇加快自贸试验区创新发展，充分利用获批的洛阳综保区建设契机，带动洛阳片区保税功能的优势发挥，依托开封综保区申建，重点加快文化产业、高端制造业等产业发展；将航空港综合实验区纳入自贸试验区，充分发挥自贸试验区的联动优势，促进全省外贸的协同、均衡发展。

B.9
2020～2021年河南省财政形势
分析与展望

郭宏震　赵艳青*

摘　要：　2020年河南财政收支运行呈现先降后升、总体向好的态势，
　　　　　为全省经济社会发展提供了有力支撑。但同时，受疫情冲
　　　　　击、减税降费等因素影响，财政运行"紧平衡"状态更加突
　　　　　出。2021年，河南将坚持以习近平新时代中国特色社会主义
　　　　　思想为指导，全面深入落实更加积极有为的财政政策，持续
　　　　　深化财税体制改革，围绕推进国家治理体系和治理能力现代
　　　　　化，更好发挥财政在国家治理中的基础和重要支柱作用。

关键词：　财政形势　财政收支　财税体制改革　河南

2020年，面对突如其来的新冠肺炎疫情带来的冲击，河南省各级财政部门以习近平新时代中国特色社会主义思想为指导，在省委省政府的坚强领导下，认真贯彻落实中央和省委省政府的决策部署，充分发挥财政职能作用，着力支持统筹推进疫情防控和经济社会发展工作，扎实做好"六稳"工作，全面落实"六保"任务，全年财政收支运行呈现先降后升、总体向好的态势，为全省经济社会平稳健康发展提供了有力支撑。

---

* 郭宏震，河南省财政厅政策研究室主任；赵艳青，河南省财政厅政策研究室主任科员。

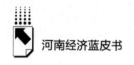

一 2020年河南省财政收支情况

2020年，受疫情影响，全省财政收入下降较多，基层"三保"面临的压力比以前年度增大，全省财政总收入6267.4亿元，增长1.3%；地方一般公共预算收入4155.2亿元，增长2.8%；地方税收收入2764.7亿元，下降2.7%；税收占一般公共预算收入的比重为66.5%。全省一般公共预算支出10382.8亿元，增长2.2%。总的来看，全省财政收支双双实现正增长，财政的基础和重要支柱作用充分发挥，为全省经济行稳致远保驾护航。在财政收支矛盾越发尖锐的情况下，全省各级财政部门积极筹措资金，优化财政支出结构，重点保障民生领域各项支出需求，全省民生支出合计7957.6亿元，占一般公共预算支出的比重达到76.6%，办成了一大批惠民利民的好事实事。

（一）一般公共预算收入保持恢复性增长

2020年，受疫情、汛情及国际局势影响，全省财政经济运行呈现"前负后正"的走势，全省一般公共预算收入4155.2亿元，增长2.8%；地方税收收入2764.7亿元，下降2.7%，税收占一般公共预算收入的比重为66.5%。一般公共预算收入保持稳定恢复态势，且具有以下特点。

1. 受疫情影响财政收入下降明显

特别是2020年第一季度，全省财政收入下降16%，下降幅度之大，也是自1978年以来首次出现，其中，税收收入下降22.9%，同比回落36.9个百分点，合计占全省税收比重达60%的工业和房地产税收分别下降17.4%和23.4%。到2020年5月，全省财政总收入增幅才由负转正。

2. 增值税降幅明显

受房地产市场恢复相对较慢叠加继续严格实施"房住不炒"调控政策影响，2020年1～11月，全省房地产业改征增值税累计下降13.4%。全省工业增值税下降9.8%。其中，受市场需求尚未恢复至正常水平影响，建材、电气器材、专用设备、通用设备行业增值税分别下降12.2%、31.5%、7.6%、6.4%，四者合计减收21.3亿元，下拉工业增值税3.2个百分点；受产能减少以及化工行业持续低位运行影响，煤炭、化工行业增值税分别下降36.5%、24.7%，二者合计减收25.7亿元，下拉工业增值税3.9个百分点。

3. 主要行业税收受经济下行影响较大

传统产业税收下降7%，其中冶金、建材、轻纺、能源行业税收分别下降10.8%、5.6%、5.3%、15.3%，化工行业税收增长4.7%。主导产业中装备制造、汽车行业税收分别下降6.9%、8.7%，食品、电子信息行业税收分别增长20%、17.4%。

4. 地区间收入增幅分化

2020年1～12月，全省18个省辖市（示范区）累计一般公共预算收入3985.0亿元，增长3.5%。一般公共预算收入增速最低的焦作市（1.3%）比增速最高的安阳市（6.6%）低5.3个百分点；10个省直管县（市）一般公共预算收入273.7亿元，增长6.5%。一般公共预算收入增速最低的鹿邑县（2.6%）比增速最高的长垣市（12.5%）低9.9个百分点。

（二）财政支出进度加快保障有力

在财政收支矛盾越发严峻的情况下，全省严格贯彻落实过紧日子的要求，压减非急需非刚性支出，各级财政部门积极筹措资金，优化财政支出结构，重点保障民生领域各项支出需求。全省一般公共预算支出10382.8亿元，增长2.2%。支出具有以下特点。

1. 财政聚力保民生

通过加大资金投入力度、加快支出进度、提高资金使用效益，提高保障和改善民生水平。全省民生支出合计7957.6亿元，占一般公共预算支出的比重达到76.6%，其中省重点民生实事投入708.5亿元，办成了一大批惠民利民的好事实事。在稳岗就业方面，2020年以来，累计筹措各类就业资金88.7亿元，落实职业培训补贴、公益性岗位补贴、社会保险补贴、吸纳

就业补贴、创业担保贷款贴息等各项促进就业政策。全年共发放失业保险稳岗补贴资金64.24亿元，惠及企业3.5万户、职工259.08万人。

2. 财政着力促发展

通过完善财政政策，健全投入机制，为统筹推进疫情防控和经济社会发展夯基筑底。2020年累计安排财政资金82.22亿元，争取新开发银行14亿元贷款全力支持抗击新冠肺炎疫情；加力实施更加积极有为的财政政策，全年预计减税降费800亿元，制定"三池三贴息、四贷两担保"财政支持市场主体、纾困解难政策体系，累计为近5900家企业提供银行贷款约270亿元，支持企业全面复工复产；为打赢脱贫攻坚战，通过统筹整合财政相关涉农资金，集中资源投入脱贫攻坚项目，助力实施乡村振兴战略，统筹各级财政专项扶贫资金192.9亿元，同比增长26%；为支持保障国家粮食安全，统筹123.29亿元，支持建成660万亩高标准农田，实施38个重点大中型灌区节水配套改造等工程，落实藏粮于地、藏粮于技战略；为助力河南由农业大省向农业强省转变，构建"政银担保投"联动支农机制，启动全国首个省级层面"保险＋期货"试点项目，进一步加强河南优势特色农产品与期货市场的对接。

3. 财政合力强基础

统筹各类财政资金679.61亿元，用好新增专项债券1626亿元、抗疫特别国债294亿元、特殊转移支付266.1亿元，PPP模式入库项目总投资1.38万亿元，推动中原银行、中原信托等省属金融企业提供重大项目融资约1600亿元，充分发挥政府投资引导带动作用，调动社会资本积极性，为十大水利工程、高速公路"双千工程"、5G基础建设等一大批补短板项目提供了有力支撑，筑牢河南发展基础。

（三）财税体制改革扎实推进

持续深化对改革规律的认识和把握，通过认真研究谋划，积极统筹推动，加大宣传创新力度，激发改革制度活力，扎实推动各项改革工作高质量开展，加快财政体制改革、完善预算管理制度、深化国资国企改革等7个方面的45项具体改革任务均按时间节点积极推进，很多好的经验、好的做法得到了中央和河南省委的肯定。

1. 推进省以下财政事权与支出责任划分改革

已出台包括基本公共服务、医疗卫生、教育、科技、交通运输等主要领域的方案，目前正结合中央改革进展和河南实际积极推动自然资源、生态环境、应急救援、公共文化等领域省以下财政事权和支出责任划分改革。分领域财政事权和支出责任划分改革进一步规范细化了省与市县支出责任分担比例和分担方式，为建立完善事权与支出责任相适应的制度体系提供了有力支撑。

2. 深化国资国企改革

持续深化国有资本运营公司改革试点，推进省级层面3家"两类公司"试点运行，稳步扩大试点范围。推进混合所有制改革提质扩面，积极引入民营资本和战略投资者，加快省属国有企业集团层面股权多元化。落实国资监管权力和责任清单，进一步理顺出资人和出资企业的关系，形成以管资本为主的国有资产监管体制。推动国有文化企业公司制股份制改革，依托省文化产业投资有限责任公司组建省文化旅游投资集团。

3. 深入实施预算绩效管理

构建事前事中事后绩效管理闭环机制。建立共性绩效指标框架，推进分行业分领域绩效指标体系建设。对新出台政策、项目开展事前绩效评估，从源头把好预算安排关，2020年省级部门预算初步实现绩效目标管理全覆盖。启动实施绩效目标实现程度和预算执行进度"双监控"，首次实现绩效运行"对靶"监控。健全单位自评、部门评价和财政评价分层次评价管理机制，2019年度预算绩效自评实现部门预算支出全覆盖，扩大财政重点评价覆盖面，强化评价结果运用，绩效评价管理向纵深拓展，推动财政资金聚力增效。

4. 持续深化税制改革

研究制定河南落实国家《实施更大规模减税降费后调整中央与地方收入划分改革推进方案》的具体措施。认真做好"六税两费"减征、降低社

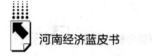

会保险费、重点群体和退役士兵就业创业等优惠政策的落实，为优化营商环境、企业降本减负创造有利条件。加强行政事业性收费和政府性基金管理，确保已经取消的收费项目不再征收，已经降低的收费标准执行到位，让市场主体切实享受到国家降费红利。

二 2021年财政形势分析

近年来，国内外发展环境复杂多变，新冠肺炎疫情全球大流行使国际变局加速演进，外部环境和内部条件都在发生深刻复杂的变化，河南发展面临诸多风险挑战。虽然全省经济运行持续稳定恢复，生产供给继续改善，市场需求稳步回暖。但疫情导致的需求不足制约经济发展，长期积累的结构失衡制约产业整体提升，循环不畅制约企业生产经营，全省经济高质量发展任务仍旧艰巨。

从财政自身看，伴随着中央提高赤字率、发行抗疫特别国债等一次性增加财力措施的退出或退坡，以及为支持疫情常态化防控、企业纾困等持续进行的减免税措施，财政收入增长面临挑战。加之近两年市县为弥补大规模减税降费政策对财政收入减收的影响，不断加大盘活存量资源资产力度，后续可用于盘活的资源资产则相对有限，多渠道筹集收入难度加大。通盘考虑，2021年全省一般公共预算收入预期增长目标为5%。同时，支持科技创新、现代产业体系发展、扩大内需、乡村振兴等重大部署以及教育社保医疗等基本民生政策提标等硬性增支政策较多，省级财政收支矛盾更加突出。综合分析，2021年财政收支平衡压力将更加突出，必须坚持政府过紧日子的长期方针政策，加强统筹安排，加大财政支出政策的精准调控力度，用好用足地方政府专项债券，确保财政可持续。

三 2021年财政政策建议

2021年，我们要以习近平新时代中国特色社会主义思想为指导，全面贯彻落实党的十九大和十九届二中、三中、四中、五中全会精神和习近平总书记视察河南时的重要指示批示精神，紧紧围绕落实省委省政府决策部署和各项重点任务，站位国家重大战略部署和区域经济布局，坚持积极的财政政策并大力提质增效，统筹发挥各项财政政策作用和资金使用效益，着力推动经济高质量发展和民生改善。

（一）加强财政收支管理

加强财政收支管理是确保全省经济社会持续健康发展的重要基础，在外部环境更趋严峻复杂，经济下行压力明显加大，大规模的减税降费政策仍需落实落细，保障民生及重点支出不断增加，收支矛盾异常突出的背景下，一是确保财政平稳运行。加强对经济运行和行业发展趋势的跟踪监测，从严控制专项转移支付，调整优化支出结构，科学合理组织收入，积极争取中央加大对河南特殊转移支付支持力度，努力实现全省财政收入平稳可持续增长。二是加快预算执行，坚持当好"过路财神"，督促市县加快直达资金支付进度，充分发挥直达资金监控系统作用，确保直达资金尽快惠企利民。用足用好政府债券资金，做实项目储备，加快债券发行使用。三是落实落细过紧日子的财政方针。坚持尽力而为、量力而行，优化支出结构，大力压减一般性支出，防止超前建设和过度福利化，把过紧日子的财政方针落在实处，集中财力保障重点支出。四是切实兜牢县级"三保"底线。加大财力下沉力度，继续完善省对市县转移支付机制，继续加大对基层转移支付力度，提高市县财政保障能力，实施"三保"运行动态监控，坚决防范县级"三保"风险。五是切实防范地方政府隐性债务风险。建立完善债务风险监控机制，加强对重点地区政府债务风险的动态监控和预警机制，强化地方政府违规举债责任追究，高度关注部分县级财政状况，盘活变现存量财政资源，提高财政资源效率，防范化解可能出现的财政风险。

（二）支持构建基于双循环的新发展格局

统筹财政政策和资金，聚焦支持河南发展的关键领域和薄弱环节，着力

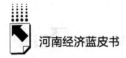

扩投资促消费，充分释放全省强大内需市场潜力，构建以国内大循环为主体、国内国际双循环相互促进的新发展格局。一是扩大有效投资。支持以"两新一重"为重点扩大有效投资，加快5G基站、大数据中心、高速铁路、老旧小区改造、黄河生态廊道等项目建设，补齐交通、生态、卫生等领域短板。二是激活城乡消费潜力。充分运用财政政策、税收政策培育消费热点、挖掘消费潜力，着力扩大中等收入群体规模，努力增加高质量供给。构建"智能＋"消费生态体系。大力发展"互联网＋社会服务"消费模式，促进教育、医疗健康、养老、托育、家政、文化和旅游、体育等服务消费线上线下融合发展。优化商业网点布局，持续改善城市商圈、农村电商网络等设施，释放低线城市和农村地区的消费升级活力。三是加大金融对市场主体的支持力度。支持用好信用贷款、融资担保、政策性贷款、贴息、应收账款融资、产业链融资等各类政策工具，努力满足中小企业资金需求。加快中小银行充实资本金，加大股权、债券市场对中小企业发展的支持力度。四是支持现代流通体系建设。支持构建便捷畅通的综合运输体系，统筹国家和区域物流枢纽建设，完善提升综合运输通道，培育一批国家级骨干物流企业，形成内外联通、安全高效的物流网络。五是支持跨境电商建设。积极探寻跨境电商新形势、新规则、新举措，聚焦"买全球卖全球"目标，加强制度创新，优化管理服务，构建好开放型的全球数字贸易平台，加快推进国内国际双循环。

（三）支持河南重大决策部署落实落细

围绕省委省政府重大决策部署，继续加大对基础设施建设、扩大开放、产业转型升级等重点领域投入力度。一是积极筹措财政资金，特别是利用地方政府专项债资金和规范的PPP模式，加大对交通、水利、生态保护、农业农村、现代物流等重点领域和薄弱环节建设的投入力度，力促一批重点项目早落地、早开工、早见效，发挥有效投资的带动作用。二是着力支持扩大开放。支持巩固开放通道和积蓄开放平台优势，以"空中丝绸之路"为引领，强化"四路协同"，加快郑州航空港内陆空港型枢纽、中欧班列集结中心建设；放大国家级开放平台叠加联动效应，谋划建设"空中丝绸之路"开放试验区、内陆空港型自由贸易港。三是创新投入机制，提升河南产业链供应链稳定性和竞争力。加快形成财政优先保障、金融重点倾斜、社会积极参与的多元投入格局，积极承接发达地区产业转移，培育一批千亿级新兴产业链；推动传统产业提质升级，深化新一代信息技术、现代服务业与制造业融合发展。四是提升科技创新能力，切实把保障创新发展放在突出位置，完善支持创新驱动发展财政政策，持续支持开展科技信贷业务，引导企业加大科技投入力度，建设共性关键技术创新与转化平台，争取突破一批"卡脖子"技术。五是服务黄河流域生态保护和高质量发展。用好财政资金和绿色发展基金，重点支持沿黄生态保护示范区、黄河流域河道和滩区综合提升治理等重点领域，引导市县积极跟进，切实加大投入力度。

（四）切实保障和改善民生

继续增加基本民生保障投入，有效保障和改善民生特别是困难群众基本生活。认真做好重点民生实事资金保障，持续解决人民群众最关心最直接最现实的利益问题。一是加力实施就业优先政策。统筹使用就业补助资金、职业技能提升行动资金等财政专项资金，充分发挥政府性投资基金引导带动作用，持续为企业纾困，强化重点群体就业支持。二是稳步提高社会保障水平。建立财政支持农村重度残疾人照护服务机制，完善公共卫生服务补助资金动态监控机制，落实提高城乡低保补助、城乡居民最低基础养老金等标准，稳步实施企业职工基本养老保险省级统筹制度，保障各地特别是困难市县养老金按时足额发放。推进各项社会救助政策的有效衔接，防止社会救助制度进一步碎片化。三是集中财力补齐教育发展短板。保障各项学生资助政策落实，扩充学前教育资源，促进义务教育均衡发展，提高职业教育发展质量，吸引高水平院校来豫办学，助力高等教育高端突破。四是加强公共卫生体系建设。支持完善疫情应急管理体系和防控救治体系，加快建设省级重大疫情救治基地。完善城乡基本医疗保险制度和大病保险制度，全面推进和完善城乡居民基本医保门诊统筹，探索实施城镇职工医疗保险门诊统筹制度，

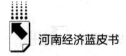

深入推进医保支付方式改革。五是推进养老服务体系建设。统筹用好各类财政资金，通过贷款贴息、税费优惠、补贴等手段激发社会资本投资养老服务活力，支持养老服务设施、社区嵌入式养老机构、智慧健康养老服务应用平台等建设，提高养老服务设施有效供给。

（五）支持乡村振兴战略实施

把支持实施乡村振兴战略作为财政支农工作总抓手，加快推进农业农村现代化。一是强化财政投入保障，确保财政支农投入力度不断增强、总量持续增加。研究出台提高土地出让收入用于农业农村比例的意见。利用政府专项债券支持有一定收益的农业农村产业项目建设。二是持续巩固脱贫攻坚成果。在实施乡村振兴中接续推进扶贫开发工作，建立监测机制和帮扶机制，完善社会保障兜底和社会临时救助政策，提高群众抵御风险的能力，着力解决相对贫困问题。三是支持农业高质量发展。以农业供给侧结构性改革为主线，以"四优四化"为重点，加大财政资金统筹整合力度，集中支持农业高质量发展重大工程项目建设，推进农业发展质量变革、效率变革、动力变革。四是推进农村基础设施建设。发挥财政资金"四两拨千斤"作用，建立健全多元投入机制，加快农村交通运输、农田水利、农村饮水、乡村物流、宽带网络等基础设施建设进度，尽快补齐农村基础设施短板。五是积极应对粮食安全挑战。进一步扛稳粮食安全重任，深入实施"藏粮于地、藏粮于技"战略，加强高标准农田和水利设施建设，稳定粮食播种面积。落实粮食主产区利益补偿机制，缓解产粮大县财政困难。运用贴息、奖补等方式，支持粮食加工企业原料收购，促进粮食相关企业持续健康发展。

（六）深入推进财税体制改革

加快建立完善中国特色社会主义现代财政制度，推进国家治理体系和治理能力现代化。一是优化政府间事权和财权划分。落实完善财政事权与支出责任划分制度，出台分领域财政事权和支出责任划分改革方案，加快推进基本公共服务领域省与市县支出划转基数核定等配套政策，完善全省转移支付制度，形成稳定的各级政府事权、支出责任和财力相适应的财政体制，支持地方创造性开展工作。二是持续完善预算管理体制。深入实施预算绩效管理，完善绩效管理工作考核机制，不断提高财政资金配置效率。继续深化部门预算改革，实行零基预算，探索建立"能增能减""有保有压""能上能下"的预算安排机制。三是全面实施预算绩效管理。深入开展重点项目和部门整体绩效评价，推动绩效评价工作提质增效。硬化绩效评价结果挂钩机制，健全绩效管理发现问题整改落实机制，大力削减低效无效支出，提高财政资源配置效率和使用效益。四是不断完善地方税体系。根据国家税制改革进程，结合河南实际，进一步完善增值税制度、消费税征收环节后移等相关制度和政策，逐步健全地方税体系，完善合理调节城乡、区域、不同群体间分配关系。五是推进国资国企管理改革。进一步完善国资监管政策体系，确保国资运营安全。深化国有资本投资运营公司改革。推动投资集团加快探索打造河南国有资本运营公司示范标杆，适时探索推进其他企业改组或组建国有资本投资运营公司。六是推进其他改革任务。开展财政支持深化民营和小微企业金融服务综合改革，持续深化"放管服"改革，着力打造"数字财政"和"智慧财政"等。

B.10
2020~2021年河南省金融业形势分析与展望

宋杨 袁彦娟 马云路*

摘　要： 2020年，在河南省委省政府的正确领导下，中国人民银行郑州中心支行围绕统筹推进疫情防控和经济社会发展大局，认真落实稳健的货币政策，精准把握调控重点，努力结合河南省实际，创新实施金融支持市场主体特别帮扶行动，全面落实"六稳""六保"任务，取得了显著成效。全省金融运行稳中有进，存款增量创历史新高，贷款增长快于全国，社会融资结构持续优化，金融服务实体经济的质量和效率稳步提高，为疫情防控和经济高质量发展提供了有力支持。

关键词： 金融业　金融运行　社会融资　河南

一　金融运行稳中有进，服务实体经济质效显著提升

（一）金融总量实现新突破

存款增量创历史新高。2020年末，河南省本外币各项存款余额77552.6

---

* 宋杨，经济师，中国人民银行郑州中心支行调查统计处副处长；袁彦娟，经济师，中国人民银行郑州中心支行调查统计处；马云路，经济师，中国人民银行郑州中心支行调查统计处。

亿元（下文如无特别说明，均为本外币口径），居全国第9位，中部六省首位；同比增长9.6%，增速高于2019年同期0.7个百分点。贷款增长持续高于全国，总量突破6万亿元。各项贷款余额在2020年3月末突破6万亿元大关，年末余额达64115.2亿元，居全国第8位，中部六省首位；同比增长12.7%，高于全国0.2个百分点。社会融资规模增量稳居中部六省首位。2020年全年增量为11472.2亿元，同比多增210亿元，在中部六省排第1位。金融对经济增长的贡献持续提升。2020年前三季度，金融业累计实现增加值2254.9亿元，占GDP比重较2019年全年提高0.6个百分点。2020年，金融业税收合计438亿元，占全省税收收入的8.6%。

（二）金融支持保市场主体成效积极

疫情发生以来，中国人民银行郑州中心支行积极履职，推动3000亿元疫情防控专项再贷款、5000亿元和1万亿元再贷款再贴现、普惠小微企业贷款延期支付工具和信用贷款支持计划在河南省落地实施，有力支持经济社会恢复发展。截至2020年末，河南省再贷款、再贴现余额分别为500.2亿元、173.5亿元，同比分别增长78.0%、29.9%。信贷覆盖面有效扩大。2020年末，全省各类市场主体授信户数合计144.6万户，较年初增加19.5万户。民营、小微企业贷款保持良好增势。2020年末，全省人民币民营企业贷款余额19421.5亿元，较年初增加1328.9亿元，同比多增164.4亿元。小微企业贷款余额12199.6亿元，同比增长13.1%；较年初增加1355.5亿元，同比多增446.1亿元；小微企业贷款户数14.4万户，较年初增加2.8万户。普惠小微贷款增长继续提速。2020年末，全省人民币普惠小微贷款同比增长21.0%，高于人民币各项贷款增速8.0个百分点；较年初增加1091亿元，同比多增655.4亿元；普惠小微授信户数达到139.8万户，较年初增加19.3万户。

（三）社会融资结构明显优化

一是直接融资占比明显提高。2020年，河南省非金融企业直接融资净额 932.1 亿元，同比多增 157.7 亿元；占社会融资规模增量的 8.1%，同比提高 1.2 个百分点。其中，债券净融资 707 亿元，同比多增 26 亿元；股票融资 225.2 亿元，同比多增 131.7 亿元，全省上市公司增加 5 家至 87 家。金融体系配合财政持续发力，2020 年末全省金融机构地方政府债券投资金额 2906.6 亿元，同比增长 12.0%。

二是贷款投放结构加快优化。贷款期限结构拉长。2020 年，全省新增企（事）业单位中长期贷款占全部单位贷款增量的 75.5%，高于全国平均水平 3.3 个百分点，满足企业中长期发展资金需求。重点领域资金支持持续加大。2020 年末，基础设施行业、不含房地产的服务业中长期贷款余额分别同比增长 18.2%、18.4%，分别高于单位中长期贷款增速 3.7 个、3.9 个百分点；制造业中长期贷款增速达 32.5%，化学原料和化学制品制造业、有色金属冶炼和压延加工业、汽车制造业、通用设备制造业、电器机械和器材制造业分别较年初增加 54.7 亿元、51.5 亿元、38.6 亿元、27 亿元、18.2 亿元。2020 年末，全省金融精准扶贫贷款（包含已脱贫人口贷款）余额 1947.2 亿元，同比增长 16.7%，高于全部贷款增速 3.7 个百分点；较年初增加 282.2 亿元。

（四）利率市场化改革成效明显

顺利完成存量浮动利率贷款定价基准转换，推动企业贷款利率明显下降。存贷款综合抽样统计数据显示，2020 年末，全省存量企业贷款加权平均利率为 6.05%，创自 2018 年有统计以来的最低水平，较 2019 年 5 月的阶段高点累计下降 0.35 个百分点。

（五）涉外收支规模位次前移

2020 年，河南省涉外收支保持稳中向好态势，收支总规模实现 4 年连续增长，在中部六省继续保持第一，在全国实现位次前移 1 名。其中，涉外收支总规模 1337.6 亿美元，同比增长 13.9%；结售汇 404.5 亿美元，同比增长 2.1%。涉外收支及结售汇继续保持"双顺差"格局。其中，涉外收支顺差 67.1 亿美元，同比下降 53.2%；结售汇顺差 100.7 亿美元，同比增长 61.0%。

（六）金融运行总体稳健

金融机构信用风险防控能力不断增强。2020 年末，全省银行业金融机构逾期 90 天以上贷款与不良贷款之比从高峰期的近 112% 降至 86.1%。持续加大不良贷款核销力度，2020 年累计核销不良贷款 669.8 亿元，同比增长 11.1%。金融机构主动加大拨备力度，增强未来风险抵御能力。2020 年，全省银行业金融机构利润总额 570.8 亿元，较 2019 年同期减少 81.9 亿元；2020 年末，各项资产减值损失准备同比增长 11.7%。

二 河南省金融运行中需要关注的问题

（一）金融发展落后于经济发展水平

河南省 GDP 稳居全国第 5 位，而 2020 年末存贷款分别居于全国第 9 位、第 8 位，经济与金融总量排名不匹配。金融业增加值占 GDP 的比重为 6.0%，低于全国平均水平 3.3 个百分点，分别低于广东、浙江 4.0 个、3.6 个百分点，分别低于四川、安徽 1.7 个、1.3 个百分点，表明河南金融发展总体上滞后于经济发展。尤其是 2020 年以来，宏观政策逆周期调节力度加大，全国各项贷款增速由 2020 年 2 月末的 11.7% 最高提高至 2020 年 7 月末的 13.0%。由于河南实体经济恢复相对滞后，金融机构观念转变不及时，各项贷款增速自 2020 年 4 月的 15.5% 持续回落至年末的 12.7%，增量较 2020 年初低于 2019 年同期 530.8 亿元。

（二）金融发展的短板弱项突出

一是金融机构主体不丰富，新兴金融业态发展不足。河南传统金融机构数量多，法人机构中仅有 2 家金融租赁公司、1 家消费金融公司、1

家证券公司、2家期货公司、1家保险公司，私募基金管理人数量居全国第22位、中部六省第5位；民营银行、网络银行明显落后，全国已有19家民营银行开业运营，而河南尚属空白。二是直接融资发展相对滞后。2018~2020年，河南省直接融资占社会融资规模增量的7.3%，低于全国平均水平7.1个百分点，其中债券、股票融资占比分别低于全国6.3个、0.8个百分点。截至2020年末，河南省上市公司共有87家，分别比安徽、湖南、湖北少40家、29家、27家。三是贷款增长结构性矛盾仍较突出。2020年末，河南省制造业中长期贷款、普惠小微贷款增速分别低于全国2.7个、9.0个百分点，房地产贷款余额占各项贷款的36.0%，高于全国8.0个百分点。随着银行业金融机构房地产贷款集中管理制度启动实施，部分法人金融机构信贷结构会面临较大的调整压力。

（三）金融风险防控压力突出

信用风险加速暴露。2020年末，河南省银行业金融机构不良贷款余额较年初增加758.1亿元，同比多增518.7亿元；不良贷款率较年初提高0.8个百分点。河南省商业银行不良贷款率高于全国平均水平2.1个百分点，增幅较年初高于全国0.9个百分点。法人金融机构潜藏风险不容忽视，农信系统风险较为集中。2020年以来，河南省法人金融机构不良贷款余额持续增长，全年增加775.5亿元，占全省不良贷款的102.3%；不良率比全省平均水平高4.5个百分点。其中农信系统不良贷款余额占法人机构不良贷款的88.5%，个别机构风险化解难度较大。本土重点国企债券市场违约的影响仍在延续。2020年11月1日至2021年1月20日，全省共发行债券21只（含资产支持证券），较2019年同期少60只，募集资金132.9亿元，较2019年同期少475.3亿元。省会郑州市住户部门杠杆率过高。郑州市个人住房贷款占全省的44.7%，与此相伴的是住户部门过高的杠杆率，2020年9月末已达100.8%，超出公认的国际警戒线35.8个百分点，分别高于广州、武汉23.3个、19.7个百分点。

三 2021年河南省金融发展形势展望

（一）推动河南金融平稳较快发展的有利因素

一是经济将从疫情的影响中持续恢复。当前国内各地应对疫情冲击的手段更加成熟，新冠病毒或将像其他流感病毒一样与人类长期并存，对经济的影响也将逐步弱化。中国作为2020年唯一实现经济正增长的主要经济体，2021年，在低基数、产业替代升级、需求回升等因素的推动下，全国及河南经济发展都将呈现持续恢复走势，为金融发展和风险防控奠定基础。

二是河南经济发展迎来重要机遇期。2021年是"十四五"开局之年，构建新发展格局、中部地区崛起、黄河流域生态保护和高质量发展战略叠加，为河南发展提供了重大历史机遇。河南外贸依存度相对较低，构建以国内大循环为主体、国内国际双循环相互促进的新发展格局，河南在承接产业链转移、稳定供应链方面有很大作为空间，能够为实体经济创造新的金融需求。

三是货币政策环境适宜。2021年，稳健的货币政策将更加灵活适度，精准导向。在总量上将综合运用各种货币政策工具，保持流动性合理充裕，保持M2和社会融资规模增速同名义经济增速基本匹配。在结构方面，将发挥好货币政策工具精准滴灌作用，加大对科技创新、小微企业、绿色发展等重点任务的金融支持。同时，深化利率汇率市场化改革，巩固贷款实际利率下降成果，预计2021年河南省各项金融指标仍将保持平稳增长态势。

（二）制约河南省金融发展的不利因素

一是国内国外发展环境不确定性加大。全球经济金融形势仍然高度不确定。疫情仍是最大不确定因素，全球病例高位攀升，多地出现病毒变异，产业链循环受阻、国际贸易投资萎缩，都将持续影响世界经济。发达经济体刺激政策后劲不足，金融市场与实体经济走势背离，面临震荡风险。美国已将中国列为首要战略对手，对中国的打压遏制会长期存在。从国内的情况看，经济恢复基础尚不牢固，经济金融运行还存在一些体制性、结构性、周期性问题，发展不平衡不充分的问题突出，特别是疫情冲击带来的金融风险存在一定时滞，宏观政策强调连续性、稳定性、可持续性，须处理好恢复经济和防范风险的关系，经济增长亟待提高内生动力。

二是河南经济恢复发展面临较大压力。疫情以来，河南经济恢复进度明显滞后于全国，2020年经济增速低于全国平均水平1个百分点，第二产业增加值、社会消费品零售总额增速在全国排名明显后移，工业补库存阶段启动时间滞后于全国3个月以上，房地产领域新开工面积、土地购置面积等先行指标降幅扩大，拉动作用持续性不强。从2021年的情况看，随着宏观政策逐步恢复正常，财政支出力度将有所下降，广义货币供应量（M2）及社融增速预计也将向常态化回归，市场利率从低点回升，资金和需求不足制约投资增长空间，由我国经济率先复苏带来的进出口优势难以持续，而就业和居民收入难以支撑消费持续复苏，经济发展内生动力不足问题将更加凸显。

三是金融人才短缺问题制约明显。河南对金融专业人才培育、引进前瞻性规划不够，鲜有专门机制和专项措施，而目前全国至少有60个城市推出了对金融人才的引进政策。河南金融人才规模和高层次金融人才数量都偏少。2020年，河南每万（常住）人口金融从业人数仅为20.4人，居经济前5省末位，中部六省第4位。各级地方党政领导金融专业人才不足，国有企业、投融资平台企业等金融专业人才偏少，导致在近年来去产能、降杠杆、防风险、稳增长的周期波动中，不能主动运用现代金融工具开展资金融通和资源配置，错失战略转型和发展机遇。

四是金融风险后续防控压力预计仍较突出。2020年以来，河南银行业金融机构信用风险持续攀升，由疫情冲击带来的风险存在一定的时滞，未来不良贷款还将面临较大的上升压力。同时，债券违约风险影响持续蔓延，对未来河南企业债券发行造成较大负面影响。WIND数据显示，至2021年末，全省企业债券到期金额超1500亿元，到期偿还压力较大。而受永煤违约事件影响，省内企业发债受到较大影响，多只债券发行取消或延期。如果企业流动性问题得不到合理解决，随后部分贷款也将出现逾期甚至不良，对区域金融生态环境和资产质量都将造成较大冲击。

2021年，中国人民银行郑州中心支行将继续在河南省委省政府和中国人民银行的正确领导下，把更多力量集中到深入贯彻落实党的十九届五中全会精神上来，有效落实稳健的货币政策，落实和发挥好再贷款、再贴现和直达实体经济的货币政策工具的牵引带动作用，构建金融有效支撑实体经济的体制机制，提高金融资源配置效率，健全金融风险预防、预警、处置、问责制度体系，有效促进全省经济发展质量和效益提高。

B.11
2020~2021年河南省就业形势
分析与展望

王玉珍*

摘　要：　2020年，河南省在习近平新时代中国特色社会主义思想指引
　　　　　下，积极贯彻落实中央和省委省政府各项决策部署，深入实
　　　　　施就业优先战略，确保了就业稳定发展。但由于受到新冠肺
　　　　　炎疫情和经济下行压力等多重因素的制约，一些地区、行业
　　　　　的就业受到不同程度的影响。本文在对2020年全省就业状况
　　　　　进行分析的基础上，提出河南省就业市场出现的特点及变
　　　　　化，指出当前就业工作中存在的主要矛盾和问题，预判2021
　　　　　年全省就业形势，并提出促进就业工作的对策和建议。

关键词：　就业形势　就业政策　河南

2020年，河南省委省政府高度重视就业工作，继续坚持实施稳经济增长、保优先就业的一系列稳就业、促就业政策措施，有力促进和带动就业的逐渐恢复、稳定发展。特别是2020年下半年以来，随着国内疫情防控取得重大成果，全省各地经济社会秩序加快恢复，企业生产经营状况好转，经济发展回暖，"六稳""六保"各项稳就业政策任务落实成效日益显现，就业形势总体持续回暖。

---

* 王玉珍，高级统计师，河南省统计局人口和就业统计处二级调研员。

一　2020年河南省就业总体发展情况

2020 年以来，全省各地坚持以习近平新时代中国特色社会主义思想为指导，深入贯彻落实习近平总书记考察调研河南时的重要讲话精神，统筹推进"五位一体"总体布局，协调推进"四个全面"战略布局，坚持以人民为中心的发展思想，坚持稳中求进工作总基调；坚持新发展理念，坚持推动高质量发展；坚持民生为本和人才优先，坚持惠民生与促发展相结合，在新冠肺炎疫情防控工作中，着力抓重点、补短板、强弱项、防风险、稳预期，持续实施就业优先政策。

（一）重点群体就业指标完成情况

2020 年，河南省委省政府把推动实现比较充分、更高质量就业和就业局势保持稳定放在更加重要的位置，不断完善就业创业工作机制和政策体系，先后制定出台了多项政策文件，全力推进就业工作，全省就业局势呈现总体稳定、稳中向好态势。

1. 扎实推进重点群体就业

重点群体就业情况。截至 2020 年底，全省城镇新增就业 122.59 万人，完成全年目标任务的 111.45%，但比 2019 年同期下降 11.36%。就业困难人员实现就业 12.22 万人，完成全年目标任务的 152.78%，实现就业人员比 2019 年同期下降 4.83%。36.85 万失业人员实现再就业。

全省市场主体发展情况。2020 年全省市场主体达 136.90 万户，由于受新冠肺炎疫情等因素的影响，比 2019 年同期下降 13.9%。其中，各类企业有 44.21 万户，同比增长 4.4%；个体工商户达到 91.69 万户，同比下降 20.5%；农民专业合作社 9982 个，同比下降 25.1%。

从河南省市场主体发展累计总量情况看，截至 2020 年末，全省累计实有市场主体 781.17 万户，同比增长 11.9%。其中，各类企业有 214.97 万户，同比增长 16.6%；个体工商户 546.92 万户，同比下降 10.5%；农民专

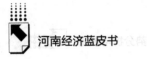

业合作社 19.28 万个，同比增长 2.7%。

2. 稳定有序推进农村劳动力转移就业

2020 年，河南实现新增农村劳动力转移就业 45.81 万人，完成全年目标任务的 112.8%，截至年底，全省累计转移就业达 3086 万人，其中省内就业 1850 万人，省外输出 1236 万人。

扎实推进转移就业。一是助力农民工返岗复工。着力破解农民工"出不来、走不通、进不去"的难题，与重点输入省份签订省际合作意向，创新实施"四有一可"模式，组织专机专班专列 5 万多趟次，2020 年第一季度组织农民工省外就业 210 万人，带动全省外出务工 1373.8 万人。二是强化农民工就业服务。强化"六稳""六保"举措，制定"应对新冠肺炎疫情做好农民工就业服务工作"措施，开展线上"春风行动"专项招聘活动，深入实施农村劳动力技能就业计划，2020 年全年新增农村劳动力 72.27 万人。三是加强农民工动态监测。通过对 100 个定点村统计监测、移动大数据分析等途径，定时监测农民工节前返乡、节后外出等情况，防控大规模返乡回流风险。

鼓励支持返乡创业。2020 年，全省新增返乡创业农民工 16.38 万人，带动就业 74.68 万人。一是加强组织推动。2020 年 11 月中旬在驻马店市平舆县举行全省返乡创业现场观摩会，对提高创业层次和质量效益发挥了引领指导示范效应。二是优化创业服务。加快"河南省农民工返乡创业投资基金"运作，目前已投资项目 67 个，投资总规模达 75.94 亿元。组织返乡农民工创业培训达 13.33 万人次，完成年度目标任务的 266.68%。新增发放返乡农民工创业担保贷款资金 93.77 亿元，完成年度目标任务的 156.28%。组织返乡创业网络大赛，680 个项目参赛，12 个项目获奖，并举行项目展示推介直播。建立"省返乡创业专家服务团"，形成"送服务到县乡、送服务到园区、送服务到企业，推动成立地方专家服务团"的"三送一推动"机制。三是营造良好氛围。通过开展编印《示范县经验材料汇编》《返乡创业风采录》等活动，讲好群众身边的"返乡创业故事"。在"学习强国"河南学习平台设立《返乡创业》专栏，在河南农村广播开展"返乡创业之星"

系列访谈，在《河南日报》等新闻媒体开设专题专栏，推出言论评论，引起社会良好反响，达到了预期效果。

3. 失业群体、失业率保持稳定

2020年末，全省城镇登记失业人数62.15万人，城镇登记失业率3.24%，控制在合理目标范围内（4.50%为上限控制目标），登记失业率相对稳定。2020年分月度、分季度调查失业率稳定在可控制区间。

（二）高校毕业生就业保持稳定增长

2020年，河南省各地认真贯彻落实党中央、国务院和省委省政府"六稳""六保"的全面部署，以及国务院和河南省政府关于就业创业工作各项政策，精准发力，最大限度降低新冠肺炎疫情对高校毕业生就业的影响。始终围绕服务经济社会发展的主线，依托"互联网＋就业服务"，主动创新作为、整合资源，在国内外经济形势严峻复杂的情况下，扎实、有效地推进全省高校毕业生就业创业工作深入开展。

2020年，全省累计有普通高校毕业生65.7万人，较2019年增加4.4万人，再创历史新高，毕业生总量居全国第1位，约占全国高校毕业生总量的1/13。截至2020年9月1日，全省高校毕业生签约就业率达78.9%，实现就业51.84万人，提前完成国家提出的"努力确保本地高校毕业生2020年9月1日就业率70%"的目标任务，但就业率仍低于2019年同期3.72个百分点。有51.84万人实现初次就业，较上年净增加1.19万人，同比增长2.3%。

（三）企业用工情况持续恢复向好

2020年第四季度末，河南省统计局对全省770家第二、第三产业企业用工情况开展调查，结果显示，2020年全省企业用工规模逐步回稳，千人以下企业用工规模恢复乏力。

1. 企业用工规模持续恢复，2020年呈现回稳态势

2020年第四季度末，被调查企业用工人数59.7万人（以下数据均为可

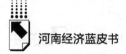

比口径），比第三季度末增长 0.3%，继续呈现持续恢复态势。其中，农民工用工人数 23.1 万人，比第三季度末增长 2.4%。与 2019 年同期相比，被调查企业用工人数下降 2.4%，农民工用工增长 2.0%。结合 2020 年各季度企业用工变化情况，全年全省企业用工降幅逐步收窄，持续回稳。

2. 千人以上企业用工同比、环比持续增加

2020 年第四季度末，调查企业用工量在 1000 人以上的 110 家企业的情况显示，其用工总量为 43.4 万人，同比增长 2.2%，环比增长 1.0%，延续了前两个季度的增长趋势。其中，农民工用工量为 18.7 万人，同比增长 8.3%，环比增长 4.2%。

3. 千人以下企业用工降幅收窄，恢复乏力

2020 年第四季度末，调查用工量在 1000 人以下的 660 家企业的情况显示，其用工总量为 16.3 万人，同比下降 12.7%，降幅较第三季度末收窄 2.1 个百分点。其中，农民工用工量为 4.4 万人，同比下降 18.0%，降幅较第三季度末收窄 5.5 个百分点。纵观 2020 年各季度同比变化情况，千人以下企业用工规模在遭受疫情冲击后，恢复乏力。

二 疫情影响下政府出台各项强化稳就业举措实施情况及成效

（一）制定实施积极稳定的就业政策

1. 出台多项相关政策，抓好就业稳定工作

积极应对新冠肺炎疫情。扎实做好"六稳"工作，全面落实"六保"任务，加强就业政策与各项政策的协调，以保促稳，稳中求进。制定《关于印发河南省应对疫情影响支持中小微企业平稳健康发展若干政策措施的通知》，从全力保障企业有序复工复产、强化金融支持、加强财税支持、减轻企业负担和加大稳岗支持力度五个方面出台 20 余条具体措施，支持中小微企业平稳健康发展。实施《河南省做好"六稳"工作落实"六保"

任务若干政策措施》，出台了 22 条一揽子实实在在的政策措施，扩内需、保就业、惠民生，在促进全省经济平稳健康发展的同时带动了就业稳定发展。

强化目标导向，就业优先政策得到有效发挥。减负稳岗，2020 年累计减免企业养老、失业、工伤三项社保费 563.89 亿元。全省实施就业优先政策，千方百计稳定和扩大就业，出台推动稳就业工作"28 条"、做好高校毕业生就业"18 条"等一系列"硬核"举措。全力打好税费"免、减、缓、返、补、降"等政策组合拳，惠及全省企业 21.9 万家；累计支出稳岗返还资金 64.24 亿元，惠及企业 3.57 万户、职工 259.08 万人，稳住了市场主体，稳住了全省就业基本大局。

2. 进一步深化创新创业就业渠道

加快实施各类"双创"载体平台建设。以加快推动国家生物育种产业创新中心建设、支持安图生物和仕佳光子申建国家工程研究中心、推动鹿邑县国家"双创"示范基地获国务院督查激励，创造全省国家级"双创"示范基地，连续 3 年获得国务院表彰的佳绩，使全省全社会"双创"活力不断得到激发。通过优化"互联网＋就业创业"信息系统全面上线运行，涵盖业务经办、公共服务、监管监测、数据应用等内容，线上业务办理快速增长。推进就业创业服务下沉基层，努力打造"15 分钟公共就业服务圈"。

3. 持续抓好农村劳动力转移就业，实施易地扶贫搬迁就业帮扶

全力推进人社扶贫。2020 年前 11 个月河南省 205.42 万贫困劳动力实现就业，当年新增 15.31 万人，就业扶贫工作卓有成效。全省推选的两个就业扶贫先进典型入选全国人社扶贫助力全面建成小康社会优秀成果。一是积极开展就业帮扶。落实"七个优先"政策，开展"一对一"帮扶，保障贫困劳动力外出务工。建立农民工外出务工人数、返乡创业人数、回流人数和居家未就业人数"四个清单"，促进贫困劳动力就地就近就业。实施挂牌督战，贫困人口超过 5000 人的 20 个重点县有就业能力和就业愿望的 57.42 万人基本实现就业。二是千方百计稳定岗位。实现公益性岗位年龄上限、合同期限、工伤保障"三个突破"，开展就业创业扶贫"百日攻坚"行动，出台

稳定和扩大贫困劳动力就业创业"12条措施",开展返乡创业专家服务基层助力脱贫攻坚活动,认定100家返乡创业助力脱贫攻坚优秀项目。三是协同推进各项工作。扩大贫困群体社保代缴范围,完成了375.67万贫困人员全部参加城乡居保,实现了134.05万名贫困老人按时足额领取养老金。组织95家技工院校、1285家民办培训机构与9536个贫困村开展"一对一"技能帮扶,使178.39万名有参加培训意愿的贫困劳动力全部接受培训。推进人事人才政策向贫困县倾斜实施,帮助贫困地区招募大学生6300人,引进急需专技人才300余人。

有序推进农民工转移就业。河南作为人口大省,农民工顺利就业关系全省就业基本大局的稳定。全省每年外出务工人员超过1000万人,为了让更多老乡出去打工有"门路",河南开启了政府搭台、人力资源企业运营、大数据牵线、服务个性化的新路子。为了让农民工好就业、就好业,全省各级政府、部门通力协作,多措并举,出台政策,提供培训,通过健全五级就业服务体系,组织开展"春风行动"等专项招聘活动,深入推进农村劳动力技能培训等系列措施,使农村劳动力转移就业规模持续扩大。特别是在2020年新冠肺炎疫情期间,全力做好农民工转移就业工作,帮助农民工返岗复工。河南与农民工输入较多的浙江、广东、江苏、北京、上海5省(市)建立起省际劳务协作对接机制,制订与重点省市开展劳务对接工作计划。

实施易地扶贫搬迁就业帮扶。针对留守安置点的搬迁劳动力短期就业困难等情况,省直13个部门制定了《落实2020年易地扶贫搬迁后续扶持的若干政策措施》,以800人以上的大中型安置点为重点开展专项帮扶,组织就业对接活动,优先吸纳当地劳动力,在安置点上全省有劳动能力的搬迁群众基本实现全部就业。

同时,积极发挥全省各级、各类人力资源就业服务机构作用,促进人岗精准对接。持续优化全省"互联网+就业创业"信息系统,全面加强人力资源市场监管,坚决制止和纠正各类就业歧视,劳动者合法权益得到切实保护。

（二）不断优化就业和创业的环境

降低失业登记门槛，打通地域限制，全面推行告知承诺制，动态调整就业困难人员认定标准，2020年帮助失业人员实现再就业，就业困难人员实现就业，零就业家庭实现动态清零。高校毕业生、农民工等重点群体就业得到有效保障。全力促进退役军人、妇女、残疾人等群体就业，特殊群体的就业工作得到有效保障。

1. 持续优化营商环境

在全省开展营商环境评价工作，实施14项专项整改提升行动。进一步推动《河南省社会信用条例》实施，归集各类信用数据，初步建立了贯穿事前、事中、事后全生命周期的新型监管机制。全面推广在线（网上）审批，提升投资审批在线平台效率，为创业者提供更加优质、便捷的服务。

2. 密切关注农民工返岗情况

积极协调企业做好复工复产工作，帮助企业用工人员顺利返厂复工，做好疫情期间重点生活物资、生产企业劳动用工保障工作。开展疫情期间线上职业技能培训，免费开放和公布9条线上职业技能培训平台资源，支持鼓励劳动者在疫情期间参与线上职业技能培训，进一步提升劳动者素质和技能水平。

3. 加强公共就业服务设施建设

以创业带动就业"互联网＋就业创业"服务的人岗精准对接。积极发挥创业培训、创业担保贷款、创业孵化、创业服务"四位一体"创业体系作用，2020年继续开展创业培训、新增发放创业担保贷款资金、扶持自主创业和带动就业等政策。

积极推动职业技能培训和技能人才队伍建设，2020年组织各类职业技能培训超过398万人次，新培养高技能人才超过15万人，"技能河南"迈出坚实步伐。在第四届"中国创翼"创业创新大赛中，河南共斩获5项殊荣，创业扶贫项目获得全国一等奖。在第一届全国技能大赛上，取得总成绩全国第6、中部第1的好成绩。开展"十四五"重大工程项目储备、筛选、

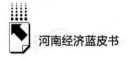

谋划，征集就业类项目共计 270 多个。2020 年共争取中央预算内投资补助资金 6000 万元，支持对开封、漯河、汝州的公共实训基地项目建设，继续提升公共实训能力，为创业就业提供技能人才支撑。

（三）持续扩大就业和创业的规模

1. 持续抓好就业困难群体就业

通过公益性岗位安置、职业介绍、技能培训等途径，近几年来共促进完成了近 200 万失业人员再就业，帮助近 80 万就业困难人员就业，确保了零就业家庭动态清零。推动化解过剩产能行业和依法破产"僵尸企业"职工安置工作，两项工作累计安置职工近 20 万人。

2. 深入推进返乡入乡创业

通过创新创业贷款担保模式、扩大创业培训规模、发展创业载体、优化创业环境，创业带动就业倍增效应明显。2020 年，由 23 个部门联合实施《关于印发〈关于推动返乡入乡创业高质量发展的实施方案〉的通知》，出台 20 余条一揽子支持各类群体返乡入乡创业政策，助力稳定扩大就业。通过持续深化国家返乡创业试点，深入挖掘 20 多个试点工作经验和典型企业、典型人物，起到了示范效应。

3. 坚持把高校毕业生摆在就业工作首位

统筹实施"政府购岗""三支一扶"等基层服务工作项目，每年提供基层岗位 2 万多个。截至 2020 年底，全省共开发"政府购岗"岗位 3060 个、"三支一扶"岗位 6300 个，累计为 11.20 万人发放求职创业补贴 8232.79 万元，为 7.93 万人发放就业见习补贴 21613.96 万元。全力做好高校毕业生就业工作。针对 2020 年河南省高校毕业生数量创历史新高的实际情况，积极实施"321"计划，重点开展"七个专项"活动，2020 年全省多渠道促进高校毕业生就业达 60.72 万人，总体就业率略高于上年同期水平。

4. 健全人力资源市场体系

组织开展就业援助月、"春风行动"、"春季大型招聘会"等专项活动，举办各类招聘会 1900 多场，提供就业岗位 200 余万个。人力资源服务职能的市场化、专业化、信息化、规范化程度逐年提高。自 2019 年以来，全省人力资源服务机构达 1500 余家，从业人员达 8 万余人。2020 年全年服务求职者 900 余万人次，帮助 250 余万人实现了就业和流动。

三 河南就业工作中存在的主要问题及其原因

在就业工作取得成绩的同时，我们明确地看到，目前全省就业工作仍存在着不平衡不充分问题。

（一）就业总量矛盾和结构性矛盾持续并存

受中美贸易摩擦、经济下行压力、产业转型升级、疫情防控常态化等因素相互叠加影响，全省就业不确定程度加深，部分行业岗位流失加剧，岗位供给不足、结构不尽合理，造成就业不充分、就业总量压力和结构性难题或将长期存在。一方面，就业的总量压力居高不下；另一方面，"招工难""就业难"相互交织，就业结构性矛盾依然突出。

（二）劳动力供给能力不足，就业创业竞争力不够强，造成就业质量不高

数据显示，2020 年前三季度河南省网络招聘市场共发布职位 215.7 万个，与 2019 年同期相比减少 3.9 万个，下降 1.78%。2020 年前三季度市场招聘需求与往年基本持平。从用人单位岗位需求情况看，全省各类企业复工成效初显，第二、第三产业岗位需求呈现持续上涨态势，其中，影视、酒店、旅游等相关领域需求增长明显。

但用工问题主要表现在：薪酬待遇不匹配，导致"招收普工难"；劳动力整体素质偏低，导致"人岗不匹配"；新产业所需人才供给缺口大，高层次、高技能人才严重短缺情况依然明显存在。

（三）重点群体就业压力加大，造成就业不稳定

一是高校毕业生就业任务仍很艰巨。高校毕业生就业总量加大。2020年全省应届高校毕业生数量再创新高，此外，往届未就业的高校毕业生约3万人，需就业毕业生总量和增量均创历史新高。同时，受疫情影响，社会就业岗位减少。高校毕业生就业难度加大。同时，高校毕业生就业结构性矛盾突出，"慢就业"和"缓就业"现象增多。二是解决好农民工稳定就业问题任重道远。随着新型城镇化的发展，城镇化水平在不断提升，增幅在逐步放缓，大规模农民工转移的高峰期已经过去，但每年几十万人就业转移，农业转移人口"市民化"工作持续推进，都会对就业形成或多或少的压力。三是国企改革导致职工分流安置压力加大。随着国企改革走向深水区，"三去一降一补"形成的人员分流对就业市场的压力依然存在。四是公共就业创业服务体系尚待完善。适应劳动者流动性、就业方式多样化的就业服务、社保管理和用工制度有待完善。

四　2021年河南省促进就业发展的建议

随着各类稳就业、保就业政策出台落地、市场企暖回升，促进就业增长的有利因素正在累积，预计2021年全省就业形势会逐步向好。

（一）创新促进就业创业体制机制，实现更充分更高质量就业

建立完善就业创业考核指标体系，健全实施就业优先政策的长效机制，推动经济发展和扩大就业的联动机制更加完善，适应各类群体不同特点的就业创业政策更加完备，大力促进以创业带动就业，挖掘壮大新动能拓展就业空间，统筹推进高校毕业生等重点人群就业，不断完善公共就业创业、人力资源市场服务体系，更好发挥失业保险预防失业、促进就业的功能，实现就业规模持续扩大、就业结构更加优化、就业质量稳步提升，有效控制失业风险，就业局势保持稳定，覆盖城乡劳动者的公共就业创业服务体系更加健全完善。

（二）实施人才强省战略，打造中原人才高地

持续推进全民技能振兴工程，全面推行终身职业技能培训制度，培养造就知识型、技能型、创新型劳动者大军。一是要持续办好中国·河南招才引智创新发展大会，健全完善高层次领军人才培养支持、发挥作用、激励保障、联系服务的工作机制。二是要继续实施专业技术人才知识更新工程和职业教育教学专家队伍建设工程，大力支持留学回国人员来豫创新创业。三是要推动人才与科技、项目、产业的有机结合，实现人才发展体制机制不断完善，人才发展环境不断优化，人才激励政策更加完善，人才干事创业平台更加广阔、载体更加丰富，高层次、高技能人才队伍规模明显扩大，结构更加优化、质量显著提升，使人才服务发展作用得到充分发挥。

（三）构建人社扶贫长效机制，发挥人社防贫减贫作用

强化乡村振兴战略的人才支撑，健全城乡基本公共服务普惠共享机制，持续发挥返乡创业带动就业的倍增作用，促进农村劳动力转移就业和农民增收，加强城乡一体的社会保险体系建设，实现人社扶贫长效机制全面建立，扶贫政策的连续性、稳定性不断提高。

（四）健全劳动关系协调机制，构建和谐劳动关系

健全劳动标准体系和劳动保障法律法规体系，加强劳动关系形势动态监测和分析研判，全面推进劳动合同制度、集体合同制度实施，实现劳动关系治理体系和能力建设不断提升。一是要深化企业工资分配制度改革，健全由技术技能激励导向的薪酬分配体系，推动工资增长与劳动生产率、经济效益同步提高。二是要深化调解仲裁制度机制改革，全面开展"互联网＋调解仲裁"工作，探索建立劳动人事调解仲裁办案管理体系和评价机制。三是要进一步完善修订《劳动保障监察条例》，深入贯彻落实《保障农民工工资支付条例》，推动打通劳动争议欠薪案件快审绿色通道，不断提升劳动保障监察治理体系和治理能力现代化，为就业打开更加畅通的渠道。

B.12
2020~2021年河南省能源形势分析与展望

常冬梅　陈向真　秦红涛　刘金娜*

摘　要：　本文全面回顾总结了2020年河南省规模以上工业能源生产、消费运行情况，在研究当前影响河南能源生产、消费主要因素走向的基础上，预判2021年河南能源生产、消费发展趋势，并提出保持2021年河南能源生产、消费向好发展的主要建议。

关键词：　能源生产　能源消费　节能降耗　河南

2020年，河南坚决贯彻落实党中央统筹做好疫情防控和经济社会发展各项决策部署，"六稳""六保"工作深入推进，成效不断显现，经济稳定恢复，持续拉动能源需求，全省规模以上工业主要能源产品产量降幅不断收窄，综合能耗由负转正。2021年，在常态化疫情防控状态下，河南经济社会运行将更平稳有序，随着新发展格局背景下"十四五"规划的逐步实施，黄河流域生态保护和高质量发展等国家战略推进不断加快，在能源需求向好的情况下，全省规模以上工业能源生产、消费有望健康平稳运行。

一　2020年河南省能源生产、消费基本情况

（一）主要能源产品生产恢复势头良好

2020年，随着疫情防控和经济社会发展各方面工作不断深入推进，全

---

* 常冬梅，河南省统计局能源和生态统计处处长，一级调研员；陈向真，河南省统计局能源和生态统计处副处长，二级调研员；秦红涛，河南省统计局能源和生态统计处四级调研员，高级统计师；刘金娜，河南省统计局能源和生态统计处。

省经济社会生活日益活跃，能源需求不断增长，原煤、发电、原油加工行业上半年生产快速恢复后，下半年运行态势平稳，新能源发电在政策支持下持续快速增长。

1. 上半年原煤生产快速复苏，下半年降幅稳步收窄

2020年，全省规模以上工业原煤产量10490.60万吨，同比下降1.3%，降幅比第一季度收窄2.5个百分点，比上半年收窄0.2个百分点，比前三季度收窄0.5个百分点（见图1）。全年生产呈现上半年快速复苏、下半年降幅总体收窄的良好走势。

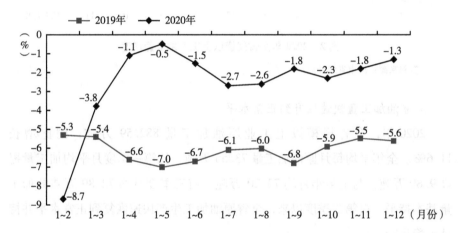

图1　2019年、2020年全省规模以上工业原煤产量累计增速

资料来源：河南省统计局。

2. 电力生产总体不断恢复，2020年5～7月当月发电量增速冲高回落

2020年，全省规模以上工业发电量2757.40亿千瓦时，同比下降1.9%，降幅比第一季度、上半年、前三季度分别收窄11.3个、3.6个、3.9个百分点，全年电力生产总体不断恢复，上半年恢复快于下半年。在2020年5月上旬至6月上旬天中直流（疆电入豫）等17条输变电线路年度检修、6～7月气温偏低、7月15日青电入豫项目（青海—河南±800千伏特高压直流工程）开通送电等因素综合影响下，5～7月，全省规模以上工业当月发电量增速出现一次幅度较大的冲高回落波动（见图2）。

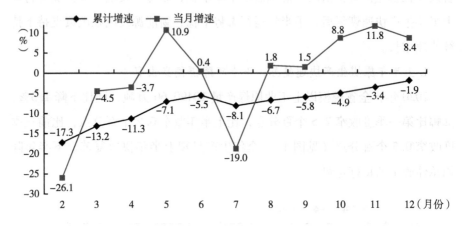

图 2　2020 年全省规模以上工业发电量增速

资料来源：河南省统计局。

3. 原油加工量快速回升到正常水平

2020 年，全省规模以上工业原油加工量 882.59 万吨，同比增长 11.6%。全年平均每月原油加工量 73.55 万吨，比第一季度月平均加工量提高 9.89 万吨，与上半年月均 73.20 万吨、前三季度月均 72.89 万吨的加工量基本持平。自第二季度以来，全省原油加工生产快速恢复到正常水平并持续平稳运行。

4. 新能源发电量持续快速增长，占比提高

在国家促进清洁电力生产等政策支持下，2020 年河南新能源发电量继续快速增长。全年规模以上工业新能源发电量 183.81 亿千瓦时，同比增长 29.1%，比全省发电量增速高 31.0 个百分点；占规模以上工业发电量的 6.7%，同比提高 1.6 个百分点。新能源发电品种中，风力发电量 88.22 亿千瓦时，增长 41.8%，占全部发电量的 3.2%，同比提高 1.0 个百分点；生物质发电 31.63 亿千瓦时，同比增长 13.1%，占比 1.1%，同比提高 0.1 个百分点；垃圾焚烧发电量 18.51 亿千瓦时，同比增长 138.3%，占比 0.7%，同比提高 0.4 个百分点。

（二）规模以上工业综合能耗、单位工业增加值能耗增速均回升转正

2020年，全省规模以上工业综合能源消费同比增长0.9%，比第一季度、上半年和前三季度分别提高11.2个、5.0个和3.0个百分点；规模以上工业单位增加值能耗同比上升0.47%，比第一季度、上半年和前三季度分别提高4.23个、5.16个和2.42个百分点。

1. 高载能行业能耗增速高于全省水平

2020年，河南六大高载能行业综合能耗同比增长1.4%，增速比第一季度、上半年、前三季度分别提高10.4个、4.9个和3.1个百分点。2020年以来，六大高载能行业能耗增速持续高于全省水平，全年高出全省0.5个百分点。

大宗货物生产持续向好，非金属、黑色金属行业能耗保持增长。受基础设施建设、固定资产投资加快推进，工程赶工需求释放等方面影响，水泥、钢材等主要原材料市场需求走强，企业生产积极性提高，2020年全省水泥熟料、水泥、生铁、粗钢、钢材等高耗能产品产量分别增长9.3%、11.3%、7.6%、9.4%和8.8%，带动非金属、黑色金属行业能耗分别增长5.2%、5.0%。

化学品市场升温，电力生产快速恢复，上拉全省能耗增速作用有所增强。2020年下半年，化工产品市场需求逐步回暖，合成氨、精甲醇等产品价格上涨，省内相关企业生产负荷加大，2020年7～12月化学行业单月能耗增速持续两位数增长，全年行业累计能耗同比增长11.2%，比第一季度、上半年、前三季度分别提高27.8个、24.4个和13.3个百分点，全年上拉全省能耗点数比第一季度提高4.4个百分点。全省各行业加速复工复产同步带动全社会用电量回升，骨干发电企业发电量逐步增长，煤炭消费量高于上年同期水平，全年电力行业综合能耗同比下降0.2%，比第一季度、上半年、前三季度分别收窄13.0个、3.2个和3.9个百分点，全年下拉全省能耗点数比第一季度减少4.4个百分点。

煤炭行业优质产能释放，有色冶炼行业产品结构升级，行业能耗水平下

降。河南积极深化供给侧结构性改革，煤炭行业落后产能持续退出，优质产能有效释放，助推煤炭行业能源生产效率提高，吨原煤生产耗电量同比下降0.5%，原煤入选加工转换效率同比提高0.3个百分点，行业能耗下降6.3%。有色冶炼行业产品结构优化升级，电解铝产能外迁，自备电厂生产投入减少，推动企业向下游铝制品精深加工延伸，行业能源消费明显下降。2020年，有色冶炼行业中高耗能产品电解铝产量同比增长4.4%，氧化铝产量下降6.5%，铝型材、铝板材、铝箔材等低载能产品产量分别增长22.2%、14.3%、15.8%，行业能耗同比下降10.7%。

2. 单位工业增加值能耗同比上升

2020年，受疫情影响，全省规模以上工业增加值同比小幅增长0.4%，规模以上工业单位增加值能耗同比上升0.47%，同比提高14.60个百分点。分行业看，综合能耗占比94.2%的重工业单位工业增加值能耗同比上升0.30%，轻工业单位工业增加值能耗同比下降0.91%。40个行业大类中（其他采矿业除外），22个行业单位工业增加值能耗下降，下降面55.0%，比前三季度收窄7.5个百分点。其中印刷和记录媒介复制业，金属制品、机械和设备修理业两个行业增加值能耗分别下降26.14%、23.64%，分别低于全省水平26.61个、24.11个百分点，下降最快。高载能行业中，化学原料和化学制品制造业、非金属矿物制品业两个行业增加值能耗分别上升15.52%、2.92%，分别高于全省水平15.05个、2.45个百分点。

二 2021年河南能源生产、消费形势预判

展望2021年，全国上下大力贯彻落实中央加快构建新发展格局决策部署，黄河流域生态保护和高质量发展等国家战略加速推进，各地实施"十四五"规划举措也将陆续出台，经济社会发展前景将更为向好，能源消费需求进一步扩大，全省规模以上工业能源生产有望获得更大政策助力，主要能源产品生产将更为平稳，但节能降耗任务依然艰巨。

（一）规模以上工业原煤、电力生产将继续加强，全年生产有望更为平稳

"十三五"以来，河南经济社会发展的资源环境约束不断增强。2019年原煤消费量超过2亿吨，其中近一半的原煤需要从省外购入；2020年河南全社会用电量3391.86亿千瓦时，省外电力调入量超600亿千瓦时①。为经济发展提供坚实能源保障，近年来，河南省委省政府综合考虑河南煤炭后备资源不足、新资源可开发量有限，生态环境保护、大气污染治理任务艰巨等多方面因素，不断加快全省原煤、电力行业供给侧结构性改革，产能向大型煤电企业集中，充分发挥并不断强化大型煤电企业在能源保供工作中的作用，有力保障"十三五"时期河南经济社会发展原煤、电力需求。

河南省"十四五"规划提出，到"十四五"末全省经济总量力争再迈上两个新的大台阶，全省经济社会发展对煤、电等能源需求将进一步提高。2021年是"十四五"的开局之年，全年能源需求预计大概率向好，全省原煤、电力需求和省内有限产能间的矛盾也将进一步凸显。面对新的能源保供形势，河南相关主管部门已着手制订全年工作计划，谋划推出一系列周密细致安排，进一步加强全省规模以上工业原煤、电力生产能力，全年能源生产将更为平稳。

（二）规模以上工业能源消费或将上升，工业节能任务比较艰巨

"十三五"以来，全省工业节能降耗工作取得明显成效，2016~2019年规模以上工业单位增加值能耗连续4年下降，分别同比下降10.98%、9.10%、7.97%、14.13%，为完成全省"十三五"节能降耗目标作出较大贡献。"十四五"时期，在以推动高质量发展为主题，实现工业产业结构更加优化、产业基础高级化、产业链现代化的目标下，推动工业绿色低碳发展，实现能源利用效率进一步提升和节能减排提质增效仍然是主要任务。但

① 全社会用电量和省外调入电量数据来源于国网河南省电力公司。

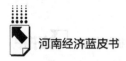

在"十三五"全省规模以上工业能耗较大幅度下降之后,"十四五"能耗进一步下降的空间有限。

2021年各地实施"十四五"规划的各方面举措将不断出台,重点项目建设陆续展开,加之2020年疫情影响下河南工业经济发展总体较慢,预计2021年各行业生产将呈现恢复性增长,工业能源消费有可能扩大,全省工业节能降耗任务比较艰巨。

三 推动河南能源发展的政策建议

(一)支持引导重点煤电企业平稳生产,推动落后产能有序退出

2020年河南规模以上工业发电量中燃煤发电比重84.3%,煤电行业仍是河南电力生产的主要力量。据国家能源局发布的2021年煤电建设规划风险预警文件(2018年发布)测算,2021年河南煤电装机充裕度指标为橙色,即全省煤电装机较为充裕、系统备用率偏高。随着"青豫直流"特高压输变电项目(2020年7月投运)输电能力的进一步提高,以及国家新能源发电政策支持效应的不断显现,2021年全省煤电行业利润空间仍较为有限。为稳定全省煤电行业生产经营,各行业主管部门可进一步加强行业指导,引导重点燃煤发电企业提高节能降耗工艺水平,投建先进高效、低排放机组,协调推动电煤长协合同签订、提高长协合同比例,综合施策降低企业生产成本;同时,充分准备、精心组织,做好技术落后、不符合节能减排政策要求的煤电装机有序退出工作,为行业整体发展腾出市场空间。

(二)科学组织生产,确保能源行业生产保持平稳

近年来,全球变暖导致我国气候异常情况出现更为频繁,夏季高温、洪涝、冬季雾霾、严寒、冰冻的情况时有发生,给原煤、电力生产企业物料运输和输变电线路维护等生产组织活动带来诸多不利影响,河南相关主管部门可进一步加强会商工作,科学预测2021年各月全省用电、用煤波动情况,

综合考虑全年节能减排目标考核和经济发展需要，把握好限产政策实施节奏，制定高温、极寒和空气重污染等气候状况下的生产预案，为全省经济社会平稳健康运行奠定坚实基础。

（三）提升能源利用效率，继续深入推进节能降耗工作

2020年以来，河南化学、水泥、有色、钢铁等行业多个高耗能产品单耗指标同比上升，其中单位合成氨生产综合能耗同比增长5.5%，吨水泥综合能耗同比增长7.1%，电炉炼钢综合电力消费同比增长6.5%，单位电解铝综合能耗同比增长0.3%，发电厂用电率同比增长2.3%，行业能源利用效率有下降趋势。2021年全省工业节能任务依然艰巨，若重点耗能产品单耗继续增长，行业能源利用效率持续下降，将进一步影响全省节能降耗效果。建议政府相关部门继续加强政策引导，加快调整产业结构、淘汰落后产能步伐，优化能源生产与消费结构。生产企业要强化管理，挖潜增效，加大先进节能环保技术、工艺和装备的应用力度，提高能源的深加工、循环利用能力，共同促进能源利用效率提升，减少能源消耗，保障全省节能减排工作有序推进。

战略措施篇

Strategic Measures Part

B.13
河南省主动融入双循环新发展格局研究

肖国胜　王维超　闫聪　全坤强　翟翔宇*

摘　要：　2020年以来，习近平总书记多次强调，要推动形成以国内大循环为主体、国内国际双循环相互促进的新发展格局，这是党中央对我国经济规律和发展趋势的自觉把握，必将深刻影响未来区域发展竞争格局。本文在深入分析河南省主动融入双循环新发展格局重大意义的基础上，认真剖析了河南省存在的优势和短板，并结合河南省实际，提出了融入双循环新发展格局的重点任务。

关键词：　双循环　新发展格局　河南

* 肖国胜，河南省发展和改革委员会经济贸易处处长；王维超，河南省发展和改革委员会经济贸易处副处长；闫聪，河南省发展和改革委员会经济贸易处；全坤强，河南省发展和改革委员会经济贸易处；翟翔宇，河南省发展和改革委员会经济贸易处。

一 河南省主动融入双循环新发展格局的重大意义

（一）贯彻落实中央部署的主动选择

推动形成以国内大循环为主体、国内国际双循环相互促进的新发展格局，是党中央审时度势做出的重大战略部署，是对我国经济发展规律和发展趋势的自觉把握，是重塑国际合作和竞争新优势的必然选择。河南作为中西部地区和全国重要的经济大省，积极融入双循环新发展格局，科学谋划布局河南发展新定位，这既是贯彻落实中央部署，借势借力谋求新一轮高质量发展，提升河南在全国发展大局中战略地位的主动选择，又是加快内陆开放高地建设，推进黄河流域生态保护和高质量发展，实现中原更加出彩和富民强省的必由之路。

（二）应对内外部环境变化的重要举措

2008 年金融危机以来，全球市场收缩，世界经济陷入持续低迷，国际经济大循环动能减弱。尤其是近年来，西方主要国家民粹主义盛行、贸易保护主义抬头，经济全球化遭遇逆流，给河南外贸和经济增长带来较大影响。河南积极转变发展方式，优化经济结构，转换增长动力，2017 年以来消费对全省经济增长的贡献率已超过投资和外贸之和，经济增长由主要依靠投资拉动转向依靠消费、投资、出口共同拉动，但高质量发展的内生动力等深层次矛盾和问题仍然存在。面对内外部环境的新变化、新机遇和新挑战，河南必须顺势而为，调整经济发展路径，进一步畅通国内大循环，优化国际外循环，提升经济发展的自主性、可持续性，促进全省经济持续平稳健康发展。

（三）构筑河南综合竞争优势的内在要求

经过多年发展，河南综合实力显著提升，经济总量稳居全国第 5 位、中西部地区首位，社会消费品零售总额居全国前列，外贸进出口、实际利用外资规模、开放载体和战略平台居中西部地区前列，发展潜力巨大。但人口多、底子薄、人均水平低仍是最大省情。与沿海发达地区相比，河南工业化进程较慢，发展不平衡不充分问题仍然突出，发展质量和效益不高，多数产业处于价值链中低端，创新能力不强，消费潜力挖掘不够，开放水平有待提高。主动融入双循环新发展格局，进一步深化改革开放，加快培育完整的内需体系，有利于激活发展潜力，增强内生动力，构筑河南综合竞争新优势，在危机中育先机，于变局中开新局，谱写中原更加出彩新篇章。

二　河南省融入双循环新发展格局存在的优势和短板

近年来，随着综合经济实力的大幅提升，河南在全国发展大局中的地位作用更加凸显，主动融入双循环新发展格局具有坚实基础和独特优势。

一是开放枢纽优势。河南是全国承东启西、连南贯北的重要交通枢纽。近年来，河南依托现代综合交通体系优势，"无中生有"地打造了空中、陆上、网上、海上四条"丝绸之路"，郑州机场客货运吞吐量分别跃居全国第12位和第7位，保持中部地区"双第一"，其中国际货邮吞吐量居全国第4位。中欧班列（郑州）累计开行超过3500班，综合开行指标居全国第一，成功获批东中部唯一一个中欧班列集结中心。在全国首创跨境电商"1210"模式，拥有郑州、洛阳、南阳三个跨境电子商务综合试验区，业务量居全国前列。营商环境持续优化，中国（河南）自由贸易试验区建设创新推进，河南已成为外商投资的沃土，全省实际吸收外资总量保持中西部领先，在豫投资的世界500强企业达130家，国内500强企业达158家。外贸进出口保持平稳增长，连续多年居中部六省第1位。便捷联通境内外的现代立体口岸开放体系基本形成，拥有3个国家一类口岸、10个功能性口岸、4个综合保税区和4个保税物流中心，为畅通融入国内国际双循环奠定了坚实基础。

二是市场规模优势。河南有1亿人口，市场规模和潜力巨大。改革开放以来，全省地区生产总值、人均GDP、城乡居民人均可支配收入年均增速均在 10% 以上，人均住房面积从 6 平方米提升至 40 平方米，全省居民汽车保有量突破千万辆，信息、教育、康养、家政等新兴消费蓬勃发展。2019 年，全省社会消费品零售总额达 23476 亿元，居全国第 5 位，电子商务交易额 19439 亿元，增长 29.1%，成为带动消费增长的新动能。以人为本的新型城镇化深入推进，2019 年全省常住人口城镇化率 53.21%，城乡结构实现乡村型社会向城市型社会的重大转变，郑州、洛阳两大都市圈建设加快推进，南阳、安阳、商丘等区域中心城市辐射能力持续提升，带动居民收入和消费能力不断提高。消费环境持续优化，消费增长动力强劲，河南经济规模、市场规模优势将进一步显现。

三是战略叠加优势。国家粮食生产核心区、中原经济区等国家战略规划深入实施，郑州航空港经济综合实验区、郑洛新国家自主创新示范区、大数据综合试验区、中国（河南）自由贸易试验区、中国（郑州）跨境电子商务综合试验区等国家战略平台建设扎实推进。随着国家"一带一路"建设纵深推进、黄河流域生态保护和高质量发展全面展开，战略叠加效应更加充分释放，河南在区域发展、改革开放、体制机制创新等方面形成的诸多先导优势更加显现，必将在融入双循环新发展格局中发挥更大作用。

但与此同时，主动融入双循环新发展格局，河南还存在两大短板。

一是创新能力短板。2019 年，河南每万人从事科技活动人员不足 40 人，仅相当于全国平均水平的一半；研发经费投入强度仅为 1.46%，居中部六省第 5 位；创新主体不强，高新技术企业数量 4782 家，仅占全国的 2.1%，居中部六省第 5 位；重点实验室、实验基地等高层次人才创新创业平台较少，高新技术产业增加值占规模以上工业比重仅为 10%。创新人才缺乏，新兴产业发展动力不足，传统产业转型升级面临资金、人才、技术等的突出制约。

二是公共服务短板。河南仍有 4000 多万人口生活在农村，居民收入整体偏低，公共财政较为薄弱，产业发展和城乡基本公共服务均等化的压力较大。中原城市群在交通、就业、教育、医疗等基础设施和公共服务设施方面与沿海城市群存在较大差距，农业农村基础差、发展滞后的状况尚未得到根

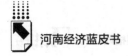

本改变，亟须进一步加快新型城镇化建设和城乡一体化进程，畅通城乡经济循环，推动协同发展，弥补公共服务短板。

三 河南省主动融入双循环新发展格局的重点任务

主动融入双循环新发展格局是推动河南经济高质量发展的长期性、根本性举措。要在深入学习贯彻中央关于构建双循环新发展格局部署基础上，结合河南实际，坚持总体设计、试点示范、全面推进，深化供给侧结构性改革，加快补齐农村基础设施和公共服务短板，持续推进消费扩容提质和科技创新，发挥河南市场规模、产业基础、区位交通、开放通道等综合优势，打造国内大循环的战略枢纽和国内国际双循环的战略链接，在畅通国内经济循环，形成强大国内市场和促进国内国际市场更好联通上发挥更大作用，实现更大发展。

（一）聚焦扩大内需战略基点，激活融入双循环新发展格局的深层潜力

把实施扩大内需战略同深化供给侧结构性改革结合起来，加快培育完整内需体系，拓展投资空间，全面促进消费。

一是扩大有效投资，发挥好投资的关键作用。围绕扩大"两新一重"，加快5G基站、大数据中心、高速铁路等新型基础设施建设，围绕县城城镇化补短板、强弱项，加快公共卫生、养老托育、应急储备、生态环境、老旧小区改造等公共服务设施建设。滚动实施"982"补短板工程，聚焦乡村振兴、先进制造业、生态环保等9大领域，梳理遴选8000个左右重大项目，力争2021年完成投资2万亿元。

二是促进全面消费，发挥好消费的基础作用。加快促进传统消费升级，促进"互联网＋"与传统行业的深度融合，鼓励传统商场、老旧厂区等改造为新型消费载体。支持各地出台活跃二手车市场、汽车购置税补贴等政策，积极推行汽车平行进口试点，完善落实家电和智能手机以旧换新、家电

下乡等补贴政策，坚持租购并举、因城施策，有效增加保障房供给，推动住房消费健康发展。实施乡村旅游提质升级三年行动计划，加快休闲农业和乡村旅游发展。开展电商进农村综合示范，实施"互联网＋"农产品出村进城工程，鼓励大型流通企业向农村延伸经营网络，促进城乡商品和服务双向流通。积极推进基于5G应用的网络零售、在线教育、远程医疗等线上消费试点。

三是加快城乡一体化发展，发挥好新型城镇化的带动作用。强化规划引领，突出试点示范，深化农业农村改革，巩固拓展住房、土地和户籍制度改革成果，完善培育新型农业生产经营主体和新型职业农民的政策措施。以完善县城基础设施承载功能为重点，提高县城公共设施和服务能力。实施农村人居环境整治提升行动，统筹推进安全饮水、通村道路、农村垃圾治理、污水处理、厕所改造等乡村基础设施建设。积极推进许昌国家城乡融合发展试验区改革探索，选取改革基础较好、试验意愿强烈的地区创建一批省级城乡融合发展试验区。

（二）聚焦科技创新第一动力，激发融入双循环新发展格局的力量源泉

聚焦企业、人才、平台、载体等关键环节，统筹推进自主创新和开放创新、科技创新和制度创新，促进创新活力充分迸发。

一是打造高能级创新平台体系。抢抓国家优化区域创新布局机遇，大力推动基础研究、技术开发、成果转化协同创新，全力争取一批高端创新平台落地河南，支持华兰生物、普莱柯、河南农业大学申建P3实验室，谋划推进黄河实验室、嵩山实验室、农业供给安全实验室等高水平科创平台。继续实施省级创新平台倍增工程，新增一批省级技术创新中心和制造业创新中心，推动6家以上省级创新平台晋升为国家级。

二是完善多层次创新载体。全面实施《郑洛新国家自主创新示范区条例》，落实空间规划、创新激励、人才引育、金融支持、法制环境等改革措施，加快建设郑开科创走廊，推动中原科技城、龙子湖智慧岛等创新功能区

综合开发，争取国家技术转移郑州中心 2021 年建成投用。构建以"双创"示范基地为核心的多层次创新创业基地格局，推动高校毕业生、返乡农民工等重点群体实现更充分创业就业。

三是深入推进开放合作。抓住豫京、豫沪等新一轮合作机遇，抓紧推动重大合作事项落实，大力推动承接东部地区产业转移。深化与清华大学、上海交大、复旦大学、上海药物所等名校大所合作，推广"研究院＋创新平台＋合作项目"运行模式。进一步实施"中原英才""河洛英才"等人才计划，大力引进海内外高端人才来豫创新创业。

（三）聚焦实体经济这个着力点，完善融入双循环新发展格局的产业支撑

以融入全球产业链高端和价值链核心为导向，围绕做强优势产业、做优传统产业、做大新兴产业，统筹推进产业链现代化提升行动。

一是提升先进制造业。推动传统产业提质升级，深化新一代信息技术、现代服务业与制造业融合发展，全面推进产业集聚区"二次创业"，促进传统产业"老树发新芽"。推动实施一批延链补链强链项目，提升产业规模和竞争力。加快建设洛阳高端装备、郑州 200 万辆汽车、漯河休闲食品、濮阳新型化工等产业基地，扎实推进洛阳石化百万吨乙烯、中铁智能装备产业园、牧原肉食产业综合体、平顶山己二腈等重大项目。

二是培育战略新兴产业。深入实施"十百千"转型升级创新专项，建设共性关键技术创新与转化平台，争取突破一批"卡脖子"技术。加快黄河鲲鹏生态体系建设，推进紫光智慧计算终端全球总部、比亚迪新能源汽车、上汽大数据中心等项目建设，着力打造郑州信息服务及信息网络、许昌节能环保、平顶山新型功能材料 4 个国家级战略新兴产业集群。

三是加快现代服务业发展。鼓励先进制造企业向研发设计、售后服务等价值链两端延伸，支持生产性服务企业根据先进制造企业需求进行有针对性的服务产品开发。引导商务中心区和专业园区等服务业平台载体优化升级，推动商贸流通、文化创意、休闲旅游、健康养老等传统服务业态智慧化改

造。深入开展"两业"融合试点，培育 20 家服务型制造示范企业（平台），创建 5 家省级以上工业设计中心，提升研发设计、检验检测、咨询评估等生产性服务业水平。

四是完善现代流通体系。加快引进国际知名商贸流通企业在河南设立地区总部、采购中心、物流配送中心，支持本地大型商贸流通企业实施跨行业、跨地区、跨所有制兼并重组或跨区域经营，完善中小商贸流通企业服务平台功能。加快建设国家和省级示范物流园区，推动郑州国家骨干冷链物流基地建设，推进南阳、许昌、信阳综合客运枢纽及许昌万里综合物流园、郑州顺丰物流园货运枢纽项目建设。

（四）聚焦为民服务这个中心，强化融入双循环新发展格局的民生保障

坚持以人民为中心，多措并举加强普惠性、基础性、兜底性民生建设，增强人民群众福祉。

一是促进稳定就业。实施更加积极的就业政策，全面落实社保"免减缓"、援企稳岗、技能提升、重点群体就业、返乡入乡创业等政策，深入推进全民技能振兴工程，加快发展养老、旅游、家政服务等吸纳就业能力强的产业。实施黄河流域生态保护、环境治理等重大项目拓展就业新渠道，积极稳定和扩大就业规模。着力稳定返乡创业人员、高校毕业生、退役军人等重点群体就业。

二是拓宽收入渠道。落实各项农业、农机、农资等惠农补贴政策，调整优化补贴结构，让农民享受更多支农惠农政策红利，增加农民转移性收入。大力支持农民专业合作社、种养大户等发展，支持家庭农场、新型农村合作社等新型农业经营主体发展，提高农民经营增收能力。持续推进农民承包地、集体经营性建设用地、宅基地等改革，激活农村资源资产，增加农民土地增值收益。

三是提高保障能力。完善居民基本养老保险制度，健全养老金合理增长机制，适当提高基础养老金最低标准，完善城乡居民基本养老保险高龄津贴

制度。完善失业保险金申领发放办法，建立待遇水平动态增长机制，加大对困难家庭、双失业家庭、大龄失业人员等重点领金群体的生活保障力度。实施"全民参保计划攻坚行动"，以新经济、新业态从业人员为重点，扩大企业职工养老保险参保扩面范围，努力推动实现应保尽保。

（五）聚焦对外开放重要环节，打造融入双循环新发展格局的内陆开放新高地

以"四路协同"为引领，巩固提升开放通道和平台优势，促进对外贸易创新发展，推动更高水平对外开放。

一是深入推进"四路协同"。提升郑州—卢森堡"空中丝绸之路"品牌优势，加快建立连接全球主要经济体的"空中经济廊道"；加快建设中欧班列郑州集结中心，推进"陆上丝绸之路"提质扩量；深入推进郑州、洛阳、南阳等跨境电商综试区"跨境电商＋空港＋陆港＋邮政"运营模式，深化"网上丝绸之路"创新突破；推进内河水运和河海联运出海通道建设，深化内陆无水港设施共建和铁海联运班列线路拓展，畅通融入"海上丝绸之路"。

二是推进郑州航空港实验区打造双循环新发展格局战略节点。支持郑州新郑综合保税区做强电子信息产业集群，提升全球重要的智能终端产业基地地位。建成郑州机场北货运区、航空邮件中心等枢纽项目，加快智能终端（手机）产业园、临空生物医药园、恒大新能源汽车、东航物流郑州生鲜港等项目建设，积极争取在144小时过境免签、设立自贸区扩展区域、新郑综保区扩区等方面取得突破。拓展"单一窗口"金融、保险、结汇等服务功能，覆盖国际贸易全链条。

三是推动外贸稳定发展。完善重点企业白名单制度，拓展省重点外贸企业监测服务系统功能，强化外贸形势分析预判，建立稳外贸政策储备库。加大对"一带一路"沿线国家和欧盟、拉美市场的开拓力度，加快布局建设一批覆盖重点国别、重点市场的海外仓和转口基地。优化贸易结构，搭建出口转内销渠道，支持出口优质产品开拓国内市场。加快推进十大外贸产业基

地提质升级，培育外贸综合服务企业，扩大机电产品、汽车零部件、特色农产品出口规模。

四是积极吸引和利用外资。抓好重大招商引资项目，加强对重点外资企业的跟踪服务。支持河南有实力、有信誉的企业通过绿地投资、并购投资、联合投资等形式，在"一带一路"沿线国家投资布局一批项目。深化与卢森堡、芬兰交流合作对接会等常态化合作机制。围绕智能绿色交通、乡村振兴、黄河生态带等重点领域，组织实施一批示范项目。进一步优化外商投资营商环境。确保外商投资准入前后均享受国民待遇，促进内外资企业公平竞争。

B.14
凝心聚力　确保全面建成小康社会圆满收官

——2019 年河南省全面建成小康社会统计监测报告

刘朝阳　崔　岚　李永娣*

摘　要：　"十三五"时期，面对错综复杂的国际环境和艰巨繁重的国
内改革发展任务，河南牢记习近平总书记嘱托，坚决贯彻落
实以习近平同志为核心的党中央各项决策部署，统筹推进"五
位一体"总体布局，协调推进"四个全面"战略布局，经济实
力跃上新的大台阶，脱贫攻坚成果显著，人民生活水平不断提
高，社会大局保持和谐稳定，推动各项事业向习近平总书记要
求的、全省人民期盼的方向前进，老百姓的获得感、幸福感、
安全感不断增强，全面建成小康社会胜利在望。河南省全面建
成小康社会统计监测指标体系监测结果显示，2019年河南全面
建成小康社会实现程度为95.2%，全面建成小康社会总进程稳
步提高。同时，在全面建成小康社会收官之际，若干领域的短
板弱项依然存在，因此必须从坚持创新引领发展、持续扩大改
革开放、坚决打赢三大攻坚战、增加城乡居民收入、推动文化
供给侧结构性改革、牢固树立绿色发展理念等方面加快补齐短
板弱项，确保河南全面建成小康社会圆满收官，并乘势而上开
启全面建设社会主义现代化国家新征程。

关键词：　全面建成小康　经济社会发展　统计监测　河南

* 刘朝阳，河南省统计科学研究所所长；崔岚，河南省统计科学研究所统计师；李永娣，河南
省统计科学研究所高级统计师。

党的十八大以来，习近平总书记对全面建成小康社会提出了一系列新思想、新论断、新要求，为全面建成小康社会提供了根本遵循。河南省全面建成小康社会统计监测指标体系监测结果显示，2019 年全省全面建成小康社会实现程度 95.2%；综合预测，2020 年全省全面小康实现程度达 97.0% 以上，可以如期实现全面建成小康社会。

一　稳步前行，2019 年河南迈向全面建成小康社会取得关键性进展

2019 年，面对内外矛盾叠加的复杂局面，全省上下以习近平新时代中国特色社会主义思想为指导，全面落实党的十九大和习近平总书记在河南考察时的重要讲话精神，坚持稳中求进工作总基调，坚持新发展理念，坚持以供给侧结构性改革为主线，扎实做好"六稳"工作，全省经济运行总体平稳、稳中有进，全面建成小康社会取得关键性进展。监测结果显示，2019 年河南省全面建成小康社会实现程度为 95.2%，较 2018 年提升 2.2 个百分点。随着六大领域建设全面推进，主要预期目标较好实现，为全面建成小康社会收官打下决定性基础（见图 1）。

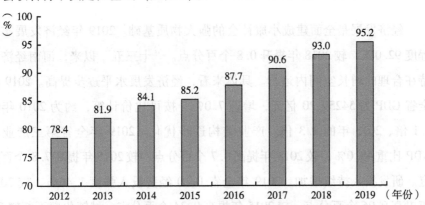

图 1　2012～2019 年河南省全面建成小康社会实现程度

资料来源：2012～2019 年河南省全面建成小康社会统计监测报告。本报告所有数据、图表资料均来源于此。

从发展态势看，全面小康进程稳步推进。2012～2019年全面小康实现程度分别为78.4%、81.9%、84.1%、85.2%、87.7%、90.6%、93.0%、95.2%，年均提升2.4个百分点。

从六大领域看，优势领域持续向好。2019年全省全面建成小康社会进程中经济发展、人民生活、三大攻坚战、民主法治、文化建设、资源环境六大领域实现程度分别为92.0%、96.2%、96.8%、98.8%、96.4%、92.4%（见表1）。其中，21项指标实现程度达100%，提前完成全面小康目标。

表1　2019年河南省全面建成小康社会进程六大领域实现程度

单位：%，个百分点

	实现程度	较上年提升
经济发展	92.0	0.8
人民生活	96.2	1.3
三大攻坚战	96.8	2.5
民主法治	98.8	0.0
文化建设	96.4	9.7
资源环境	92.4	1.1

（一）经济平稳增长，发展水平稳步提升

经济发展是全面建成小康社会的强大物质基础。2019年经济发展实现程度92.0%，较2018年提升0.8个百分点。"十三五"以来，河南经济保持在合理的增长空间内运行。具体来看，经济发展水平逐步提高。2019年全省GDP为54259.20亿元，增速7.0%，按可比价计算，约为2010年的2.1倍、2015年的1.3倍。产业结构逐步优化。2019年全省第三产业占GDP比重48.0%，较2018年提高0.7个百分点，较2015年提高7.8个百分点。研发投入持续增加。2019年全省R&D经费投入强度1.46%，较2018年提高0.06个百分点，较2015年提高0.34个百分点。城镇化率不断攀升。2019年末全省常住人口城镇化率53.21%，较2018年末提高1.5个百分点，较2015年末提高6.4个百分点，保持了较快的城镇化推进速度。互联网全

面普及。2019年末河南省互联网用户总数突破1.1亿户，居全国第4位；全省固定宽带家庭普及率91.1%，移动宽带用户普及率90.5%，分别较2018年提高8.3个、8.2个百分点，是2015年末的2.0倍、2.1倍，互联网普及率已实现全面小康目标。

（二）民生保障力度持续增强，人民生活明显改善

人民生活水平提高是全面建成小康社会的突出标志。2019年人民生活实现程度为96.2%，较2018年提升1.3个百分点。"十三五"以来，在居民收入水平不断上升的同时，为让人民群众更有获得感和幸福感，全省坚持社保兜底，大力发展社会事业，坚持发展成果由人民共享。具体来看，居民收入持续较快增长。2019年全省城乡居民人均可支配收入23903元，按可比价计算，是2010年的2.0倍，居民人均可支配收入比2010年翻一番。城乡一体化迈出新步伐。2019年全省农村居民人均可支配收入增速高于城镇居民2.3个百分点，城乡收入比由2015年的2.36∶1进一步下降为2019年的2.26∶1。民生福祉不断增进。财政对民生投入更加倾斜，2019年全省财政民生支出7833.8亿元，占一般公共预算支出的比重77.0%，较2015年提高3个百分点。公共服务建设更加完善，每万人拥有公共交通车辆15.21辆，行政村客运班车通达率达100%；每千人口执业（助理）医师数2.61人，基本养老保险参保率96.9%，全省城镇居民、农村居民人均住房建筑面积分别达40.34平方米、50.04平方米，以上指标均已实现全面小康目标。

（三）三大攻坚战取得实效，薄弱领域得到加强

打赢三大攻坚战是全面建成小康社会必须跨越的关口。2019年三大攻坚战实现程度为96.8%，较2018年提升2.5个百分点。河南各地区、各部门增强"四个意识"，站在推动全省高质量发展的高度，坚持打硬仗、结硬账，扎实推进三大攻坚战。具体来看，精准脱贫成效显著。2019年末全省全年实现68.7万农村贫困人口脱贫，较2015年末贫困人口减少近400万

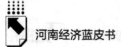

人，累计脱贫率达97.6%。防范化解重大风险基础能力继续提高。2019年全省政府负债率、规模以上工业企业资产负债率均继续保持在合理可控范围内，有效降低企业经营风险，稳妥有序化解地方债务风险。污染防治能力持续增强。2019年河南省二氧化硫、氮氧化物、化学需氧量、氨氮四种污染物排放量分别较2015年下降26.4%、22.4%、16.7%、15.5%；全省城市和县城污水集中处理率均达95%以上，已实现全面小康目标。

（四）民主法治不断健全，社会治理能力增强

民主法治建设是全面建成小康社会的重要制度保障。2019年民主法治实现程度为98.8%。在经济发展不断提速的同时，全省加快推进依法行政，重民意、听民声、保民安，公民法律意识不断增强，社会治安不断改善。具体来看，基层民主选举保持较高参选率。河南省第九届村民委员会换届选举与第六届社区居民委员会换届选举已于2018年完成，参选率达89.6%，较上届提高了0.94个百分点。律师规模不断扩大。2019年全省拥有律师数21805人，较2018年增加45人，2016~2019年律师规模以10.7%的年均增速扩大，人民群众法治观念越来越强，全省逐步形成人人都能学法、懂法、用法的法治氛围。社会组织活力进一步增强。2019年全省共有社会组织数43963个，较2018年增加3693个；每万人拥有社会组织数由2015年的3.08个增加到2019年的4.56个，社会组织在数量增长的同时更加注重质量提高。

（五）文化建设步伐加快，文化软实力增强

文化建设是全面建成小康社会的精神支柱。2019年文化建设实现程度为96.4%，较2018年提高9.7个百分点。全省致力于推动文化繁荣兴盛，完善城乡公共文化服务设施，逐步从文化大省向文化强省转变。具体来看，文化产业增加值占GDP比重显著提高。2019年文化产业增加值占生产总值比重达4.19%，首次超过4.0%，全面小康实现程度达100%。财政对公共文化支出力度大幅提升。2019年全省人均公共文化财政支出134.14元，较

2018 年增加 25.52 元，同比增长 23.5%。公共文化服务设施更加完善。2019 年全省共建成图书馆 164 个、博物馆 340 个、文化馆 205 个、文化站 2458 个，分别较 2018 年增加 4 个、6 个、1 个、46 个，"三馆一站"覆盖率由 2015 年的 120.6% 提高到 2019 年的 137.3%，已提前实现全面建成小康社会目标；全省建成行政村（社区）综合性文化服务中心 50566 个，覆盖率达 97.9%，较 2018 年提高 15 个百分点，基层公共文化资源整合和共建共享明显推进。

（六）资源环境建设呈现新气象，绿色发展持续加快

生态文明建设是全面建成小康社会的成色所在。2019 年资源环境实现程度为 92.4%，较 2018 年提升 1.1 个百分点。河南省始终坚持节约资源和保护环境的基本国策，实行最严格的生态环境保护制度，加强生态保护治理。具体来看，环境质量逐步改善。2019 年全省空气质量优良天数比率 52.7%；地表水质量达到或好于Ⅲ类水体比例 61.3%，较 2015 年提高 17.9 个百分点。大力推进节能降耗。"十三五"以来全省单位 GDP 能耗累计降低 25.7%，已实现全面小康目标。农村人居环境整治成效明显。2019 年全省农村卫生厕所普及率 84.7%，较 2018 年提高 3.6 个百分点，2016～2019 年年均提高 2.1 个百分点，"厕所革命"取得积极进展；全省农村自来水普及率 91.0%，较 2018 年提高 4.0 个百分点，2016～2019 年年均提高 4.6 个百分点，全面小康目标实现程度达 100%。

二　不懈奋斗，2020 年河南可以如期实现全面建成小康社会

2019 年，在反映河南全面建成小康社会进程的监测指标中，有 21 项指标已提前实现全面小康目标；有 12 项指标实现程度在 90%～100%，以上指标占八成多，关键指标进展情况良好。立足河南经济社会发展现状，综合考虑政策环境以及各种影响因素的消长变化，根据六大领域进展情况，对未

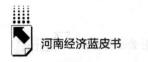

来河南全面建成小康社会进程进行预测，2020年河南省全面建成小康社会实现程度在97%以上，可以如期实现全面建成小康社会。

（一）河南省"翻一番"目标提前实现

1. GDP和人均GDP

2019年河南省GDP为54259.20亿元，按可比价计算，是2010年的2.1倍，已提前实现党的十八大提出的"国内生产总值比2010年翻一番"目标；2019年全省人均GDP为56388元，按可比价计算，是2010年的2.2倍，也已提前实现"人均GDP比2010年翻一番"的目标。

2. 居民人均可支配收入

2019年河南居民家庭人均可支配收入为23903元，按可比价计算是2010年的2.0倍，已提前实现"居民人均可支配收入比2010年翻一番"的河南"十三五"规划目标，但与全面小康监测目标中全国居民人均可支配收入25000元还存在较大差距。

（二）关于全面小康总体进程的预测

2019年河南全面建成小康社会实现程度为95.2%，2012～2019年年均提高2.4个百分点，但考虑到未来经济发展的内外部环境可能发生较大变化，尤其是来自外部的压力明显增加，决战全面小康的最后一年困难压力增大，全面小康进程实现程度提升趋于放缓，因此综合预测，2020年河南省全面小康实现程度在97%以上，按照国家统计局全面小康监测标准，可以如期实现全面建成小康社会。

三 决胜路上，河南全面建成小康社会进程中
短板弱项不容忽视

经过长期努力，河南全面建成小康社会取得历史性成就，但2019年全

面建成小康社会监测指标中实现程度在 90% 以下的还有 7 个。这些指标犹如木桶原理的最短板，制约河南全面建成小康社会的质量和水平（见表 2）。

表 2　河南全面建成小康社会中的短板指标

	短板指标	现值	目标值	实现程度(%)
经济发展	R&D 经费投入占 GDP 比重(%)	1.46	2.0	73.0
	外贸依存度(%)	10.53	14	75.2
人民生活	居民人均可支配收入(元,2010 年价)	19095.67	25000	76.4
三大攻坚战	对生活垃圾进行处理的行政村比例(%)	70.91	90	78.8
文化建设	人均公共文化财政支出(元)	134.14	160	83.8
资源环境	环境质量指数 空气优良天数比率(%)	52.7	80	65.9
	地表水达到或好于Ⅲ类水体比例(%)	61.3	70	87.6

（一）科技创新投入力度还须加大

2019 年河南 R&D 经费投入强度为 1.46%，低于全国平均水平 0.73 个百分点，居全国第 18 位，全面小康实现程度仅为 73.0%。2016～2019 年全省研发经费支出年均增长 17.4%，虽然经费支出不断增长，但占 GDP 比重依然偏低。研发投入的不足，直接影响自主创新水平的提高，特别是 2020 年以来，突如其来的新冠肺炎疫情给我国经济社会发展带来前所未有的冲击，因此必须加大科技创新力度，提升突破关键核心技术的能力，才能加速产业转型升级和新旧动能转换，对河南经济高质量发展形成强有力的支撑作用。

（二）生态环境短板犹存

近年河南生态环境质量虽有所改善，但仍处于负重前行、爬坡过坎的"克难攻坚期"。空气、水环境质量与实现全面小康目标相比仍有差距。河南省 PM10、PM2.5 平均浓度较高，特别是臭氧污染对完成优良天数比例指标任务造成很大困难，2019 年全省地级及以上城市空气质量优良天数比率为 52.7%，较 2018 年下降 3.9 个百分点，全面小康实现程度仅为 65.9%。

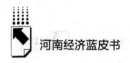

农村人居环境治理还需加强。2019年全省对生活垃圾进行处理的行政村比例为70.9%，全面小康实现程度为78.8%。

（三）民生领域还存在薄弱环节

居民收入水平与全国相比仍有一定差距。按照河南自身水平计算，2019年河南已提前实现翻一番目标，但仅达到全国翻一番目标（25000元）的76.4%；2019年全省居民人均可支配收入全国排名第23位，在中部六省中仅高于山西。此外，养老、教育、医疗等公共服务水平与人民群众期待相比还存在差距，还有一些领域未能全面覆盖。

（四）财政对文化建设投入不足

2019年全省人均公共文化财政支出134.14元，同比增长23.5%，增幅为2015年以来最大，虽然各级财政对文化建设的投入不断增加，但由于长期以来文化建设经费基数低，财政投入的增长与文化发展的需求之间仍有不小差距，完成全面小康人均160元的目标仍需加大投入力度。

（五）脱贫攻坚任务仍很艰巨

2019年全省剩余贫困人口35.3万人，总量少于云南，居全国第2位，其中60岁以上老人占比37.2%，因病因残致贫占比84.3%；剩下的52个贫困村中，深度贫困村有35个，占比67.3%。这些剩余的贫困人口、贫困村数量虽不多，但都是难中之难、坚中之坚，脱贫难度大、成本高。稳定脱贫、持续发展的基础还不牢靠，若脱贫户后续帮扶跟不上，很容易出现大面积返贫，影响全省打赢脱贫攻坚战的大局。

四　坚定信心，高质量打好全面建成小康社会收官之战

决胜全面建成小康社会是我们的战略任务和历史责任。河南与全国同步全面建成小康社会，既有坚实的基础条件，也面临巨大挑战，全省必须持续

发力，久久为功，坚持问题导向，加大力度补齐全面小康短板弱项，才能保持经济持续健康发展和社会大局稳定，才能确保不漏不滴地决胜全面建成小康社会，才能为开启建设社会主义现代化强国奠定坚实基础。

（一）坚持创新引领发展，提高科技创新支撑能力

继续加大研发经费投入力度，提高基础研究和应用研究的占比。基础研究和应用研究在 R&D 活动中有着举足轻重的作用，在很大程度上制约着科技创新水平整体提升。2015～2018 年全省研发投入中基础研究和应用研究占比平均为 9.1%，而全国占比在 13.6%，因此要继续加大经费支出力度，尤其是对基础研究和应用研究方面的投入力度。提高关键领域自主创新能力，推动重点产业转型升级。深入挖掘全省高端装备、新型材料、电子信息等制造业重大创新需求，实施一批省级科技专项，破解一批关键共性技术问题，加快提升制造业核心竞争力。抓载体和人才建设，筑牢创新驱动的核心支撑。以郑洛新国家自主创新示范区为载体，不断深化三个核心区体制机制改革，探索市场化配置资源、产学研用紧密结合、军民科技融合协同发展的创新创业生态模式。同时也要加快培育一批高端科技人才和团队，构建创新型领军人才队伍体系。

（二）持续扩大改革开放，增强经济发展动力和后劲

深化改革，不断推动经济发展方式转变。在重点领域和关键环节的改革上出硬招、出实招，健全各方面制度，善于运用制度优势应对风险挑战冲击。提高开放水平，加快打造内陆开放高地。积极融入"一带一路"建设，用好国家级战略平台，深化陆、海、空、网四条"丝绸之路"协同畅通的高水平开放渠道，大力发展对外商务、运输、旅游、教育、劳务输出等服务贸易，积极吸引外资，筑巢引凤。扩大内需，激发市场消费活力。新冠肺炎疫情在全球蔓延不可避免地会影响经济的外部需求，只有将全省超大规模市场优势和内需潜力充分激发出来，才能确保经济发展有强大后劲。因此，要努力增加高品质产品和服务供给，持续提升传统消费，大力培育新兴消费，不断激发消费潜力。

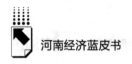

（三）精准发力，坚决打赢三大攻坚战

坚决打赢脱贫攻坚战。现行标准下农村贫困人口全部脱贫，是全面建成小康社会的底线任务，无论如何都必须确保如期完成。河南省必须把提高脱贫质量放在首位，在普遍实现"两不愁"的基础上重点解决"三保障"问题，确保全面小康路上一个都不少。研究建立解决相对贫困的长效机制，巩固拓展脱贫成果，防止返贫，要做好脱贫攻坚"后半篇文章"，接续推进脱贫攻坚与乡村振兴战略有机衔接，推动脱贫摘帽地区走向全面振兴、共同富裕。坚决完成污染防治攻坚战目标任务。经济发展压力下，要保持加强生态环境保护建设的定力，不动摇、不松劲、不开口子。坚持突出重点，标本兼治，全面做好大气污染防治工作，深化城乡环境综合整治，提升生态文明水平，切实把制度优势转化为治理效能，为全面小康交上一份合格的生态答卷。坚持强化风险防范化解能力，严格控制隐性债务增量，打击和处置非法集资，维护区域金融稳定。防范化解区域安全运行风险，把安全风险防控落实到各环节各领域。

（四）增加城乡居民收入，提升新型城镇化水平

进一步提高居民收入水平，最大限度缩小城乡居民收入差距。建立与经济社会发展和物价水平增长相适应的工资增长机制，在稳定传统增资渠道的同时培育增资新动力；继续深入推进"双创"工作，建立完善收入分配机制，努力缩小收入差距，努力培育"橄榄型"社会结构，让中等收入阶层为消费结构升级提供强有力的中坚力量。加快城乡统筹发展，提升县域经济发展水平。大力推进县城和小城镇提质扩容工程、公共服务工程，突出产业培育带动城镇发展，加快推进县域治理"三起来"示范创建。围绕增强群众获得感，进一步保障和改善民生。继续加大财政对民生领域的投入力度，稳定就业，重点在社会保障、教育均等化、医疗等方面提高公共服务能力，同时规范市场经济秩序，提高社会文明水平，加强全面依法治国，提升社会治理体系和治理能力的现代化水平。

（五）推动文化供给侧结构性改革，加快文化产业建设步伐

坚持将文化产业打造成助推河南高质量发展的新引擎和加快经济发展方式转变的突破口。加大对文化产业的扶持力度。从培育、壮大和完善文化产业政策体系着手，加大对文化产业的扶持力度，积极挖掘文化创意产业，创新文化产品；加快民营文化企业的发展，形成一批有实力、有活力的文化市场主体。切实增加财政文化投入。支持加快推进公共文化服务体系建设，完善城乡公共文化服务设施，加快推进基本公共文化服务均等化。推动文化繁荣兴盛。统筹黄河流域文化大开发，叫响"老家河南"文化旅游品牌，丰富文化和旅游消费产品供给，激发文旅消费潜力。

（六）牢固树立绿色发展理念，加强生态保护治理

把握机遇，全面加强黄河流域生态保护。坚持山水林田湖草综合治理、系统治理、源头治理，统筹推进顶层设计、生态监管、环境治理等各项工作，抓好抓实防洪减灾、黄河水资源高效利用等重大工程。标本兼治，狠抓大气环境污染治理。紧盯打赢蓝天碧水净土保卫战这一目标，强化重污染天气应急管控，努力打造青山常在、绿水长流、空气常新的宜居生态环境。深入推进绿色发展，提高能源资源利用效率。大力发展循环经济，合理控制能源消费总量，大力推广先进节能技术，强化节水管理，加强用水总量控制。

B.15
河南省脱贫攻坚实践及巩固拓展脱贫攻坚成果对策研究

梁增辉　郑　方　王浩然*

摘　要：　党的十八大以来，河南省深入贯彻习近平总书记关于扶贫工作的重要论述，经过8年持续奋斗，历史性地消除了绝对贫困和区域性整体贫困。当前，河南省发展不平衡不充分的问题仍然突出，巩固拓展脱贫攻坚成果的任务依然艰巨。本文在梳理全省脱贫攻坚成果及当前问题的基础上提出保持帮扶政策总体稳定、健全防止返贫监测和帮扶机制、发展壮大脱贫地区乡村特色产业、做好脱贫人口稳岗就业、强化易地扶贫搬迁后续扶持、加强扶贫项目资金资产管理、健全农村社会保障和救助制度等对策建议。

关键词：　脱贫攻坚　精准脱贫　乡村振兴　河南

河南是全国脱贫攻坚任务较重的省份之一，新一轮建档立卡之初，全省有53个贫困县、9237个贫困村（2017年动态调整增加到9536个）、698万农村贫困人口，贫困人口总量居全国第3位。脱贫攻坚战打响以来，全省上下扛稳政治责任，采取超常举措，下足"绣花工夫"，举全省之力打赢脱贫攻坚战。

---

* 梁增辉，河南省扶贫办政策法规处处长；郑方，河南省扶贫办政策法规处副处长；王浩然，许昌市扶贫办。

一 党的十八大以来全省脱贫攻坚总体情况及主要成效

党的十八大以来，河南省深入贯彻习近平总书记关于扶贫工作的重要论述，坚决落实党中央、国务院关于打赢脱贫攻坚战的决策部署，把脱贫攻坚作为重大政治任务和第一民生工程，以脱贫攻坚统揽经济社会发展全局，坚持精准扶贫精准脱贫基本方略，坚持脱贫攻坚目标和现行扶贫标准，坚持省负总责、市县抓落实、乡村组织实施的工作机制，坚持大扶贫工作格局，聚焦深度贫困地区和脱贫任务较重的县村攻坚，聚焦"两不愁三保障"攻坚，聚焦特殊贫困群体攻坚，着力打好产业扶贫、就业创业扶贫、生态扶贫、金融扶贫"四场硬仗"，着力开展健康扶贫、教育扶贫、扶贫助残、易地扶贫搬迁、危房改造、扶贫扶志"六大行动"，着力实施交通扶贫、水利扶贫、电网升级和网络扶贫、环境整治"四项工程"，持续强化责任落实、政策落实、工作落实，持续抓好精准识别、精准帮扶、精准退出，持续补短板、强弱项、提质量，脱贫攻坚取得全面胜利。

（一）减贫规模成效前所未有

截至 2020 年底，全省实现 718.6 万建档立卡贫困人口全部脱贫（含自然减少和销户人员），9536 个贫困村全部出列，53 个贫困县全部摘帽，消除了绝对贫困和区域性整体贫困，完成了向党中央、国务院签订的脱贫攻坚责任书中确定的目标任务。

（二）贫困群众生活水平显著提高

2016～2019 年，全省贫困地区农村居民人均可支配收入由 9734.9 元增加到 13252.5 元，年均增长 10.8%，高于全省农村平均水平 1.8 个百分点。2020 年前三季度，贫困地区农村居民人均可支配收入 9526.6 元，同比增长 6.0%，高于全省农村平均水平 0.9 个百分点。贫困群众"两不愁三保障"

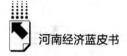

全面实现，饮水安全全面达标。2020年底，全省有6558所各类机构承担特困人员集中供养，入住贫困人口4.83万人，有45.79万名贫困人口享受亲情代养、居家赡养和邻里助养服务。

（三）贫困地区经济社会加快发展

2016~2019年，全省53个贫困县生产总值年均增长8.8%（按2015年不变价格计算），高于全省1.2个百分点；一般公共预算收入年均增长10.5%（按现行价格计算），高于全省3.1个百分点。截至2020年底，全省建成光伏扶贫电站20005座，总规模容量267.6万千瓦，年均收益约25亿元，使1万多个村集体有了持续20年的稳定收入。53个贫困县小学净入学率均达全省平均水平，初中净入学率达到或接近全省平均水平。历史性消除行政村卫生室、合格乡村医生"空白点"，碘缺乏病、地方性氟砷中毒、大骨节病、克山病等重点地方病全部实现控制与消除。贫困村全面建成综合性文化服务中心。

（四）贫困地区面貌发生巨变

截至2020年底，全省53个贫困县中有52个贫困县设高速口，20分钟可上高速，全省行政村通硬化路率、具备条件的行政村通客车率达100%。农村集中供水率93%，自来水普及率91%，分别高出全国"十三五"规划目标8个、11个百分点。农村户户通电、村村通动力电，实现20户以上自然村光纤接入和4G网络全覆盖。黄河滩区30万居民迁建任务基本完成。

（五）党在农村的执政基础更加巩固

通过抓党建促脱贫攻坚，提升了基层治理能力和管理水平。数十万扶贫干部奋战在脱贫攻坚一线，同贫困群众融为一体，密切了党群干群关系。贫困群众获得感、幸福感不断提高，更加发自内心地感党恩、听党话、跟党走。

二 2020年全省决战决胜脱贫攻坚情况

2020 年，河南省深入贯彻习近平总书记关于决战决胜脱贫攻坚的重要讲话精神，以更大决心、更强力度推进脱贫攻坚，实现剩余 35.3 万贫困人口全部脱贫、52 个贫困村全部出列，为决胜全面建成小康社会奠定坚实基础。

（一）持续强化攻坚态势

1. 强力组织推动

2020 年以来，河南先后召开全省决战决胜脱贫攻坚电视电话会、全省脱贫攻坚第八次推进会、全省脱贫攻坚问题整改暨总攻动员会等，组织开展脱贫攻坚任务重的 20 个县（市、区）、243 个乡镇党委书记履行脱贫攻坚责任述职评议，从严开展脱贫攻坚普查、督查巡查和成效考核，实行常态化约谈提醒机制。

2. 加大资金投入力度

2020 年，全省筹措安排各级财政专项扶贫资金 192.9 亿元，比 2019 年增长 25.9%。53 个贫困县和 10 个开展试点的非贫困县统筹整合财政涉农资金 232.81 亿元。全省金融精准扶贫贷款余额突破 1800 亿元。宅基地复垦券交易收益 67.04 亿元，全部用于脱贫攻坚。

3. 强化队伍建设

调整充实驻村帮扶力量，2020 年底全省各级在岗驻村干部 7.13 万人，其中第一书记 1.98 万人。19 个经济实力较强的市、县结对帮扶 19 个脱贫任务较重的贫困县，省属 53 所高校结对帮扶 53 个贫困县，省直 4 个涉农单位对口帮扶 4 个深度贫困县。科技特派员助力脱贫攻坚"十百千"工程、"千企帮千村"精准扶贫行动、"巾帼脱贫行动"等深入实施。

4. 深化作风建设

开展扶贫领域腐败和作风问题专项治理决胜年行动、脱贫攻坚收官之年克服形式主义官僚主义问题专项行动，防止和纠正"松、躁、粗、虚"等

143

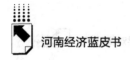

问题。发挥"12317"扶贫监督举报电话和省市县扶贫公共服务热线作用，及时妥善解决群众反映的问题。持续开展扶贫干部轮训，2020年全年培训46.1万人次。

（二）有效克服疫情影响

1. 促进贫困劳动力稳岗就业

河南与浙江等五省市建立劳务协作机制，开展"点对点"输送服务，优先安排贫困劳动力返岗就业。针对贫困劳动力出台"七个优先"政策、稳定和扩大就业创业12条措施，开展就业扶贫"百日攻坚"行动。截至2020年底，全省外出务工贫困劳动力205.51万人，占2019年底务工人数的108.96%。

2. 支持带贫企业复工达产

把扶贫龙头企业纳入优先复工复产的重点企业，落实税收减免、生产补贴、精准扶贫企业贷款等支持政策。对复工有困难的带贫企业实行领导分包或派专人分包，及时帮助纾困解难。全省扶贫龙头企业2020年4月份实现全面复工。

3. 推动贫困地区农产品稳定销售

开展消费扶贫行动和消费扶贫月活动，推进消费扶贫专馆、专柜、专区建设，推动扶贫产品进机关、进商超、进学校、进社区、进食堂。截至2020年底，全省认定扶贫产品2.05万个，销售金额296亿元。

4. 加快扶贫项目实施进度

建立"绿色通道"服务机制，推行扶贫项目在线投标开标，简化流程，提高效率。截至2020年底，全省扶贫项目竣工率100%。

（三）聚力攻克最后堡垒

1. 聚焦重点区域攻坚

坚持把大别山区、伏牛山区、太行山区和黄河滩区作为脱贫攻坚主战场，瞄准突出问题和薄弱环节集中发力。对剩余贫困人口5000人以上的20

个县（市、区）和 52 个未脱贫村实施重点攻坚，在财政资金投入、金融扶贫支持、土地交易指标、扶贫项目安排等方面倾斜支持。

2. 巩固"三保障"和饮水安全成果

2020 年，全省资助贫困家庭义务教育阶段学生 126.58 万人次，实现贫困家庭义务教育阶段学生辍学动态清零。建档立卡贫困人口大病救治率、贫困慢性病患者家庭医生签约服务率均达 100%，医疗费用报销比例稳定在 90% 左右。完成危房改造 2.27 万户，实现存量危房清零。完成 496 个行政村饮水安全巩固提升工程建设任务。

3. 强化兜底保障

2020 年，农村低保标准提高到每人每年不低于 4260 元，22% 的建档立卡贫困人口被纳入低保。农村特困人员基本生活标准提高到年人均不低于 5538 元，惠及 50 万人。基础养老金最低标准每人每月 108 元，惠及 375.67 万贫困人口。全面落实残疾人两项补贴，惠及 215 万人。

（四）巩固提升脱贫成果

1. 严格落实"四个不摘"要求

保持集中连片特困地区省辖市、贫困县和脱贫攻坚任务重的乡镇党政正职稳定，对摘帽县和脱贫人口投入不减、项目不少、政策不变、帮扶不撤，把"四个不摘"落实情况作为督查、考核的重要内容。

2. 大力推进产业扶贫

开展田园增收、养殖富民、旅游扶贫等产业扶贫"十大行动"，将 50% 以上的财政专项扶贫资金用于扶贫产业发展，推广"党建＋合作社＋贫困户""龙头企业＋扶贫基地＋贫困户"等带贫模式，2020 年全省实施产业扶贫项目 9972 个，带贫 164.75 万户次。

3. 切实加强易地扶贫搬迁后续帮扶

河南在完成"十三五"规划的 25.97 万搬迁人口全部入住的目标基础上，加大产业就业帮扶力度，支持每个搬迁户至少有一项以上脱贫措施。截至 2020 年底，累计铺设饮水管道 1220 千米，硬化道路 949 千米，建设电网

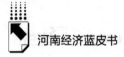

567 千米，建设服务设施 2157 个，做到配套设施共建共享、公共服务覆盖到位；累计新建基层组织 234 个、社区服务机构 381 个，结合纳入就近管理等方式，实现基层组织全覆盖。

4. 组织开展"五查五确保"活动

2020 年第四季度，在全省开展"五查五确保"活动，即查目标任务进度，确保减贫任务全面完成；查疫情灾情影响，确保各类损失有效弥补；查返贫致贫帮扶，确保脱贫成果不断巩固；查短板弱项补齐，确保工作落实精准到位；查风险隐患防控，确保收官进程平稳顺利，提高工作精准度、群众满意度、社会认可度、成果真实度。

5. 建立完善防止返贫监测和帮扶机制

截至 2020 年 11 月 25 日，全省识别脱贫不稳定户 3.6 万户共 12 万人、边缘易致贫户 5.5 万户共 16.7 万人，实行动态管理，即时精准帮扶，防止出现返贫和新致贫。

三 河南巩固拓展脱贫攻坚成果形势分析

当前，河南绝对贫困问题已经得到整体解决，但作为发展中的人口大省、农业大省，发展不平衡不充分的问题仍然突出，巩固拓展脱贫成果的任务依然艰巨。

（一）新冠肺炎疫情对扶贫工作的影响仍将持续

新冠肺炎疫情在全球范围内蔓延，国内疫情防控压力仍旧很大。我国经济运行逐步恢复常态，河南经济实现回正，但疫情对经济发展的影响是长期的和深远的，对脱贫群众务工、脱贫地区产业发展、脱贫地区农产品销售等带来的冲击还将持续，也将影响脱贫群众就业增收。

（二）脱贫地区发展依然相对滞后

通过持续不断地开展脱贫攻坚工作，河南贫困地区经济社会加快发展，但是整体发展水平仍然较低，自我发展能力仍然较弱。据统计，2019年河南53个贫困县人均生产总值36945元，较全省平均水平低19442元；人均一般公共预算收入1533元，较全省平均水平低2658元。同时，还存在部分脱贫县、脱贫村扶贫产业尚处于培育成长阶段，自我造血功能不够强等问题。

（三）脱贫人口的脱贫基础尚不稳固

一些脱贫户虽然收入超过了家庭年人均纯收入4000元的贫困线，实现了"两不愁三保障"，但并非一劳永逸、脱贫无忧，脱贫基础比较脆弱的家庭返贫风险较大。从全省脱贫户收入看，年人均纯收入5000元以下的脱贫户有2.63万户，占1.3%；年人均纯收入6000元以下的脱贫户有12.96万户，占6.4%，这部分人口稍不注意就有可能滑到贫困线以下。有些靠政策兜底脱贫的、靠短期帮扶举措脱贫的、刚过贫困线仍处于边缘的，一旦帮扶措施没有或力度不够，很容易返贫。全省建档立卡贫困户中，有低保人口126.1万人、特困人员21.7万人，这部分人口对兜底保障政策依赖性比较强。虽然河南已经连续5年实现低保线高于贫困线，2020年农村低保标准提高到年人均不低于4260元，但仍不及贫困地区农村居民人均可支配收入的一半。一些边缘易致贫户家底薄，抗风险能力弱，生产生活一旦遇到变故，容易陷入贫困。易地扶贫搬迁解决了搬下来的问题，但真正实现稳得住、能致富还有大量工作要做。

（四）帮扶低收入人口缩小同其他群体差距任重道远

近年来，建档立卡贫困户在脱贫攻坚政策扶持下，收入快速增长，但一些收入略高于建档立卡贫困人口的农村低收入人口增收缓慢成为突出问题。国家统计局数据显示，我国农村居民按收入五等份分组中，低收入组与高收入组人均收入比由2000年的1:6.5扩大到2019年的1:8.5。农村低收入人口受身体素质、职业技能、家庭情况、发展环境等方面制约，自主获得发展机会、资源要素的能力较差，如果没有政府和社会帮扶，他们的收入增长和

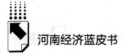

生活改善难以跟上社会发展步伐。因此，需要高度重视解决农村低收入人口发展增收和民生困难问题，帮助农村低收入人口创造更有保障、更加宽裕的美好生活。

四　河南省巩固拓展脱贫攻坚成果对策建议

脱贫摘帽不是终点，而是新生活、新奋斗的起点。脱贫攻坚结束后，要加快减贫战略和工作体系平稳转型，以实现巩固拓展脱贫攻坚成果同乡村振兴有效衔接为目标，以保持帮扶政策总体稳定为主线，以脱贫户、脱贫村、脱贫县为重点，巩固拓展脱贫攻坚成果，推动脱贫摘帽地区乡村全面振兴，让脱贫群众过上更加美好的生活。

（一）保持帮扶政策总体稳定

"十四五"时期，要继续实行"四个不摘"，即摘帽不摘责任、摘帽不摘政策、摘帽不摘帮扶、摘帽不摘监管。保持现有帮扶政策、资金支持、帮扶力量总体稳定，主要政策措施不能"急刹车"，脱贫攻坚期内实施的金融帮扶政策、兜底保障政策、公益岗位政策等继续坚持并加以完善，各级财政专项扶贫资金投入力度不减，脱贫县继续统筹整合使用财政涉农资金，"两不愁三保障"主管部门继续落实行业主管责任，驻村第一书记和驻村工作队继续选派，结对帮扶、消费帮扶等社会帮扶工作继续开展，并研究建立巩固脱贫攻坚成果的考核评价机制。

（二）健全防止返贫监测和帮扶机制

继续对脱贫县、脱贫村、脱贫人口开展监测，持续跟踪收入变化和"两不愁三保障"巩固情况，定期核查，及时发现，及时帮扶，动态清零。针对脱贫不稳定户、边缘易致贫户，坚持事前预防和事后救助相结合，开展常态化监测预警，及时化解生产生活风险，防范出现系统性、区域性大规模的返贫现象。对脱贫不稳定户，持续落实好教育、医疗、住房等扶持政策。

对边缘易致贫户，有针对性地采取小额信贷支持、加强技能培训、公益岗位安置等帮扶措施，支持发展产业、转移就业、自主创业。

（三）发展壮大脱贫地区乡村特色产业

加大资金投入力度，提高财政专项资金用于产业发展的比重，扩大小额信贷和企业贷款覆盖面，统筹结对帮扶资金、"千企帮千村"资金、社会组织捐赠资金等更多地用于产业发展。注重产业长期培育和扶持，加强脱贫地区产业发展基础设施建设，加大对脱贫地区科技服务、人才培养等的支持力度。培育发展经营主体，扶持本地发展潜质好的优质企业成长为龙头企业，引进一批带动能力强的龙头企业落户脱贫地区，鼓励支持农村致富带头人领办、创办专业合作社。注重延伸产业链，以"粮头食尾""农头工尾"为抓手发展现代农产品加工业，健全生产、加工、仓储保鲜、冷链物流等全产业链，拓宽销售渠道，创新流通方式，促进稳定销售。着力提升价值链，通过加工增值、品牌塑造、功能拓展等途径，促进产业提质增效。通过发展壮大乡村特色产业，促进脱贫地区经济发展和农村低收入人口稳定增收。

（四）做好脱贫人口稳岗就业

坚持外出务工、就地就近就业两个方向，夯实有组织劳务输出、市场主体吸纳、创业带动、公益性岗位安置四条渠道。依托省际合作框架，优先帮助脱贫人口外出务工，提供有组织输出服务。对无法外出的，根据其技能水平和家庭情况，通过扶贫车间吸纳、自主创业、灵活就业等渠道帮助实现就业。对市场渠道难以实现就业的，通过公益性岗位兜底安置。加大职业培训载体建设支持力度，引导各类职业培训和技工教育资源向农村倾斜，针对脱贫人口培训需求，分工种免费开展种植养殖、农产品加工、服装加工、家政服务等实用技能培训。

（五）强化易地扶贫搬迁后续扶持

"十四五"时期，建议设立易地扶贫搬迁后续扶持专项资金，完善集中安置点公共服务和配套基础设施,逐步打造成为美丽乡村的样板。建议将易地扶贫搬迁安置点作为实施乡村振兴战略的示范点,推动各种政策资源向安置点倾斜。因地制宜在搬迁地发展产业,加大对搬迁群众就业帮扶力度,加强社会治理和服务,做细做实社会融入工作,确保搬迁群众稳得住、有就业、逐步能致富。建议将集中安置点纳入当地社区统一管理,赋予社会组织机构地位,与现有行政村、社区享受同等待遇,从政策、人员、经费等方面给予支持和保障。

(六)加强扶贫项目资金资产管理

认真落实各级政府对扶贫项目、扶贫资金的监管责任,严格执行公示公告、绩效评估等管理制度,确保资金安全有效使用、项目发挥最大效益。2016 年以来,全省在脱贫攻坚中形成了上千亿元的扶贫资产,要在做好清产核资、确权登记的基础上,实施分类管理。建议对公益性资产,按照现有行业主管部门归口管理,确保持续发挥作用;对经营性资产,明确权属,加强运营管理,确保不流失或被侵占;对到户的扶贫资产,属于贫困户所有,由村"两委"加强监督指导。

(七)健全农村社会保障和救助制度

一方面,强化社会保障兜底。对失能半失能、无法通过产业就业获得稳定收入的脱贫人口,做到应保尽保、应兜尽兜。科学确定农村最低生活保障范围和保障标准,建立同经济社会发展水平相适应的动态调整机制。对重度残疾人等特困群体实行集中托养,解决好生活难、自理难、照料难、护理难、医疗难等问题。完善保险扶贫措施,为稳定脱贫加筑多重"防护网"。另一方面,健全社会救助制度。注重城乡、区域协调发展,坚持因需施救、精准施救,加快形成以基本生活救助、专项社会救助、急难社会救助为主体,以社会力量参与为补充,覆盖全面、分层分类、综合高效的社会救助格局,实现弱有所扶、困有所助、难有所帮。

参考文献

《中共中央关于制定国民经济和社会发展第十四个五年规划和二〇三五年远景目标的建议》，2020 年 10 月 29 日中国共产党第十九届中央委员会第五次全体会议通过。

《党的十九届五中全会〈建议〉学习辅导百问》，学习出版社、党建读物出版社，2020。

胡春华：《在 2020 年全国脱贫攻坚奖表彰大会暨首场先进事迹报告会上的讲话》，2020 年 10 月 17 日。

B.16
河南省生态环境保护现状分析及对策研究

蔡松涛　赵伟　段志峰*

摘　要： 党的十八大以来，河南省生态环境保护工作坚持以习近平生
态文明思想为引领，认真贯彻习近平总书记视察河南重要讲
话精神，牢固树立绿水青山就是金山银山的理念，统筹推进
疫情防控、经济高质量发展和生态环境保护，全省生态环境
质量持续改善。目前，河南环境治理和生态保护的严峻形势
没有得到根本改变，仍需下大力气打赢污染防治攻坚战，不
断改善生态环境质量，持续提升人民群众的生态环境获得
感、幸福感、安全感。

关键词： 生态环境　污染防治　河南

习近平总书记在全国生态环境保护大会上强调，生态环境是关系党的使
命宗旨的重大政治问题，也是关系民生的重大社会问题。2020年是全面建
成小康社会、"十三五"规划和污染防治攻坚战三年行动计划收官之年。
2020年以来，在河南省委省政府的坚强领导下，全省生态环境保护工作坚
持以习近平生态文明思想为引领，坚持方向不变、力度不减，突出精准治
污、科学治污、依法治污，聚力"治"减少污染存量，聚力"建"做足生
态增量，聚力"调"解决源头问题，不断完善生态环境保护制度机制，扎
实推进污染防治攻坚战，生态环境质量持续改善。

---

* 蔡松涛，河南省生态环境厅综合处处长；赵伟，河南省生态环境厅综合处副处长；段志峰，
河南省生态环境厅综合处。

一　河南省生态环境保护取得的成效

（一）大气环境质量明显改善

2020年，河南大气环境显著提升，达到近年来最好水平，主要指标改善幅度在京津冀及全国排名靠前。全省PM2.5浓度为每立方米52微克，同比下降11.9%，改善幅度在京津冀及周边省份中排名第2，为"十三五"期间降幅最大的一年；PM10浓度为每立方米83微克，同比下降13.5%；全省优良天数245天，同比增加52天，增加幅度居全国第1位。二氧化氮、二氧化硫、一氧化碳三项因子常年达到空气质量二级标准，除臭氧外，其余五项因子2020年6～9月份连续4个月达标。

（二）水环境质量稳定向好

2020年，国家94个水污染防治考核断面中，全省Ⅰ～Ⅲ类水质断面73个，占77.7%（达到国家要求高于56.4%的目标），同比增加9.6个百分点，无劣Ⅴ类水质断面（达到国家要求低于11.7%的目标）。国家考核的省辖市集中式饮用水水源地达到或优于Ⅲ类的比例为100%，南水北调中线工程水源地丹江口水库陶岔取水口及总干渠（河南段）水质持续稳定达到Ⅱ类标准，确保了首都及沿线人民群众的饮水安全。

（三）土壤环境质量保持稳定

2020年，河南土壤环境质量总体稳定，土壤环境风险总体得到控制，农用地土壤环境质量总体良好，建设用地土壤环境质量保持稳定，污染地块安全利用率达到100%。

（四）生态示范建设持续推进

河南深化生态示范建设，2020年新增1个"绿水青山就是金山银山"

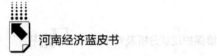

实践创新基地、3 个国家生态文明建设示范县，全省累计创建"两山"实践创新基地 3 个、国家生态文明建设示范区 8 个、省级生态县 22 个。

二 河南省生态环境保护的主要措施

河南在生态环境保护工作中，深入学习贯彻习近平生态文明思想，严格落实党中央、国务院的各项决策部署，全面贯彻全国生态环境保护大会精神，不断加大生态环境保护工作力度。2018 年以来，河南省先后印发了《关于全面加强生态环境保护坚决打好污染防治攻坚战的实施意见》《河南省污染防治攻坚战三年行动计划（2018－2020 年)》，成立了省委书记、省长任"双组长"的污染防治攻坚战领导小组，通过省委常委会、省政府常务会议、污染防治攻坚战推进会、公开约谈、现场调研指导等方式，全力推进河南省生态环境保护工作。

（一）聚力大气污染防治

一是强化"三散"污染治理。对扬尘实行精细化管控，对"散乱污"企业实行动态清零，持续开展平原地区"散煤清零"行动，累计取缔整治"散乱污"企业 10.2 万家、散煤销售点 1.4 万个，累计完成"电代煤""气代煤"543 万户。二是深化工业企业治理。在全国率先完成火电行业超低排放改造，全面实施钢铁、焦化、水泥、炭素、电解铝、平板玻璃企业、工业窑炉超低排放改造或提标治理，2019 年全省在线监控工业企业大气污染物排放量由 18 万吨下降到 12 万吨，减少 1/3，2020 年又同比下降 8.4%。三是加强柴油货车治理。检查柴油货车 130 多万辆，建成物流通道空气站 107 座，7.6 万辆重型柴油货车安装并联网 OBD 在线监控，3393 家大宗货物运输企业安装并联网门禁系统。四是严格烟花爆竹禁燃禁放。2020 年春节期间，全省 PM10、PM2.5、二氧化硫平均浓度同比分别下降 33.9%、20.9%、52.9%，元宵节期间同比下降 96.1%、88.8%、62.5%。五是做好重污染天气应急管控。以优先控制重污染行业主要涉气排污工序为主，对不同领域、不同行业进行差异化管控，将绩效分级行业由生态环境部要求的 39 个扩展到 52 个，加强重污染天气会商研判，精准发布预警信息，严格实施差异化管控和科技监管。

（二）强力推进水污染防治

一是推进城市黑臭水体治理。列入国家整治清单的 144 处省辖市建成区黑臭水体中，已全部完成整治；列入全省整治清单的 179 处县（市）建成区黑臭水体也完成整治。二是开展全域清河行动。加强河湖污染综合整治及水生态保护、修复，制定实施"一河一策"的水质提升方案，清除垃圾河、臭水河，整治排污口，清理污染源，全省消除劣Ⅴ类水体。三是实施农村环境综合整治。以农村生活污水治理为重点，持续推进农村环境综合整治。"十三五"以来，共整治村庄 9682 个，许多乡村已经成为美丽的旅游地。四是保障饮水安全。深入开展饮用水水源地环境保护专项行动，对发现的县级以上地表水型饮用水水源保护区 765 个环境隐患问题进行全面整治，完成县级以上地表水型饮用水水源地"划、立、治"工作。

（三）稳步开展土壤污染防治

一是开展农用地土壤污染状况详查。掌握了农用地污染底数，实施"一张图"管理。承担国家试点，提前一年完成农用地土壤环境质量类别划分工作。二是严格开展分类管控。强化农用地分类管理，落实安全利用措施。开展重点行业企业用地调查，实施规划与污染地块信息比对管理，严格建设用地准入管理。三是狠抓源头管控。加强涉镉等重金属企业排查整治和环境监管，对栾川县、洛宁县等矿产资源开发活动集中区域实施重点重金属污染物特别排放限值，排查并建立 953 家土壤污染重点监管单位名录，确保不发生污染问题。

（四）加强黄河流域生态保护

一是加强基础研究。配合河南省人大起草《河南省黄河生态保护条例

（草案）》，组织开展黄河流域生态环境保护规划编制，指导各地初步谋划了七大类 420 个重大项目。二是加强流域治理。全面开展黄河流域饮用水水源地、入河排污口、涉水企业、农村生活污水等排查整治，对洛河、金堤河、涧河、青龙涧河等主要支流实施综合治理。强化生态监管，持续深化"绿盾"行动，做好黄河流域自然保护区、保护地生态保护工作。三是严格环境执法。开展黄河流域生态环境保护专项执法行动，首次采取无人机航测协助执法方式，绘制了黄河生态环境基础图谱、黄河干流河南段污染源图谱，发现和移交查办问题线索 8175 个。四是防范环境风险。开展重金属重点行业企业排查整治，完善涉危险废物、涉重金属、尾矿库、危化品等重点风险源台账，强化企业环境风险管控。编制黄河流域突发环境事件应急预案，在郑州举办黄河流域突发水污染事件应急演练，支持郑州、洛阳、濮阳、三门峡 4 市先行建设环境应急物资储备库，提升环境应急能力。

（五）创新完善工作机制

一是建立排名约谈机制。每月通报空气质量排名，采取预警提醒、重点督办、奖罚并重、联合约谈等强化措施。二是实施绿色调度机制。出台税收调控、绿色信贷、审批支持、资金支持、优先实施电力调度等激励政策，激发企业环境治理的积极性。三是坚持"一暗六明"核查机制。对暗访发现的突出问题公开曝光、公开约谈、公开交办、公开处理、公开承诺、公开整改。四是开展省级环保督察。由副省级领导任组长，连续 3 年对全省 18 个省辖市（示范区）开展省级环保督察或专项督察，解决了一批重点难点问题。五是强化司法联动机制。健全生态环境行政执法与公安、检察、法院等刑事司法衔接工作机制，强化执法联动，2020 年全省环境行政处罚案件 9062 起，罚款 3.57 亿元，查封扣押 363 起，移送拘留 85 起，移送犯罪 46 起。

（六）主动服务绿色发展

一是深化"放管服"改革。落实"一网通办"要求，全面实现环评审批网上办理，省级环评审批实现了"一次不跑""不见面审批"。出台支持郑州国家中心城市、洛阳中原城市群副中心城市、鹤壁高质量发展城市的生态环境政策措施，赋予郑州、洛阳部分省级环评审批权限。二是实施"无打扰"监管。利用"互联网＋监管"系统、在线监控、卫星遥感、无人机、大数据分析等科技手段，建立环境执法正面清单，实施"无打扰"监管模式。三是创新服务方法。以持续深化"企业服务日"、"千名专家进百县帮万企"、重点行业绿色排行榜等活动为载体，帮扶企业解决实际困难。全省生态环境系统集中组织开展了 20 次企业服务日活动，服务企业近 1.5 万家，协调解决 1 万多个问题。四是实施"一市一策"帮扶。以市域为单元，逐市专题研究、分析困难和问题、制定帮扶措施。

三　当前河南省生态环境面临的形势

虽然河南省生态环境保护工作取得了积极成效，但生态环境治理能力、工作水平等方面还存在一定差距，总体形势依然十分严峻。

（一）生态环境质量有差距

空气污染指数较高。受产业结构、地理、气象条件、烟花爆竹燃放等因素影响，河南省 PM10、PM2.5 平均浓度仍然较高。特别是空气质量主要指标在全国排名靠后，与二级达标还有一定距离。秋冬季气候因素影响较大，采暖期污染物排放增加，静稳天气增多，扩散条件变差，外部传输频繁，轻中度污染天气依然多发。部分河流断面不能稳定达标，还有不少黑臭水体没有完成整治。农用地土壤安全利用工作仍需持续发力，局部地区还存在土壤污染环境风险，粮食安全和人居环境安全隐患在个别区域依然存在。

（二）结构性污染问题突出

河南人口多、人口密度大，超过周边的陕西、山西、河北等省，正处于工业化、城镇化加快发展的重要时期。一是产业结构偏重。钢铁、有色、建材、焦化等传统高耗能、高污染行业比重较大，能源原材料行业占比依然偏

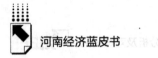

高,主要污染物排放总量大。二是能源结构对煤炭依赖严重。煤炭占一次能源消费总量的比重高于全国平均水平,除工业用煤外,群众取暖、温室大棚、烤烟叶等生产生活用煤量大。三是机动车污染问题严重。河南机动车保有量大,公路货运占比超过90%,高于全国平均水平,且过境车辆较多,交通运输领域氮氧化物排放量大。

(三)不利自然条件影响

一是区位不占优势。河南位于中部地区,有10个城市位于国家大气污染防治重点区域(京津冀及周边地区、汾渭平原城市)。二是地形条件不利于污染扩散。河南省北、西、南三面环山,太行山、伏牛山、桐柏山、大别山沿省界呈半环形分布,对气候、风速影响较大,常年风速较小,大气污染物清除较弱,导致大气环境容易受到外来源的影响,且污染物易在河南省堆积,难以扩散。三是沙化土壤面积较大。河南年降雨量偏少,低于南部临近的湖北、安徽、江苏等省。人均水资源量不足全国平均水平的1/5,属严重缺水省份。河南处于黄河冲积平原,沙区面积约900万亩,地跨10个省辖市,以沙瓤土为主的土壤结构保墒性差。

(四)环境违法问题仍然较多

一是污染防治设施不完善。有的企业环境管理不到位,存在超标排污、偷排漏排等违法问题。二是应急管控措施落实不到位。有的企业重污染天气管控期间违规生产,排放量不降反升,国Ⅳ以下车辆未落实停运措施。三是"散乱污"整治不够彻底。有的地方不同程度存在重视不够、排查不彻底、"两断三清"执行不到位等问题,"散乱污"企业"死灰复燃"问题依然多发。

四　河南省打好污染防治攻坚战的对策

2021年是"十四五"开局之年,河南省必须紧盯"打赢蓝天碧水净土保卫战"目标，牢固树立"绿水青山就是金山银山"的理念，着力打造绿色低碳循环发展的经济体系，确保圆满完成国家下达的目标任务。

（一）突出"三个治污"，加快改善环境空气质量

坚持依法治污、科学治污、精准治污，继续加强细颗粒物污染防治，加快补齐臭氧污染治理短板，大力推进挥发性有机物和氮氧化物减排，带动多污染物、多污染源协同控制，积极开展二级达标县、市创建活动，基本消除严重污染天气。加强噪声污染防治，创造宁静生活环境。

（二）坚持"三水统筹"，巩固提升水环境质量

坚持污染减排与生态扩容两手发力，加强水资源利用、水生态保护和水环境治理"三水统筹"，持续深化工业源、生活源和农业源"三源"治理，协同推进地表水与地下水、岸上和水里保护治理，消除县级以上城市建成区黑臭水体，稳定消除劣Ⅴ类水体，保障饮用水水源和地下水环境安全，加快实现有河有水、有鱼有草、人水和谐的目标。

（三）加强源头防控，保障土壤生态环境安全

以重点区域、重点行业、重点污染物、重点风险因子为着力点，完善土壤污染防治监管体系，加强农用地土壤污染源头管控和安全利用，推进建设用地风险管控和治理修复，确保全省土壤环境安全，让老百姓吃得放心、住得安心。大力发展生态农业，加大农业废弃物资源化利用力度，治理农业面源污染，有序推进农村清洁取暖，加大农村生活污水治理力度，排查整治农村黑臭水体，大力整治提升农业农村生态环境。

（四）强化风险防控，坚决守住环境安全底线

将生态环境风险纳入常态化管理，加强固体废物污染防治，加快补齐医废危废收集处理设施短板。持续推进重金属污染防控、放射性污染防治，加强生态环境与健康管理，加快推进应急监测预警体系及应急物资保障体系建

设，强化环境社会风险防范与化解，系统构建全过程、多层级生态环境风险防控体系，力争"十四五"期间突发环境污染事件总数下降。

（五）扛稳政治责任，突出黄河生态保护治理

强化黄河干支流生态空间管控，开展黄河滩区和主要支流综合治理，全面排查整治饮用水水源地、入河排污口、黑臭水体、农村生活污水、产业聚集区、尾矿库存在的突出环境问题，实施黄河流域农村污水治理全覆盖工程，尽早实现黄河流域农村生活污水治理、"无废城市"建设全覆盖，让清洁、健康、美丽的黄河成为造福人民的幸福河。

（六）深化改革创新，构建现代环境治理体系

着力构建生态环境保护的领导责任体系、企业责任体系、全民行动体系、监管体系、市场体系、信用体系、法律法规政策体系。加快构建统一规范的生态环境综合执法体系、天地空一体的生态环境监测评估体系、系统全面的生态环境风险预警与防控体系、精准智慧的生态环境信息化应用体系、先进适用的生态环境科技支撑体系、创新发展的节能环保产业支撑体系。

B.17
新发展格局下河南打造全国先进制造业基地的问题与对策

宗 方 丁子格 王 静*

摘 要： 本文基于新发展格局下河南制造业发展的现实条件和要求，
提出要坚持系统观念、打造重要的全国先进制造业基地的战
略定位。文章分析了当前河南先进制造业发展的趋势与存在
的突出问题，并提出打造全国先进制造业基地的对策建议：
深入实施创新驱动发展战略，为先进制造业提供技术支撑；
加速推进"新基建"投资布局，为先进制造业提供基础保
障；依托集群聚焦产业链培育，突破先进制造业发展瓶颈；
发挥中心城市集聚效应，推进先进制造业区域间协调发展；
完善人才引培和激励机制，强化制造业人才支撑。

关键词： 新发展格局 先进制造业 产业调整 河南

党的十九届五中全会指出，新一轮科技革命和产业变革深入发展，
国际环境日趋复杂。我国已转向高质量发展阶段，继续发展具有多方面
优势和条件，同时也应清醒认识到，发展不平衡不充分问题仍然突出，
"加快构建以国内大循环为主体、国内国际双循环相互促进的新发展格
局"势在必行。河南必须统筹落实国内国际双循环发展格局的重要战略

---

* 宗方，河南信息统计职业学院副院长，高级统计师；丁子格，河南信息统计职业学院电子商
务教研室主任；王静，河南信息统计职业学院。

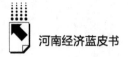

部署，坚持以扩大内需为基点，把发展经济着力点放在实体经济上，积极主动融入新发展格局，成为全国新发展格局下的有机组成部分和重要支撑力量。

一　新发展格局下河南打造全国先进制造业基地的战略定位

制造业是实体经济的主体和根基，其发展质量和水平是一个国家或地区综合实力和竞争力的体现。新发展格局下，河南要按照党的十九届五中全会提出的建设"制造强国、质量强国、网络强国、数字中国"现代产业体系发展要求，坚定不移贯彻新发展理念，全面深化改革开放，坚持系统观念，在推进制造业产业基础高级化、产业链现代化上下硬功夫，构建制造业协调发展、创新驱动、绿色低碳、开放共享的新格局，实现经济从规模数量增长到质量效益提升转变，推进制造业大省向制造业强省迈进，努力打造全国重要的先进制造业基地。

（一）落实习近平总书记视察河南重要讲话精神的必然要求

"推进产业结构优化升级"是习近平总书记在河南考察时特别关注并反复强调的问题。2014年5月，习近平总书记在河南视察期间作出重要指示，希望河南围绕加快转变经济发展方式和提高经济整体素质及竞争力，以发展优势产业为主导推进产业结构优化升级。2019年9月，习近平总书记在河南考察调研时再次强调："制造业是实体经济的基础，实体经济是我国发展的本钱，是构筑未来发展战略优势的重要支撑。要坚定推进产业转型升级，加强自主创新，发展高端制造、智能制造，把我国制造业和实体经济搞上去，推动我国经济由量大转向质强。"习近平总书记为河南先进制造业发展描绘了宏伟蓝图，奠定了总体基调，指明了未来经济转型方向。

为深入贯彻落实习近平总书记考察调研河南时的重要讲话精神，推动制造业高质量发展，河南省委省政府迅速响应，围绕先进制造业发展先后出台一系列相关文件，进一步明确了新发展格局下河南经济高质量发展的战略定位。当前，河南经济发展正处于工业化中后期阶段，在国内国际双循环、中部地区崛起、黄河流域生态保护和高质量发展战略叠加组合优势下，把制造业高质量发展作为主攻方向，着力打造全国先进制造业发展基地，是河南经济转型发展的重要路径和产业调整升级的必然要求。

（二）发展环境优化与发展优势不断积累的必然选择

经过多年发展，河南在劳动力及成本、国际国内交通、跨境电子商务新业态、市场空间规模等基础条件方面逐渐积累一定优势，拥有了良好的先进制造业发展基础。

1. 高质量发展阶段下先进制造业正处于重大战略机遇期

先进制造业是在传统制造业的基础上，不断吸收当前科技革命的成果和现代管理经验，低耗高效地制造出具有较高技术含量的创新型产品，国内外市场前景非常广阔。在国内国际双循环发展大格局下，在促进中部地区崛起、黄河流域生态保护和高质量发展等重大国家战略背景下，中原城市群、中国（郑州）跨境电子商务综合试验区、中国（河南）自由贸易试验区、郑洛新国家自主创新示范区、国家大数据综合试验区等战略平台，为河南先进制造业发展提供重要机遇。

2. 新发展格局下先进制造业发展迎来重大政策利好

2015 年 5 月，国务院印发《中国制造 2025》，提出要大力发展先进制造业，建设制造强国。随后《关于深化"互联网＋先进制造业"发展工业互联网的指导意见》《关于推动先进制造业和现代服务业深度融合发展的实施意见》等文件进一步明确了国家发展先进制造业的方向。近年来，河南先后出台了《先进制造业大省建设行动计划》《中国制造 2025 河南行动纲要》《河南省推进制造业供给侧结构性改革专项行动方案（2016－2018 年）》《河南省推动制造业高质量发展实施方案》等文件，为推动河南先进制造业发展绘制了宏伟蓝图。

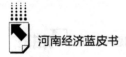

3. 双循环背景下交通区位优势足够支撑河南产业集聚与升级

作为"一带一路"对外开放重要节点，近年来河南机场货运枢纽已位居全国前列，旅客吞吐量也不断攀升。2020年在新冠肺炎疫情影响、国际航空业发展受到较大冲击的背景下，郑州机场货运逆势增长，全年累计货邮、旅客吞吐量排名分别升至全国第6位、第11位。疫情下中欧班列（郑州）常态化稳定开行，郑太高铁全线开通运营，"米"字形高速铁路网格局即将形成，东北方向"撇点"郑济高铁河南段计划于2021年开通，届时郑州将率先建成"米"字形高铁枢纽。疫情期间，便利交通优势为河南"六稳""六保"提供重要支撑，特别是对"供应链""产业链"稳定发挥了重要作用，也必将为先进制造业区域协同发展提供稳定保障和强劲动力。

4. 扩大内需战略基点下河南具备劳动力及市场优势

随着经济不断发展，坚持以扩大内需为战略基点，河南人口众多以及市场规模庞大两大基础优势将会不断显现。一方面，物质的生产离不开人的创造性劳动，先进制造产业集群或产业链的打造，需要依靠专业人才优势，随着高等教育和职业教育的深入推进，劳动力资源在促进先进制造业发展过程中发挥重要作用；另一方面，消费需求作为国内生产总值的组成部分，是拉动并促进国民经济发展的重要力量。随着中国进入新发展阶段，社会主要矛盾发生变化，人们生活水平显著提升带来更高层次的美好生活需要，在以国内大循环为主体的新发展格局下，河南庞大的人口基数将为制造业发展提供广阔的市场空间，同时也对制造业提出更高水平、更高质量的发展要求。

二 河南省先进制造业发展现状与趋势展望

随着产业结构战略性调整和先进制造业大省建设行动计划深入实施，河南先进制造业基础优势不断积累，制造业支撑能力得到加强，产业结构不断调整升级，三大改造加速推进，先进制造业呈现良好发展趋势。

（一）河南先进制造业发展基础优势显现

1. 先进制造业发展速度不断加快

2019 年，河南规模以上工业增加值同比增长 7.8%，制造业增加值同比增长 7.5%，其中五大主导产业、战略性新兴产业、高技术制造业增加值分别增长 8.1%、13.7%、9.2%，均高于同期传统产业增加值增速。值得关注的是，从 2012～2019 年河南规模以上工业增加值年均增速对比来看，高技术制造业增加值年均增速最快，高达 23.3%，分别高于五大主导产业、战略性新兴产业 11.0 个、6.9 个百分点，高于同期传统产业 16.3 个百分点，高技术制造业表现出巨大的发展潜力。

2. 先进制造业产业体系不断完备

近年来，河南一方面依靠传统工业转型，另一方面依靠优势产业和新兴产业，引导先进制造业产业链条向中高端转化发展，致力于打造"556"产业体系，目前已拥有 40 个工业行业大类，成功构建了以装备制造、食品制造、新型材料制造、电子制造、汽车制造五大主导产业为重点，以冶金、建材、化工、轻纺四大传统产业为支撑，以智能制造装备、生物医药、节能环保和新能源装备、新一代信息技术四大战略性新兴产业为先导的现代工业体系。

3. 先进制造业基础支撑能力不断增强

2019 年，河南规模以上工业增加值增速高于全国 2.1 个百分点，工业经济总量稳居全国第 5 位、中西部省份第 1 位。目前，河南已形成装备和食品 2 个万亿级产业集群，农业机械、盾构装备、电力装备、矿山装备等重点大型装备业全国领先，涌现一批重大标志性产品以及高知名度和影响力的食品企业，在神舟飞船、国产航母、C919 大飞机、"天舟一号"货运飞船、歼 20、探月工程"嫦娥五号"等国家重大工程中，"河南智造"贡献了积极力量。2020 年 3 月份以来，制造业增加值稳步回升，2020 年全省规模以上工业增加值增长 0.4%，其中高技术制造业增势明显，同比增长 8.9%，高于规模以上工业 8.5 个百分点，对新冠肺炎疫情冲击下河南经济增长发挥了重要的支撑和带动作用。

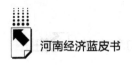

（二）先进制造业发展基础不断巩固

1. 产业集群效应不断凸显

近年来，河南把打造"百千万"亿级优势产业集群培育工程作为建设先进制造业强省的关键举措，集聚区发展的基础优势不断积累，产业集群效应不断显现，对经济发展起到了明显助推作用。河南现有 180 个产业集聚区，已形成 2 个万亿级产业集群、19 个千亿级产业集群、127 个百亿级特色产业集群，产业集聚区培育产业门类多，涵盖装备制造、食品加工、化工、生物医药等产业。2019 年河南产业集聚区规模以上工业增加值增长 7.8%，占规模以上工业的比重为 68.9%。2020 年在新冠肺炎疫情的不利影响下，河南产业集聚区持续发展，1～10 月增加值增速高于河南工业 0.2 个百分点，对工业增加值增长的贡献率为 113%，2020 年前三季度利润总额同比增长 10.0%，高于工业 3.8 个百分点。

2. 制造业内部结构不断优化

2020 年，河南明确提出要做强优势产业、做优传统产业和做大新兴产业，并提出到 2025 年全省优势产业和新兴产业增加值占规模以上工业增加值比重分别达 50% 和 25% 以上的目标。2020 年 1～11 月，河南优势产业增加值增速为 1.8%，快于规模以上工业增加值增速 1.3 个百分点，占规模以上工业增加值比重为 46.1%；战略性新兴产业近年来发展快速，占规模以上工业比重不断提升，2017～2019 年，战略性新兴产业年均增长 12.6%，快于规模以上工业增加值平均增速 5.0 个百分点；2020 年 1～11 月实现 2.3% 的增长率，占规模以上工业增加值的比重为 22.1%，已达 2022 年 22% 的预定指标，制造业结构调整成效显著。

3. 制造业"三大改造"加速推进

近年来，河南"三大改造"提质增效成效明显。智能化改造方面，河南深入开展"企业智能化改造诊断服务进千企"。2020 年上半年，培树省级智能工厂 50 个、智能车间 100 间。截至 2020 年 8 月底，两化融合发展指数水平为 52.3，居中部六省首位，全球列第 17 位。绿色化改造方面，河南制定出台传统行业整合提升方案，实施重污染企业搬迁改造，规模以上工业单位增加值能耗持续下降，2016～2019 年分别下降了 10.98%、9.10%、7.97%、14.13%。2020 年，河南 29 家企业入选工信部第五批绿色工厂名单，2 个产业集聚区入选绿色园区，8 家企业被评选为绿色供应链管理企业，12 家企业设计的 24 款产品被评为绿色设计产品。企业技术改造方面，"十百千万"企业技改提升工程深入实施，2020 年上半年，工业技改投资完成 3617.8 亿元，同比增长 51.8%，新增 5043 个技术改造项目，累计投资 11469 亿元。河南制造业不断向高质量发展迈进。

三 河南省先进制造业发展存在的问题

当前，河南先进制造业发展中还存在很多问题，在新发展理念引领下，只有清醒认识并认真梳理先进制造业发展中面临的问题，才能集中优势补齐短板，突破瓶颈制约，实现制造业高质量发展。

（一）高端制造业比重较小，"头雁效应"不突出

虽然河南制造业在结构上实现了一定程度的优化，在超硬材料、特高压输变电、装备制造等一些产品和领域中处于全国乃至世界市场的领先位置，但传统产业占比较高，新兴产业占比较低的局面还未有根本性转变，对标全国以及其他制造业强省，河南高技术制造业总量仍然较小。2019 年，河南高技术制造业增加值增速为 9.2%，高于全国 0.4 个百分点，分别高于广东、江苏 1.9 个、2.4 个百分点，但占规模以上工业增加值比重仅为 9.9%，低于全国 4.5 个百分点，远远低于广东（32.0%）、江苏（21.8%）的占比。

河南制造业缺少"头雁"带动，整体实力有待提升。装备制造虽是河南的优势产业，但在"2019 年中国装备制造业 100 强"名单中，也仅有郑州宇通集团有限公司一家企业上榜。"2020 中国制造业企业 500 强"榜单中，河南共有 18 家企业上榜，山东则有 75 家。"2020 中国先进制造业强区发展指数"100 强中，仅有郑州高新技术产业开发区 1 家，且居第 45 位。

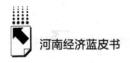
（二）创新投入不足，创新支撑力较弱

2019 年，河南研发经费投入增速达 18.1%，高于全国 5.6 个百分点，创新能力和研发水平均有较快提升，但与先进省份相比，河南创新投入不足问题仍然十分突出。2019 年，河南规模以上工业 R&D 经费投入强度为 1.12%，比全国平均水平低 0.6 个百分点，也低于江苏（2.21%）、广东（2.14%）、浙江（2.04%）、山东（1.70%）等经济发达省份，在中部六省中仅高于山西，这与河南经济总量居中部首位的地位不匹配，不利于吸引和集聚创新资源。2019 年，河南规模以上工业企业有效发明专利数为 30245 件，安徽、湖南、湖北分别为 54798 件、39642 件、38000 件，均高于河南。由此可以看出，相较于国内制造业强省，河南工业企业研发投入强度较小，创新支撑力不够。

（三）区域同质化现象突出，统筹发展力度不够

近年来，在国家战略平台支持及省委省政府全局谋划下，河南省制造业发展态势较好，但产业规划和空间布局还面临一些问题。一是区域间产业布局同质化，产业布局主要集中在重工业、农副产品加工业和有色金属冶炼等传统制造业，且存在产业重复规划建设问题，产业结构相似度高，同质化现象较为突出，忽略了各经济区域间资源禀赋、产业基础和经济结构方面的差异，区域间产业互补性不足。二是空间布局不平衡，制造业发展主要着力于以"双核、两轴、三带"为引领的核心区域，辐射范围和带动作用有限，难以形成高效的跨区域协同发展格局。三是县域制造业发展的战略支点作用较弱，邓州、固始、郸城等一些毗邻外省人口大县的县域经济综合优势和发展特色尚未得到充分发挥。

（四）制造业集群发展存在瓶颈制约

河南省产业集聚区虽实现了由企业项目的简单聚集向产业链发展的转变，但在发展过程中积累了诸多问题。一是产业集聚区的发展具有明显的政府主导特色。政府在规划建设、招商引资甚至运营管理中起主导作用，难以有效

发挥企业韧性和活力。二是产业集聚区传统产业占比较多，现代产业少。中型企业较多，缺少龙头企业带动，内部很难形成完善的分工协作关系。三是外来引入的企业多，本土成长起来的明星企业数量较少。四是主导产品多集中在产业链前端，低端产品供给多。五是集聚区营商环境优化不到位，不利于激发园区内企业内生动力，降低了对国内外优质企业进驻河南的吸引力。

（五）企业发展困难较多，营商环境短板突出

营商环境是制约河南经济发展的一个短板，作为经济总量稳居全国第5位的省份，河南的营商环境指数始终排名靠后。《后疫情时代中国城市营商环境指数评价报告（2020）》显示，郑州在中国营商环境100强城市中居第27位，武汉、长沙、合肥、太原分居第6位、第12位、第14位、第26位，郑州排名较其他中部省份省会城市靠后。主要表现为一些地区和部门对支持民营企业发展的重视程度不够，在优化民营企业营商环境等方面的政策不够细化，缺少执行监督和考核机制，导致民营企业发展面临诸多难题。例如，行政审批事项滞后、企业费用负担过重、扶持政策落实不到位、产权保护力度不强，严重挫伤了企业生产和研发的积极性。在环境污染防治工作中，存在武断执行和"一刀切"现象，妨碍了企业的正常生产经营，致使不少企业陷入经营困难的境地。

四 河南省打造全国重要的先进制造业基地的对策建议

面对国内外复杂的经济环境，河南应紧紧把握历史发展机遇，牢牢把握国家重大战略机遇和载体平台，依据现有发展基础和产业优势，切实贯彻新发展理念，坚持系统观念，积极融入新发展格局，打造全国重要的先进制造业基地。

（一）深入实施创新驱动发展战略，为先进制造业提供技术支撑

河南积极融入新发展格局，需依据自身发展基础，坚持以创新驱动发

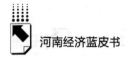

展，依托郑洛新自主创新示范区，从体制机制改革、要素支持、创新中心建设等多个方面加大对自创区的建设力度，加快省级制造业创新中心建设，打造河南创新高地。根据自身优势集中力量对前沿引领技术和"卡脖子"核心关键技术开展科研攻关，解决发展难题。加速推动粮食产业高质量发展，推动粮食产品向深加工和高附加值转变，以求更好地满足消费者的需求。顺应绿色发展理念，持续狠抓污染治理，加快重工业产业升级改造，解决污染源头问题，推动制造业可持续发展。河南人口众多，消费市场空间广阔，轻工业品应依托内需市场，准确把握人们对消费的新需求，进行产业升级，通过技术创新和制度创新不断提高供给质量和水平以适应消费趋势的变化，提升供给与需求的适配性。

（二）加速推进"新基建"投资布局，为先进制造业提供基础保障

当前社会步入数字经济阶段，数字"新基建"是推动经济高质量发展的重要基础。河南应抓住时代机遇，加速推进新型基础设施建设，推动制造业高质量发展。一是加大"新基建"建设力度。以工业互联网、5G、数据中心等为代表的新一代基础设施本身隶属于新兴产业，"新基建"衍生的投资消费需求能够直接带动先进制造业发展。二是积极引导企业进行数字化转型，加强先进数字企业的引进和培育，利用龙头企业示范效应，鼓励企业上云用云，探索产业新模式。对于中小型企业，可以借鉴华为云东莞团队的思路，尝试以产业集聚区为对象设立专项来推动中小企业实现数字化转型，在"新基建"的带动下形成以数字化、网络化、智能化为特征的新型支柱行业。

（三）依托集群聚焦产业链培育，突破先进制造业发展瓶颈

河南要依托现有优势产业集群，补全产业链，加强政策支持，积极响应企业诉求。抓好项目招引和企业培育，加大优势产业集群产业链缺失环节招商力度，鼓励高新技术产业链上、下游相关企业入驻产业集聚区，不断加强产业链稳定性。依托现有龙头企业，做强产业链条。通过积极承接产业转移，引进重点项目，培育龙头企业，形成新产业链条，促进全省制造业发

展。在"延链"上做文章，对于传统产业和主导产业，通过产业链延伸扩展到高端产业领域，改善高端制造业不足的现状，如可以着力发挥食品产业的特色优势，拉长食品产业链条，推进食品产业供给侧结构性改革，着力打造绿色食品产业生态。依托粮食生产，聚焦农业现代化。在农业基础设施不断完善的基础上，加强农村信息化建设，全面推进农业机械化，以数字化、智能化提升农机装备水平。依托交通区位优势，变"交通走廊"为"要素走廊"，进而形成"要素回廊"，实现产品要素充分自由流动。通过产业链的持续优化和培育，达到产业链自主可控。

（四）发挥中心城市集聚效应，推进先进制造业区域间协调发展

一方面，河南要充分发挥郑州国家中心城市的集聚效应，注重发展总部经济，建立技术研发中心，人才、资本、数据等要素集散中心。从基础设施、产业结构、科技创新、对外开放和生态宜居等多个方面加快推进国家中心城市建设，不断集聚人流、物流、资金流、技术流、信息流，实现中心城市建设和经济社会发展相互促进的良性循环。另一方面，河南应注重区域间的协调发展，在积极响应国家战略的同时，融入地方发展特色，实现区域产业之间的协调共享与支撑配合。一是充分结合各地市自身优势产业，实行差异化发展战略，合理进行三次产业的区域布局。二是优化制造业轻重工业布局、研发与制造功能性定位布局。三是以郑州、洛阳地区为引领，带动京广、陇海铁路沿线以及黄淮流域协同发展。四是实现县域制造业均衡发展，积极引导落后县域大力发展主导产业。

（五）完善人才引培和激励机制，强化制造业人才支撑

在创新驱动发展战略引领下，河南要把握先进制造业对人才的需求结构，精准施策，实施人才分类引进和使用，形成健全的人才培养机制和完善的人才引进政策，确保各类人才的有效供给。一是对于科技人才的引培，需要与创新驱动战略协同推进。要将高水平、多层次人才视为先进制造业发展的重要保障，持续完善柔性引才机制。加大对科技人才的重视程度和投入力

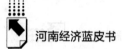

度，通过建立健全多类型人才培养平台、科技创新团队等实现人才自主培养，发挥科技人才对先进制造业的支撑作用。此外，还要不断完善科技人才激励机制，赋予科研人员更大自主权，促进科技成果转化，真正让科技人才对先进制造业发展发挥作用。二是对于基层岗位从业人员，重点提升从业素质和技能水平。将先进制造业的发展同新时代职业教育发展紧密结合起来，加大职业教育改革力度，培养应用型、技能型人才，保障先进制造业基础性人才队伍建设。

B.18
河南省创新驱动发展问题研究

王宪彬　王梦轩　贾梁*

摘　要： 党的十九大以来，河南省始终坚持贯彻落实习近平总书记视察河南重要讲话精神，全面贯彻新发展理念，落实高质量发展要求，着力打好创新驱动发展牌，推动创新驱动提速增效，全省科技研发水平取得了新成效。但河南省创新人才匮乏、创新能力薄弱等问题依然突出，创新水平与发达地区相比仍有较大差距，需持续优化创新环境，不断加大政府资金支持力度，推动产学研密切合作，促进创新成果加速转化，全面提升科技创新能力。

关键词： 创新驱动　研发投入　新发展理念　河南

创新是引领发展的第一动力，是建设现代化经济体系的战略支撑。党的十九大报告提出要加快建设创新型国家，进一步明确了创新在引领经济社会发展中的重要地位，标志着创新驱动作为一项基本国策，在建设社会主义现代化国家的历史进程中，将发挥越来越显著的战略支撑作用。当今世界正面临百年未有之大变局，国内外环境已发生深刻复杂变化，一系列经济社会以及民生问题随之而来，亟须通过科学技术的发展解决有关矛盾。我国"十四五"时期以及更长时期的发展对加快科技创新提出了更为迫切的要求。2020年9月，习近平总书记在科学家座谈会上指出："我国经济社会发展和

---

* 王宪彬，河南省统计局社科处处长，二级巡视员；王梦轩，河南省统计局社科处副处长，二级调研员；贾梁，河南省统计局社科处。

民生改善比过去任何时候都更加需要科学技术解决方案，都更加需要增强创新这个第一动力。"河南作为农业大省、人口大省，前期依赖于廉价劳动力和环境资源的消耗，经济社会取得了较好发展，但创新人才匮乏、创新能力薄弱、经济发展质量不高等问题日益凸显，制约了河南经济高质量发展。本文旨在通过研究河南在实施创新驱动发展战略过程中遇到的机遇和问题，为持续深入落实创新驱动发展战略、提升河南科技创新能力提出有效建议，为实现中原更加出彩提供有力保障。

一 河南省创新驱动发展取得的积极成效

近年来，河南深入实施创新驱动发展战略，积极学习贯彻习近平总书记视察河南重要讲话和指示批示精神，坚持新发展理念，落实高质量发展要求，着力推动创新驱动提速增效，科技创新工作量质齐升。2020 年 6 月，《中国区域科技创新评价报告 2019》显示，河南综合科技创新水平居全国第19 位，比上年度提升 2 位。

（一）从科技投入看

1. 研发投入力度明显加大，投入强度屡创新高

"十三五"期间，河南省研究与试验发展（以下简称 R&D）经费投入由 2015 年的 435.04 亿元逐年提升至 2019 年的 793.04 亿元，年均增长 89.5亿元，年均增速 16.2%，R&D 经费投入强度由 2015 年的 1.18% 逐年上升至2019 年的 1.46%，年均提升 0.07 个百分点。2019 年河南 R&D 经费投入年度增幅历史首次超百亿元，达 121.52 亿元，较 2018 年增量 89.47 亿元增加32.05 亿元（见图 1）。自 2009 年全国第二次 R&D 清查以来，河南省 R&D经费投入强度年度提升幅度均在 0.1 个百分点以下；2019 年在各部门共同努力下，全省 R&D 经费投入强度较 2018 年提升 0.12 个百分点，较"十三五"前三年（2016~2018 年）年均提升 0.05 个百分点的幅度扩大了 0.07个百分点。郑州、洛阳和新乡三地 R&D 经费总量达到 418.53 亿元，占全省

R&D 经费总投入的 52.8%，三地 R&D 经费投入强度超过 2.0%，是全省研发投入最集中和研发实力最强的区域，其中洛阳市 2.37% 的 R&D 经费投入强度超过全国平均水平 0.14 个百分点。

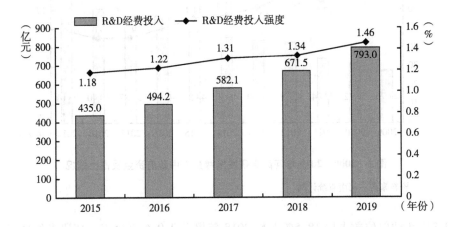

图1　2015～2019 年全省 R&D 经费投入和投入强度

资料来源：河南省统计局。

2. 政府资金支持力度不断加大

2019 年，全省 R&D 经费内部支出中政府资金投入 78.01 亿元，较 2018 年增长 29.2%，增速较 2018 年加快 14.7 个百分点，政府资金投入占全部 R&D 经费投入比重为 9.8%，较 2018 年提升 0.8 个百分点，结束了自 2012 年政府资金占比逐年下滑的趋势（见图2）。河南多年来着重加大财政科技经费投入力度，2019 年，全省财政科技支出比上年增长 60.45 亿元，同比增长 38.8%，财政科技支出占一般公共预算支出比重为 2.12%，较上年提高 0.43 个百分点。

3. 研发活动日趋活跃，企业主体作用稳固

从研发活动单位来看，2019 年，全省有研发活动单位数 5393 个，比 2018 年的 3956 个增加 1437 个，增长了 36.3%，有研发活动单位数占比达 19.4%，较 2018 年提升了 2.6 个百分点。其中企业有研发活动单位数 5003 个，较 2018 年增加了 1427 个，占全部 R&D 活动单位数的 92.8%，企业有

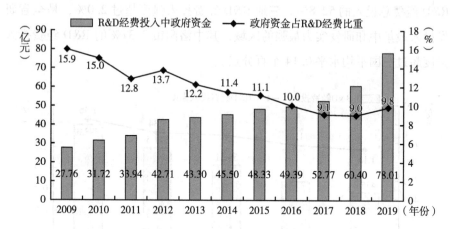

图2 2009~2019年河南省研发经费投入中政府资金及占比情况

资料来源：河南省统计局。

R&D活动单位数占比18.5%，较2018年提升2.9个百分点。从研发经费投入看，2019年企业研发经费投入692.78亿元，占全省全社会研发经费投入的87.4%，虽较2018年占比降低1.1个百分点，但仍是全省研发投入的主要拉动力量，对全省R&D经费增长贡献率达81.2%。"十三五"期间，全省R&D活动单位数年均增长17.3%，其中企业有R&D活动单位数年均增长19.5%，研发经费年均增长16.2%。

（二）从驱动发展看

1.科技体制改革扎实推进

为推进科技成果加快转化，更好地解决科技成果转化难题，2020年初河南省颁布实施了《河南省促进科技成果转化条例》；为全方位为科研机构和科研人员"松绑减负"，出台了《关于深化项目评审、人才评价、机构评估改革提升科研绩效的实施意见》《关于进一步加强科研诚信建设的实施意见》；为进一步完善科技奖励制度，构建更加符合河南实际的科技奖励体系，激励自主创新，激发人才活力，充分调动全社会支持科技创新的积极性，出台了《河南省深化科技奖励制度改革方案》，积极落实研发费用加计扣除和高新技术企业所得税减免等涉企优惠政策，减免税额超 110 亿元，享受研发后补助的企业是 2018 年的 2.6 倍。推进科技与金融结合试点工作，充分发挥科创类政府投资基金作用，深入推进"科技贷"业务，2019 年全年放款 258 家（次），共 12.11 亿元，同比增长 157%，支持企业实现销售收入 166.52 亿元。2019 年共有 16 项成果荣获国家科技奖励，其中国家技术发明奖 3 项、国家科技进步奖 13 项。

2. 创新引领型企业、人才、平台、机构不断壮大

2019 年，全省新增高新技术企业 1400 家以上，新增数量再创历史新高，总数突破 4750 家，提前一年完成高新技术企业倍增计划目标任务，继续保持 40% 以上的高速增长态势；全省国家科技型中小企业达到 8474 家，居全国第 5 位；全省 R&D 人员达 29.63 万人，较 2018 年增加 4.01 万人，增长了 15.7%，全省 R&D 人员折合全时当量 19.16 万人年，较 2018 年增加了 2.48 万人年，增长了 14.8%。新建院士工作站 29 家，吸引 30 位院士及核心团队成员 190 多人进站工作；引进和培养中原学者 5 人，中原科技创新、创业领军人才和中原产业创新领军人才 60 人。郑州大学、河南师范大学两所高校入选国家高等学校学科引智计划，两名外国专家获 2019 年度中国政府友谊奖，新建 9 家河南省杰出外籍科学家工作室和 9 家高等学校学科创新引智基地。国家超算郑州中心获批筹建，成为全国第七家批复建设的超算中心，省部共建食管癌防治、作物逆境适应与改良国家重点实验室获批建设，新增 24 家国家级孵化载体。河南省政府印发了《关于扶持新型研发机构发展的若干政策》，新引进中科院计算技术研究所大数据研究院等一批高端研发机构，新备案新型研发机构 15 家。

3. 高新区创新驱动引领明显

国家级高新技术开发区引领着一个地区创新发展，开发区的各项指标也反映了该地区创新活动的活跃程度。2019 年河南 7 个国家级高新技术开发区内有研发活动的规模以上工业企业 437 个，较 2018 年增加 100 个；有研发活动企业占比达 64.2%，较 2018 年提升 9.7 个百分点，远高于全省企业 18.5% 的平均水平；高新技术产业开发区研发人员 2.38 万人，占全省工业企业研发

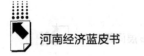

人员的 11.5%，占比较 2018 年提升了 0.5 个百分点；研发经费投入 67.10 亿元，占全省工业企业研发投入的 11.0%，占比较 2018 年提升了 1.8 个百分点；专利申请数 4639 件，占全省工业企业专利申请量的 15.3%，其中发明专利 1574 件，占全省工业企业有效发明专利总数的 18.0%。目前，郑洛新国家自主创新示范区已经汇聚创新龙头企业 50 家、高新技术企业 2884 家、国家科技型中小企业 5725 家，分别占全省的 50.0%、59.9%、67.6%；郑洛新三市高新技术产业增加值占规模以上工业增加值比重达 53.1%，高于全省 12.1 个百分点，技术合同交易额达 192.8 亿元，占全省的 82.4%。

4. 专利创造质量有新的提升

《2019 年度河南省专利统计报告》显示，2019 年，全省专利申请量144010 件、授权量86247 件，其中发明专利申请量30260 件、发明专利授权量6991 件。全省每万人发明专利拥有量3.88 件，同比增长10.9%，郑洛新自创区每万人发明专利拥有量10.61 件。为发挥好专利奖对全社会创新创造能力提升的激励作用，河南省知识产权局组织实施了第二届河南省专利奖评审工作，共评审出获奖专利49 项，其中，特等奖 1 项、一等奖 5 项、二等奖 18 项、三等奖 25 项。其中，特等奖和一等奖已累计实现销售额 27.58 亿元，利润约 4.25 亿元，出口额约 2.68 亿元，对全省经济和产业发展起到了较好的引领作用。另外，为引导全省专利质量提升，河南省知识产权局制定出台了《河南省高价值专利培训计划项目管理办法（试行）》，评审出河南省首批 6 个高价值专利培育中心，由河南省 6 家企业牵头联合省内高校、科研院所和专利服务机构具体实施，将围绕核心专利至少产生 6 个专利群组，探索实践"产、学、研、用"新模式，推动科技创新高质量发展。

二 河南省创新驱动目前面临的问题

当前，面对经济高质量发展的迫切需求，全国各地加大力度抓创新谋发展，不断增强创新引领优势。河南省坚持创新驱动发展战略，自主创新能力显著增强，取得了一定成绩，科技创新建设迈出坚实步伐，但与兄弟省份相比，河南科技创新的发展仍存在较大差距，与经济高质量发展的要求相比，创新发展能力有待提升。

（一）总量小、强度低，与发达地区差距明显

2019 年，我国 R&D 经费投入为 22143.6 亿元，同比增长 12.5%，连续 4 年实现两位数增长；R&D 经费投入强度为 2.23%，比上年提高 0.09 个百分点，再创历史新高。从国际看，2013 年以来我国 R&D 经费投入一直稳居世界第 2 位，与美国差距逐步缩小。R&D 经费投入强度稳步提升，已接近欧盟 15 国平均水平。从国内看，2019 年，全国 R&D 经费投入超过千亿元的省（市）有 6 个，分别为广东（3098.5 亿元）、江苏（2779.5 亿元）、北京（2233.6 亿元）、浙江（1669.8 亿元）、上海（1524.6 亿元）和山东（1494.7 亿元），这 6 个省（市）R&D 经费合计占全国的比重为 57.8%。2019 年，河南 R&D 经费投入为 793.04 亿元，仅占全国的 3.6%，占广东的 25.6%。从 R&D 经费投入强度看，2019 年，河南 R&D 经费投入强度为 1.46%，虽较上年增长了 0.12 个百分点，是"十三五"以来增幅最大的一年，但仍比全国平均水平低 0.77 个百分点，是全国平均水平的 65.5%，居全国第 18 位，在中部六省中居第 5 位，仅高于山西，与北京（6.31%）、上海（4.00%）、天津（3.28%）、广东（2.88%）、江苏（2.79%）、浙江（2.68%）等省（市）相比差距更大。

（二）基础研究能力薄弱，原始创新能力有待加强

基础研究是科技创新的源头，代表着原始创新的能力和水平。我国基础研究虽然取得显著进步，但同国际先进水平的差距还是明显的，目前我国面临的很多"卡脖子"技术问题，根子是基础理论研究跟不上，源头和底层的东西没有搞清楚。加强基础研究是提高我国原始创新能力、积累智力资本的重要途径，是跻身世界科技强国的必要条件，是建设创新型国家的根本动力和源泉。2019 年，我国基础研究经费占全部 R&D 经费比重首次突破 6%，但与创新型国家的基础研究经费占 R&D 总经费 20% 左右的占

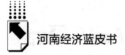

比相比还远远落后，而河南 R&D 经费中基础研究经费占比仅为 2.4%，虽较 2018 年提升了 0.5 个百分点，但在中部六省中处于末位，这反映出河南对于核心技术的研发重视不足，关键技术拥有量太小。基础研究能力薄弱、核心技术掌握较少，势必会影响河南经济的竞争力，制约经济持续健康发展。

（三）企业财力投入水平较低，后劲不足

企业是研发活动开展的主体，但由于受到传统经济发展模式思维、创新机制不完善、创新资金不足、知识产权保护不力等因素的影响，很多企业的创新意愿和创新能力并没有呈现与企业和社会经济发展对创新的真实需求相匹配的状态。目前，河南没有"独角兽"企业，高新技术企业总量刚刚突破全国总量的 2%，仅为湖北的 60%、湖南的 70%，营业收入超百亿元的企业仅有 12 家。河南企业 R&D 经费支出占主营业务收入比重仅为 1.2%，下降至全国第 24 位，企业技术获取和技术改造经费支出占企业主营业务收入比重仅为 0.2%，已下降至全国第 30 位，这反映出河南企业在创新研发领域重视程度不够、投入意愿不高，企业创新能力后劲不足。

（四）科研机构创新研发活动不活跃，高等院校科研水平薄弱

2019 年，河南政府属研究机构 R&D 经费投入占全部 R&D 经费投入比重的 6.6%，低于全国平均水平 7.2 个百分点；全省高等院校及其附属医院 R&D 经费投入占比 5.2%，低于全国平均水平 2.9 个百分点。从全省统计的 109 个民口政府属研究机构看，其中有研发活动机构仅 61 个，有研发活动单位占比 56.0%，比 2018 年占比低了 2.6 个百分点，R&D 经费投入虽较 2018 年增长 31.8%，但对全省 R&D 经费投入增速提升拉动仅 0.5 个百分点。2019 年河南高考生超过 100 万人，但是本科录取率仅有 12.54%，在全国仅排第 25 位，全省也仅有两所"双一流"大学，从河南高等院校研发投入分布情况看，有研发能力的高校大多集中在省会城市，郑州市高校 R&D 经费投入超过 20 亿元，占全省高校 R&D 经费总投入的近一半，部分地区高

等院校研发能力极其有限,鹤壁、濮阳、漯河、三门峡、济源 5 个省辖市(示范区)高校研发投入不足 1000 万元。

(五)高层次人才缺乏制约创新

人才是第一资源。国家科技创新力的根本源泉在于人。科技创新的根本是人的创新,坚持创新驱动的实质是人才驱动。目前,河南高层次创新领军人才极其匮乏,河南"两院院士"、国家杰出青年科学基金获得者数量仅占全国的 1.4%、0.03%,高层次创新平台少,对人才承载、吸纳能力弱,国家重点实验室、国家工程技术研究中心占全国总数的比重均不超过 3%,仅相当于湖北的一半左右。2019 年,在河南全社会 R&D 人员中,研究人员占比仅为 15.7%,硕士以上 R&D 人员占全部研发人员的比重仅为 16.5%,从 R&D 人员折合全时当量来看,研究人员占比仅为 39.7%,R&D 人员中高层次人才匮乏、研究人员占比偏低,制约了企业在行业高端领域创新活动的有效开展。

(六)创新制度保障不足

好的制度有利于推动创新,不好的制度会抑制创新的发展。目前,产学研合作机制主要还是依靠政府作用的发挥来推行,没有随着科技创新和社会经济发展的要求及时完善,科研机构、高等院校和企业之间缺乏积极、有效的制度保障。科技创新融资机制阻碍了创新驱动战略的实施。科技创新具有资金需求量大、风险高、周期长等特征,需要充足的资金作为保障。但是金融机构出于投资风险、自身收益等因素的考虑,并没有对企业的创新投资予以大力支持,对融资对象设定过于苛刻的条件,诸多企业特别是中小型企业面临着创新需求强烈而创新融资难、融资成本高的多重困境,诸多中小型企业难以跨越"创新成长陷阱",创新能力和科技成果转化能力难以提高。另外,目前知识产权实体法保护范围窄、知识产权相关程序法规定缺乏、知识产权管理体制分散等问题依然存在,受机构改革影响,基

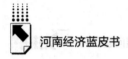

层知识产权行政执法人才流失过多，执法力量削弱明显，知识产权保护工作队伍亟待加强。

三 推动河南创新驱动发展的对策建议

习近平总书记强调，加快科技创新是推动高质量发展的需要，是实现人民高品质生活的需要，是构建新发展格局的需要，是顺利开启全面建设社会主义现代化国家新征程的需要。河南要紧紧抓住促进中部地区崛起、黄河流域生态保护和高质量发展重大国家战略机遇，深入学习习近平总书记视察河南重要讲话精神，打好创新驱动发展牌，持续优化创新环境，不断加大政府资金支持力度，推动产学研密切合作，促进创新成果加速转化，全面提升科技创新能力，更好地将科技创新和产业优化统筹起来，为全省经济高质量发展提供坚实的科技支撑，为建设中西部地区创新高地提供强大科技力量。

（一）深化改革，建立健全创新体制机制

加快推进产学研深度融合，着力构建以企业为主体、市场为导向、产学研相结合的技术创新体系，政府要搭建平台、创造环境、提供相关政策支持、保护知识产权，让机构、人才、装置、资金、项目都充分活跃起来，形成推进科技创新发展的强大合力。要着力推动战略性新兴产业发展，注重用新技术新业态改造提升传统产业，促进新动能发展壮大、传统动能焕发生机。坚持以目标成果、绩效考核为导向进行资源分配，统筹科技资源，建立公开统一的科技管理平台，带动科技其他方面的改革向纵深推进，为实施创新驱动发展战略建立体制保障。

（二）加强创新人才培养，加大人才引智力度

创新驱动的实质是人才驱动。人才是创新的根基，是创新的核心要素。国家科技创新力的根本源泉在于人。习近平总书记强调，要全面提高教育质量，注重培养学生创新意识和创新能力，要尊重人才成长规律和科研活动自

身规律，高度重视青年科技人才成长，使他们成为科技创新主力军。河南要利用好有限的高等院校和研究机构资源，加快培养一批高水平的战略科技人才、科技领军人才和创新团队，形成一支规模宏大、富有创新精神、敢于承担风险的创新型人才队伍。积极推动河南省自然科学基金拓面提质，以"人才＋项目"的形式，在资助体系中设立杰青、优青、青年等支持青年科技人才的项目类别，着力打造青年人才培养品牌。统筹加强各类高层次人才队伍建设，进一步破除阻碍人才发展的体制机制障碍；要继续深化教育改革，推进素质教育，创新教育方法，提高人才培养质量，努力形成有利于创新人才成长的育人环境。利用好重点产业、重点领域和优势学科，强化国家重点实验室、重大新型研发机构等高端创新平台和创新龙头企业的聚才用才主体作用。抓好重点引智项目实施，加大高端人才培养和国外人才引智力度，发挥好省院士工作站柔性引进高端人才的示范引领作用。

（三）高质量培育企业创新主体，多措并举支持企业创新发展

打好政策"组合拳"。用足用好高新技术企业所得税减免、研发费用加计扣除等税收政策，积极协调有关部门加强政策落实，确保符合条件的企业应享尽享。强化科技金融支持，深入推进"科技贷"业务，充分发挥中原科创基金、自创区成果转化引导基金、自创区双创基金等科创类政府投资基金作用。完善"微成长、小升高、高变强"梯次培育机制，加快形成以创新"双百"企业为引领、以高新技术企业为支撑、以科技型中小企业为基础的创新型企业集群培育发展体系。建立创新龙头企业、"瞪羚"企业、"雏鹰"企业发展监测系统，完善企业年度评估体系，实行"有进有出"的动态调整机制，确保企业整体发展质量。持续实施高新技术企业倍增计划。设置入库企业培育发展台账，明确企业成长路线图和时间表，认真梳理企业的短板弱项，有针对性地开展培育，保持河南省高新技术企业快速增长的后劲。

（四）加大新型研发机构建设力度

加快重大创新平台培育建设，引导其积极参与产业核心技术攻关，不断

提升创新能力和科技成果转化效能。新型研发机构背靠大院大所、面向经济主战场，具有体制新、机制活、潜力大、成果转化快的特点，可以有效弥补河南省创新资源不足的短板。认真落实《关于扶持新型研发机构发展的若干政策》，从税收优惠、资金扶持、人才激励等方面加大支持力度。创新组建运营模式，探索依托实力较强的科研机构，建设一批投资主体多元化、组建方式多样化、运营机制市场化、管理制度现代化的产业技术研究院。围绕主导产业创新需求，积极对接中科院系统、"双一流"高校、央企所属研究机构等，设立专业性新型研发机构，集聚优质创新资源，强化产业技术供给，促进科技成果转移转化。

B.19
中原城市群发展现状及问题研究

陈小龙　张俊芝　李　嵩　靳伟莉*

摘　要：　本文依据2019年中原城市群30个城市主要经济发展数据，在
　　　　　对中原城市群坚持新发展理念，持续推进经济社会健康发展
　　　　　现状进行量化分析和描述的基础上，指出了中原城市群发展
　　　　　中存在的一些问题，提出要打破行政壁垒、实现基础设施互
　　　　　联互通、发挥核心城市作用、增强补弱等政策建议。

关键词：　中原城市群　互联互通　新发展理念

2019 年，中原城市群以深入贯彻实施国家区域发展总体战略为抓手，
以实现《中原城市群发展规划》近远期目标为愿景，综合实力显著增强，
经济结构持续优化，城镇化水平不断提高，科创能力迅速攀升，对外开放步
伐持续加快，社会各项事业协同发展。

一　中原城市群发展现状

（一）综合实力显著增强

2019 年，中原城市群以推进产业链现代化、提高经济质量效益和核心

---

* 陈小龙，国家统计局城市司城市资料处处长，二级巡视员；张俊芝，河南省地方经济社会调
查队区域处处长；李嵩，国家统计局城市司城市资料处；靳伟莉，河南省地方经济社会调查
队区域处。

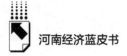

竞争力为中心，持续推进经济健康发展，综合实力稳步提升。2019 年中原城市群地区生产总值 79225 亿元，比 2018 年增加 6217.97 亿元，按可比价计算增长 7.0%，比全国增速（6.1%）高 0.9 个百分点，占全国的比重为 8.0%，与上年相比小幅提升；人均地区生产总值达 48307 元，比 2018 年增加 3422 元，增长 7.6%，比全国增速（7.4%）高 0.2 个百分点；地方一般公共预算收入 5771.41 亿元，比 2018 年增加 430.55 亿元，增长 8.1%，占全国总量的 5.7%，高于上年全国占比 0.2 个百分点；社会消费品零售总额 36312.37 亿元，比 2018 年增加 4575.02 亿元，增长 14.4%，占全国总量的 8.8%，高于上年全国占比 0.5 个百分点。

（二）产业结构持续优化

产业结构优化是我国经济改革的必然要求，是促进中原城市群经济发展的有力手段。2019 年中原城市群第一产业增加值 7439.08 亿元，比 2018 年增加 593.11 亿元；第二产业增加值 33912.20 亿元，比 2018 年增加 1971.20 亿元；第三产业增加值 37875.05 亿元，比 2018 年增加 3655.00 亿元。2019 年和 2018 年三次产业结构比分别为 9.4∶42.8∶47.8 和 9.4∶43.7∶46.9，与 2018 年相比，2019 年第一产业占比持平，第二产业占比下降 0.9 个百分点，第三产业占比上升 0.9 个百分点，这表明中原城市群经济结构得到进一步优化。

（三）人口规模持续增大，城镇化水平不断提高

2019 年，中原城市群持续贯彻落实党中央、国务院关于推进新型城镇化建设的一系列重大决策部署，城镇化水平显著提高。2019 年中原城市群常住人口达 16433.21 万人，比 2018 年增加 59.74 万人，增长 0.4%，占全国总量的 11.74%，高于上年全国占比 0.01 个百分点；2019 年城镇化水平达 52.84%，比 2018 年提高 1.33 个百分点，比同期全国城镇化水平增长幅度高 0.31 个百分点。

186

（四）科技投入快速增长，创新能力显著增强

科技创新能力直接关系区域内经济发展的动力和方向。2019 年，中原城市群科学技术支出达 236.94 亿元，比 2018 年增加 60.37 亿元，增长34.2%，比全国增速（14.4%）高 19.8 个百分点，占全国总量的 2.5%，高于上年全国占比 0.4 个百分点；全年专利授权数达 12.26 万件，比 2018年增加 0.82 万件，增长 7.2%，比全国增速（5.9%）高 1.3 个百分点，占全国总量的4.7%，高于上年全国占比 0.05 个百分点；技术合同成交额达584.86 亿元，比上年增加 146.36 亿元，增长 33.4%，比全国增速（26.6%）高 6.8 个百分点，占全国总量的 2.6%，高于上年全国占比 0.1个百分点。

（五）对外开放步伐持续加快，增长幅度高于全国同期

2019 年，中原城市群实施了更加积极主动的开放战略，对外开放步伐持续加快，为城市群打造内陆开放高地提供了重要的经济支撑。2019 年中原城市群货物出口额为 4553.82 亿元，比 2018 年增长 5.6%，比全国增速（4.8%）高 0.8 个百分点，占全国的比重为 2.64%，比上年全国占比高0.02 个百分点；货物进口额为 2984.47 亿元，比 2018 年增长 9.8%，比全国增速（1.4%）高 8.4 个百分点，占全国的比重为 2.1%，比上年全国占比提高 0.2 个百分点；当年实际使用外资额为 257.34 亿美元，比 2018 年增长 4.9%，比全国增速（2.3%）高 2.6 个百分点，占全国的比重为 18.6%，比上年全国占比提高 0.4 个百分点。

（六）基础交通实现新突破

交通和信息等基础设施具有"乘数效应"，能带来数倍于投资额的社会总需求和国民收入。2019 年，中原城市群按照统筹规划、合理布局、适度超前、安全可靠的原则，加快推进交通基础设施建设，进一步提高了保障水平，中原城市群全年轨道运营线路总长度为 151.69 千米，客运总量达

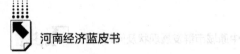

41126 万人次；境内等级公路里程达 45.30 万千米，占全国公路总里程的 9.0%；2019 年末实有公共汽（电）车营运车辆达 3.80 万辆，比上年增加 0.26 万辆，增长 7.3%。

（七）信息化发展再上新台阶

随着科学技术的进步，信息化越来越融入生活的方方面面，对满足人民基本需求、提升人民生活品质具有重要意义。截至 2019 年底，中原城市群互联网宽带接入用户数达 4452.52 万户，比 2018 年增加 549.84 万户，增长 14.1%，占全国的比重为 9.9%，比上年全国占比提高 0.3 个百分点；快递业务收入达 269.07 亿元，比 2018 年增加 68.51 亿元，增长 34.2%，占全国的比重为 3.6%，比上年全国占比提高 0.3 个百分点；全年实现电信业务收入 2764.57 亿元，比 2018 年增加 1471.16 亿元，增长 1.14 倍；实现邮政业务收入 534.05 亿元，比 2018 年增加 197.28 亿元，增长 58.6%。

（八）社会各项事业协同发展

党的十九大报告指出，要坚持在发展中保障和改善民生，在幼有所育、学有所教、劳有所得、病有所医、老有所养、住有所居、弱有所扶上不断取得新进展，保证全体人民在共建共享发展中有更多获得感。中原城市群以此为发展的根本目标，一直在增进人民福祉的道路上不断努力。

教育方面，中原城市群 2019 年普通高等学校比 2018 年增加 3 所，达 188 所；教育支出达 2553.41 亿元，比 2018 年增加 223.93 亿元，增长 9.6%，比同期全国增速（8.5%）高 1.1 个百分点，占全国的比重为 7.3%。

就业方面，中原城市群 2019 年社会保障和就业支出为 1817.87 亿元，比 2018 年增加 210.45 亿元，增长 13.1%，比同期全国增速（9.5%）高 3.6 个百分点，占全国的比重为 6.1%。

医疗方面，中原城市群 2019 年医疗卫生和计划生育支出为 1540.87 亿元，比 2018 年增加 85.35 亿元，增长 5.9%，比同期全国增速（7.5%）低

1.6 个百分点，占全国的比重为 9.2%；医疗卫生机构床位数为 102.18 万张，比上年增加 6.22 万张，增长 6.5%，比同期全国增速（4.8%）高 1.7 个百分点，占全国的比重为 11.6%；卫生技术人员为 107.43 万人，比上年增加 7.37 万人，增长 7.4%，比同期全国增速（6.6%）高 0.8 个百分点，占全国的比重为 10.6%。

养老方面，中原城市群 2019 年城乡居民基本养老保险参保人数达到 8668.64 万人，比 2018 年增加 23.64 万人，增长 0.3%。

二　中原城市群核心发展区与辐射区对比分析

2019 年，中原城市群核心发展区 14 个城市和辐射区 16 个城市①经济社会各方面均有不同程度发展，核心发展区在经济财力总量和增速上均高于辐射区；在人口和城镇化率增速上均高于辐射区；在交通运输及信息化发展、收入和人均 GDP、对外开放总量上均高于辐射区，增速均低于辐射区。

（一）核心发展区经济财力总量和增速均高于辐射区

2019 年，中原城市群核心发展区地区生产总值、地方一般公共预算收入和社会消费品零售总额分别达 42576 亿元、3245.53 亿元和 18353.07 亿元（见表 1），分别占中原城市群总量的 53.7%、56.2% 和 50.5%；辐射区地区生产总值、地方一般公共预算收入和社会消费品零售总额分别达 36649 亿元、2525.88 亿元和 17959.30 亿元，分别占中原城市群总量的 46.3%、43.8% 和 49.5%。2019 年与 2018 年相比，从占比看，核心发展区地区生产总值下降 0.1 个百分点，辐射区提高 0.1 个百分点；核心发展区地方一般公

---

① 中原城市群核心发展区 14 个城市分别是山西省晋城市，安徽省亳州市，河南省郑州市、开封市、洛阳市、平顶山市、鹤壁市、新乡市、焦作市、许昌市、漯河市、商丘市、周口市、济源示范区；辐射区 16 个城市分别是河北省邯郸市、邢台市，山西省长治市、运城市，安徽省蚌埠市、淮北市、阜阳市、宿州市，山东省聊城市、菏泽市，河南省安阳市、濮阳市、三门峡市、南阳市、信阳市、驻马店市。

共预算收入和社会消费品零售总额分别提高0.1个和1.8个百分点。从增速看，核心发展区和辐射区地区生产总值分别比2018年增加3312.15亿元和2905.82亿元，按可比价计算分别增长7.1%和6.8%；一般公共预算收入分别比2018年增加248.16亿元和182.39亿元，分别增长8.3%和7.8%；社会消费品零售总额分别比2018年增加2890.50亿元和1684.52亿元，分别增长18.7%和10.4%。

表1　2018~2019年中原城市群核心发展区与辐射区经济指标

单位：亿元，%

项目	地区生产总值		地方一般公共预算收入		社会消费品零售总额	
	2019年	2018年	2019年	2018年	2019年	2018年
中原城市群	79225.00	73007.03	5771.41	5340.86	36312.37	31737.35
核心发展区	42576.00	39263.85	3245.53	2997.37	18353.07	15462.57
辐射区	36649.00	33743.18	2525.88	2343.49	17959.30	16274.78
核心发展区占比	53.7	53.8	56.2	56.1	50.5	48.7
辐射区占比	46.3	46.2	43.8	43.9	49.5	51.3

资料来源：中原城市群城市提供数据、国家统计局城市司城市资料处提供的《城市基本情况统计报表制度》中的数据、国家统计局网站数据。本文所有数据均来源于此。

（二）核心发展区人口与城镇化率增速均高于辐射区

城镇化是现代化的必由之路，是城市群发展的有力支撑。落实新发展理念、推动高质量发展，就必须推进以人为核心的新型城镇化。2019年中原城市群大力推进新型城镇化，核心发展区年末总人口为7959.23万人，比上年增加41.14万人，增长0.5%，辐射区为11140.61万人，比上年增加31.47万人，增长0.3%；从城镇化率看，2019年核心发展区城镇化率为55.4%，比上年提高1.5个百分点，辐射区为51.0%，比上年提高1.2个百分点，核心发展区的城镇化率比辐射区高4.4个百分点，增长幅度比辐射区高0.3个百分点，说明中原城市群核心发展区城镇化的集聚水平高于辐射区的集聚水平（见表2）。

表2 2018～2019年中原城市群核心发展区与辐射区人口与城镇化率

单位：万人，%

项目	年末总人口		城镇化率	
	2019年	2018年	2019年	2018年
中原城市群	19099.84	19027.23	52.8	51.5
核心发展区	7959.23	7918.09	55.4	53.9
辐射区	11140.61	11109.14	51.0	49.8
核心发展区占比	41.7	41.6	—	—
辐射区占比	58.3	58.4	—	—

（三）核心发展区交通运输及信息化发展总量高于辐射区，增量增速均低于辐射区

中原城市群一直致力于加快交通和信息化建设，截至2019年底，中原城市群核心发展区年末实有公共汽（电）车营运车辆均值为1523辆，比上年增加59辆，增长4.0%，辐射区有1137辆，比上年增加113辆，增长11.0%；核心发展区每万人互联网宽带接入用户数为2938户，比上年增加321户，增长8.5%；辐射区为2541户，比上年增加393户，增长18.3%。总体看，核心发展区交通及信息化水平高于辐射区，但增量增速均低于辐射区，说明辐射区发展速度快于核心发展区。

（四）核心发展区收入和人均GDP均高于辐射区，增速均低于辐射区

截至2019年底，中原城市群核心发展区居民人均可支配收入达25972元，辐射区达23743元，分别比上年增加2089元和3402元，分别增长8.7%和16.7%；核心发展区人均GDP达61224元，辐射区达38835元，分别比上年增加4143元和2887元，分别增长7.3%和8.0%。可见，核心发展区居民人均可支配收入和人均GDP均高于辐射区，但增长幅度低于辐射区，且居民人均可支配收入的增长速度低于辐射区8个百分点。

（五）核心发展区对外开放指标总量均高于辐射区，增速均低于辐射区

2019 年中原城市群坚持实施更大范围、更宽领域、更深层次的对外开放，对外开放取得一定成绩，但从核心发展区和辐射区来看，又有一定差异。2019 年中原城市群核心发展区货物进口额实现 1765.47 亿元，辐射区实现 1219.00 亿元，分别较上年下降 1.9% 和增长 32.6%，占中原城市群的比重分别为 59.2% 和 40.8%，核心发展区占比较上年降低 7.0 个百分点，辐射区占比较上年提高 7.0 个百分点；核心发展区货物出口额实现 3504.80 亿元，辐射区实现 1049.02 亿元，分别增长 4.9% 和 8.1%，分别占中原城市群的 77.0% 和 23.0%，核心发展区占比较上年下降 0.5 个百分点，辐射区占比较上年提高 0.5 个百分点；核心发展区当年实际使用外资金额达 159.52 亿美元，辐射区达 97.82 亿美元，分别增长 4.5% 和 5.7%，分别占中原城市群的 62.0% 和 38.0%，核心发展区占比较上年下降 0.3 个百分点，辐射区占比较上年提高 0.3 个百分点；这说明核心发展区虽然在总量上远大于辐射区，但在发展速度上低于辐射区，辐射区与核心区的差距正在逐步缩小。

三　中原城市群发展中存在的问题

（一）行政壁垒依然较为突出，健全有效的协调机制仍未形成

《中原城市群发展规划》要求，河南、河北、山西、安徽、山东省人民政府是中原城市群建设的责任主体，要合力推进中原城市群健康发展。但由于中原城市群是以河南为主体，其他四省涉及城市相对较少，因此各省的关注度差异较大，行政壁垒较为突出，协调难度大。一方面，无论是国家层面，还是河南、河北、山西、安徽、山东五省，又或是中原城市群 30 个城市之间的协调机构至今均没有建立起来；另一方面，涉及中原城市群各利益主体的利益协调机制、利益分享机制、激励约束机制等尚不健全，如何打破

"一亩三分地"的思维定式，破除行政区划的壁垒障碍，建立合理有效的协调机构和机制，是当前中原城市群发展迫切需要解决的问题。

（二）互联互通的基础设施建设缺乏统一规划

《中原城市群发展规划》指出，要协同推进交通、信息、能源、水利等基础设施建设，提升互联互通和现代化水平，推动形成布局合理、功能完善、衔接高效的基础设施网络。这样才能实现中原城市群内效率的最大化，才能为人民的生活生产带来最为便利的条件。而在目前的行政区划下，一方面，中原城市群没有对所有的城市进行统一的规划，缺少主体规划单位，更不用说去实施了；另一方面，既然没有统一规划，各个城市依旧沿用旧有的规划进行基础设施建设，要实现互联互通的基础设施建设在当前就只能是空谈。

（三）核心城市辐射带动能力还需进一步提升

郑州作为中原城市群的核心城市，尽管近年来发展速度得到较大提升，但与长三角、珠三角、京津冀、山东半岛以及成渝城市群等发展相对成熟的城市群核心城市相比，还存在一定差距。2019 年，郑州实现地区生产总值11590 亿元，而同期的北京、上海、天津、广州、武汉、重庆和成都分别达35371 亿元、38156 亿元、14104 亿元、23629 亿元、16223 亿元、23606 亿元和17013 亿元，郑州仅为北京的32.8%、上海的30.4%、天津的82.2%、广州的49.0%、武汉的71.4%、重庆的49.1%和成都的68.1%。因此，如何进一步做大做强中原城市群的核心城市，进一步提升核心城市郑州的辐射力和带动力，值得认真研究。

（四）中原城市群发展过程中还存在一些薄弱环节

2019 年，中原城市群坚定不移地贯彻"创新、协调、绿色、开放、共享"的新发展理念，综合实力进一步提升，但还存在一些薄弱环节。一是城镇化水平不高，2019 年中原城市群城镇率为52.8%，低于全国城镇化水平（60.6%）7.8 个百分点。二是产业结构与全国相比还有一定差距，2019 年中

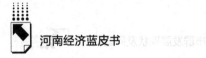

原城市群三次产业比为 9.4 : 42.8 : 47.8，全国三次产业比为 7.1 : 39.0 : 53.9，第一、第二产业均比全国高，第三产业比全国低，还未达到全国平均水平。三是对外开放水平不高，2019 年中原城市群货物进口额占全国的比重为 2.1%，货物出口额占全国的比重为 2.6%，与 GDP 占全国比重（8.0%）和常住人口占全国比重（11.74%）相比差距较大。

四 促进中原城市群高质量发展的意见建议

（一）打破行政壁垒，加强组织领导，为中原城市群高质量发展提供组织和政策保障

想更好发挥中原城市群城市间的协调作用，需要打破行政壁垒，加强组织领导。一是发挥上级政府的指导协调作用。要对城市间的合作行为出台有关指导原则和实施办法，明确各级政府在促进中原城市群合作中的功能和作用。二是成立中原城市群领导小组。领导小组由各省主要领导轮流担任组长，省直相关部门和各城市市委市政府负责同志为成员，领导小组下设办公室，具体负责落实领导小组确定的重大事项，研究制定中原城市群发展规划和重大项目布局，制定出台相关配套政策措施。三是建立联席会议制度。中原城市群要设立专门机构，各市要抽调专门人员，具体负责推进中原城市群发展过程中的各项工作。

（二）依照规划，落实到位，尽早实现中原城市群基础设施互联互通

《中原城市群发展规划》对中原城市群基础设施互联互通做了详尽规划与安排，但需要得到落实。当前郑州航空港经济综合实验区建设、中欧班列等对外运输通道均取得较大发展，但相邻城市间的城际铁路、高速公路、普通干线公路需要得到更多关注与发展，要进一步推动中心城市间、中心城市与周边中小城市、小城镇间的复合型快速通道建设，真正实现中原城市群一体化发展。

（三）加强核心城市自身发展，延伸辐射距离，促进中原城市群高质量发展

与发展相对成熟的城市群核心城市相比，郑州在经济总量、开放创新及人民生活方面都存在较大差距。首先，要加强核心城市自身发展，以优化城市形态、提升现代服务功能为重点，实现经济发展新突破，提升自身发展水平，从而带动周边地区发展。其次，要延伸辐射距离，形成多层次的辐射节点。可利用核心城市郑州和副中心城市洛阳的辐射作用，带动周边开封、新乡、焦作、许昌形成新的辐射点，再通过开封、新乡、焦作、许昌向周边辐射，以促进中原城市群高质量发展。

（四）增强补弱，促进中原城市群高质量发展

2019年，中原城市群以占全国13.6%的总人口实现了占全国8.0%的地区生产总值，总量占比较高，但城镇化率低于全国平均水平，产业结构达不到全国水平，开放水平不高，这些现状要求中原城市群一要实施大中小城市、小城镇和乡村协调共进的均衡城镇化战略，进一步提高城镇化水平。二要培育新兴产业，并加大新动能新业态发展力度，持续优化产业结构。三要实施更加积极主动的开放战略，大力发展内陆开放型经济，打造具有全球影响力的内陆开放合作示范区。

参考文献

杨兰桥：《中原城市群一体化发展研究》，社会科学文献出版社，2018。

陈小龙、张俊芝、李嵩、靳伟莉：《中原城市群发展现状分析及对策研究》，社会科学文献出版社，2020。

冯明军：《中原城市群发展中存在的问题及对策研究》，硕士学位论文，东北大学，2011。

李昕：《区域性核心城市辐射带动能力研究》，硕士学位论文，山东科技大学，2010。

B.20
提升核心竞争力 推动郑州航空港实验区高质量发展

曹青梅 常伟杰 王玺 杨博 吴沛*

摘 要： 郑州航空港经济综合实验区承担着为内陆地区扩大开放探索路子、引领带动全省乃至内陆地区融入国际分工合作的重大使命。本文在对实验区的核心竞争力进行梳理的基础上，分析了实验区发展存在的问题和不足，提出以提升实验区核心竞争力为突破口，走好"枢纽+开放"的路子，释放更多新动能，助力实验区高质量发展的对策建议。

关键词： 郑州航空港实验区 核心竞争力 "枢纽+开放"

近年来，郑州航空港经济综合实验区（以下简称"实验区"）在河南省委省政府、郑州市委市政府的坚强领导下，紧紧抓住航空经济发展先机，以航空经济为引领，以航空枢纽建设为依托，以产业园区、综合保税区为载体，大力招商引资，狠抓项目建设，经济社会发展取得了令人瞩目的成果。核心竞争力日益显现，已成为推动实验区持续高质量发展的重要引擎。

---

* 曹青梅，郑州航空港经济综合实验区经济社会调查队队长，高级统计师；常伟杰，郑州航空港经济综合实验区经济社会调查队副队长，高级统计师；王玺，郑州航空港经济综合实验区经济社会调查队；杨博，郑州航空港经济综合实验区经济社会调查队；吴沛，郑州航空港经济综合实验区经济社会调查队。

一　实验区经济社会快速发展

近年来，实验区紧紧围绕高质量发展目标，坚持产业引领，集聚创新要素，全面增强核心竞争力，努力把实验区打造成国际创新要素的云集之地、高端产业发展的集聚之地。

（一）实验区经济发展硕果累累

2013 年以来，实验区 GDP 不断迈上新台阶，从 2013 年的 325.60 亿元增长到 2019 年的 980.80 亿元，2020 年经济总量有望突破 1000 亿元，年均增速达 14.9%，比郑州市、河南省年均增速高 6.0 个百分点以上（见图 1）。规模以上工业增加值拉动实验区经济快速发展，实验区规模以上工业增加值年均增速达到 22% 左右，比郑州市、河南省年均增速高 13 个百分点以上，规模以上工业增加值对 GDP 增长的贡献率超过 70%。其中，以手机制造为主的电子信息产业是主力军，电子信息产业产值由 2013 年的 1457.59 亿元发展到 2019 年的 3084.20 亿元，年均增长 12.8%。大量投资为实验区经济社会快速发展提供了保障，全区固定资产投资年均增长超过 40%，比郑州市、全省年均增速高 25 个百分点以上。财政收入实现跨越式增长，预计 2020 年完成一般公共预算收入、税收收入分别超过 60 亿元和 50 亿元，比 2013 年翻两番，年均增速超过 20%。

（二）实验区核心竞争力逐渐彰显

经过多年的发展积累，实验区核心竞争力逐步彰显：“享天时”，实验区享有国家战略和政策红利的叠加效应，保持了快速发展的良好势头，已成为全省经济增长的制高点；“占地利”，交通枢纽功能逐步完善，区位优势凸显；“引开放”，对外开放门户作用愈发明显；“强辐射”，机场建设快速推进，核心区辐射带动作用增强。

图1 2013～2019年郑州航空港实验区GDP及增速

资料来源：河南省统计局。

1. 国家战略加持，实验区成为全省经济增长的制高点

实验区的快速发展得益于国家战略的引领及各级政策的支持。《郑州航空港实验区发展规划》是实验区发展的纲领性文件，粮食生产核心区、中原经济区、中原城市群、中国（郑州）跨境电子商务综合试验区、中国（河南）自由贸易试验区、郑洛新国家自主创新示范区、国家大数据综合试验区等都对实验区发展提出了明确要求，这些共同构成了引领带动实验区经济社会发展的战略组合，为实验区发展提供了强有力的支撑。党中央、国务院先后下放了航空管理、海关监管、金融政策、财税政策、服务外包五个方面的先行先试权，"建设郑州航空港经济综合实验区"纳入国家"十三五"规划。省级层面上，2017年河南省委省政府出台了《关于加快推进郑州航空港经济综合实验区建设的若干意见》，2020年11月28日审议通过了《郑州航空港经济综合实验区条例》。实验区充分利用国家重大战略和各种政策红利，抢抓机遇，开拓创新，拼搏进取，把政策优势转化为竞争优势，吸引了一批重大项目落户实验区，经济实力全面提升，成为全省经济增长的制高点。

2. 交通枢纽功能逐步完善，区位优势凸显

实验区地处中原，具有得天独厚的区位、交通优势，交通网络四通八达，铁路、公路、航空构成了通达便捷的立体交通体系。近年来，实验区枢

纽功能进一步提升，内陆开放门户地位进一步凸显，多式联运体系加快构建，空地一体、内捷外畅的现代综合运输体系日趋完善。地铁、城铁、长途大巴、公交、出租等交通方式已全部引入机场，进出实验区的"三纵两横"高速路网与"三横两纵"快速路网基本建成，郑州国际机场成为继上海虹桥机场之后全国第二个集航空运输、城际铁路、高速铁路、高速公路等多种交通方式于一体的现代综合交通枢纽。高铁南站建成后将与郑州国际机场联袂构成空铁双核驱动的优越格局，进一步强化河南全国综合交通枢纽中心地位，成为推动中原更加出彩的新引擎。

3. 对外开放引领全省，开放门户作用愈发明显

实验区作为首个国务院批复的航空经济区，是全省对外开放的"领头羊"。围绕"空中丝绸之路"建设，加快"枢纽 + 口岸 + 保税 + 产业基地"融合集聚，实验区走出了一条独具特色的临空经济发展之路。2019 年实验区外贸进出口总额达 3663.51 亿元，占河南省、郑州市比重分别为 64.1%、88.7%，外贸出口连续 6 年占全省半壁江山，在全省乃至全国发展大局中扮演的角色越来越重要。2020 年以来，实验区克服疫情带来的不利影响，推出多项有力举措推动跨境电商产业发展。2020 年 10 月 18 日，实验区完成跨境电商进出口业务突破 1 亿单，达 10006.39 万单；2020 年"双十一"跨境电商业务 1151.05 万单，货值 13 亿元，比上年同期分别增长 44.1% 和42.9%。其中进口 775.29 万单，货值 12.21 亿元，居全国第 2 位。实验区跨境电商产业在连续 5 年翻番式增长的成绩上，再创纪录。

4. 机场建设快速推进，核心区辐射带动作用增强

郑州机场作为实验区的核心组成部分，也是"空中丝绸之路"的重要节点，近年来机场规模逐年扩大，向东深度融入"21 世纪海上丝绸之路"，向西紧密连接"丝绸之路经济带"，核心区辐射带动作用不断增强，成为河南经济社会发展的重要引领。截至 2020 年底，郑州机场运营的全货运航空公司 31 家、客运航空公司 54 家，开通全货机航线 51 条、客运航线 194 条（其中国际及地区 27 条），货运通航城市 63 个、客运通航城市 132 个（其中国际及地区 24 个），全球影响力持续加强。2020 年，尽管受到新冠肺炎

疫情冲击，但郑州机场逆势增长，航空枢纽竞争力再次凸显。全年货邮吞吐
量首次突破60万吨，达到63.94万吨，同比增长22.5%；旅客吞吐量突破
2000万人次，达到2140.67万人次，同比下降26.5%；货运规模升至全国
第6位，客运规模升至全国第11位，客货运全国排名均晋升1位，客货运
吞吐量连续4年保持中部"双第一"（见表1）。

表1 2008~2019年郑州机场货邮和旅客吞吐量

年份	货邮吞吐量			旅客吞吐量		
	总量（万吨）	全国位次（位）	增速（%）	总量（万人次）	全国位次（位）	增速（%）
2008	6.47	21	-1.7	588.76	20	17.7
2009	7.05	21	9.1	734.25	20	24.7
2010	8.58	21	21.6	870.79	20	18.6
2011	10.28	20	19.8	1015.01	21	16.6
2012	15.12	15	47.1	1167.36	18	15.0
2013	25.57	12	69.1	1314.00	18	12.6
2014	37.04	8	44.9	1580.54	17	20.3
2015	40.33	8	8.9	1729.74	17	9.4
2016	45.67	7	13.2	2076.32	15	20.0
2017	50.27	7	10.1	2429.91	13	17.0
2018	51.49	7	2.4	2733.47	12	12.5
2019	52.20	7	1.4	2912.93	12	6.6
2020	63.94	6	22.5	2140.67	11	-26.5

资料来源：中国民航航空局历年《民航机场生产统计公报》。

二 实验区核心竞争力有待提升

尽管实验区在全省开放中的龙头作用、在郑州建设国家中心城市中的引
领作用进一步增强，但受发展阶段性制约等因素影响，与全国及同类地区相
比仍存在差距，实验区核心竞争力有待进一步提升。

（一）产业结构优化升级，新兴产业支撑力有待增强

近年来，实验区大力推进重点项目签约开工，着力推进产业振兴，在做大做强航空物流产业基础上，引进一批智能终端、光电显示和集成电路、生物医药、现代服务业等新兴产业，战略性新兴产业和高技术制造业发展速度逐年提高，实验区三次产业结构由 2013 年的 4.1∶83.8∶12.1 演变为 2020 年前三季度的 1.0∶70.7∶28.3，产业结构渐趋合理。但与河南省、郑州市相比，实验区产业结构升级任务仍然繁重。实验区第三产业增加值占 GDP 比重分别比河南省、郑州市低 20.0 个、31.0 个百分点；计算机、通信和其他电子设备制造业占比较高；食品加工、传统化学制药、钢铁加工等传统行业仍然占很大比重；新兴产业虽发展迅速，但是总体规模偏小，支撑力度偏弱，发展步伐有待加快；高端引领性项目较少、产品附加值低、高新技术产业不足、"缺芯少屏"等问题仍没有从根本上得到解决。

（二）城市建设已具雏形，"港城融合"互哺不足

实验区通过短短几年的城市建设，产业环境、文化环境、生态环境、人居环境华丽蜕变，实现了从空港小镇到现代都市的跨越，城市承载力进一步增强，城市面貌焕然一新。但是，实验区与郑州市区融合互哺以及对周边地区的辐射带动仍然较弱，除具有临空指向性和关联性的高端产业外，与郑州市发展的其他产业联系较弱，周边地区支持性产业偏少，缺乏有效衔接，难以形成实验区的集聚效应。另外，实验区仍存在产业发展和基础设施建设不同步、生活休闲娱乐等配套设施不足、教育医疗等资源配置不完善等问题，难以实现与郑州市和其他周边地区深度融合。

（三）人才体制机制改革推进，人才吸引力有待提升

近年来，实验区高度重视人才引进，深化人才发展体制机制改革，以产业平台集聚人才发展，不断加强人才培养，持续优化人才发展环境，为推动实验区高质量发展提供了有力的人才支撑。但从目前实际情况来看，实验区

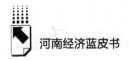

对人才的吸引力仍然有待提高，人才缺口仍然较大。实验区规划人口 260 万人，2020 年实验区常住人口仅有 80 余万人，其中富士康 30 万人左右。此外，实验区"十年立新城"目标实现还有时日，城市的基础设施和公共服务、生活配套与郑州主城区还有差距，缺乏对人才的吸引力。实验区如何增强对人口尤其是人才的吸引力，不断扩大常住人口；如何把引进人才、培养人才、留住人才有机结合起来；如何因地制宜，既加大对高水平的学历型、资格型、技能型人才引进和培养力度，又高度关注低学历、根植于各行各业的基层工作者，还面对一系列挑战。

三 厚植优势、多措并举，推动实验区高质量发展

回顾过去，实验区经济社会发展成果丰硕，核心竞争力逐步彰显，积累了一大批稳当下、利长远的重大项目，为今后快速发展打下了良好的基础。展望未来，2021 年 3 月 1 日起《郑州航空港经济综合实验区条例》即将实施，实验区将行使省辖市级人民政府经济和社会管理权限以及河南省人民政府赋予的特殊管理权限，高铁南站、机场三期建设将为实验区发展带来强大动力。同时也要看到，全球疫情蔓延的势头仍然没有得到有效遏制，国内疫情防控形势仍然比较严峻，全国范围内航空枢纽建设竞争日趋激烈，高铁的快速发展对航空运输业带来不小冲击。实验区经济高质量发展机遇与挑战并存。

2021 年是"十四五"规划的开局之年，也是全面建设社会主义现代化国家新征程、向第二个百年奋斗目标进军的开局之年，更是实验区高质量发展"三年行动计划"关键之年。实验区要抢抓机遇，快马加鞭，充分发挥优势，提升核心竞争力，不断聚集世界目光，努力发展成为内陆地区对外开放和价值增长的新高地。

（一）立足实验区发展定位，深度融入双循环新发展格局

实验区要立足航空经济先行区定位，突出区位交通枢纽优势，打造并强

化"国际—实验区—全国""中部地区—实验区—全国"的资源流通模式，发展成为各类特色物流集散地和人才汇聚地。要紧紧围绕"枢纽＋开放"，着力提升多种配套服务，做强航空关联产业，加强供应链管理，推进离岸结算，积极融入以国内大循环为主体、国内国际双循环相互促进的新发展格局，拓展实验区高质量发展空间。

（二）优化产业结构，培育发展优势

坚持创新在实验区发展中的核心地位，贯彻落实科技自立自强的重要指示，打造实验区科技创新中心，全面塑造实验区发展优势。围绕实验区"千百亿"产业集群培育，做好新能源汽车、生物医药、北斗导航、智能装备、新型显示、新基建、航空物流、跨境电商等产业培育，瞄准人工智能、集成电路、生命健康、生物育种、空天科技等前沿领域，构建先进制造业、现代服务业融合发展的枢纽经济集群。实现产业结构整体优化，完善产业链，形成能级更高、结构更优、创新更强、动能更足、效益更好的新发展格局。

（三）打造更优营商环境，夯实高质量发展基础

优质的营商环境能够激发市场活力，有利于提升企业创新能力，是区域间竞争的最终落脚点，也是实现高质量发展的重要基础。实验区要强化"一网通办、一次办成"改革成果，实现审批服务标准化、民生服务"指尖化"，提升政务服务效能；要加快推进公用服务企业入驻实验区，提升交通、住房、教育、医疗、卫生、养老等公共服务水平。激发干部队伍干事创业动力，充分发挥人在优化营商环境中的主导地位和能动性，增强优化营商环境的"软实力"。

（四）加强引才育才聚才工作，发挥人才作用

实施更积极、更开放、更有效的人才引进和培育政策，突出"高精尖缺"导向，实施"智汇郑州"人才工程，汇聚一批与实验区主导产业发展

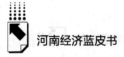

相适应的中高端技术人才、管理人才、跨界融合人才。引育结合，围绕智库建设、平台搭建，将实验区打造成为创新创业人才的聚集、培养、事业发展和价值实现之地。加强生活配套设施建设，推进产居融合，努力营造尊重、关心、支持人才创新创业的良好氛围，让各类人才创业有机会、干事有平台、发展有空间，吸引并留住人才。

参考文献

张合林、赵晓芳：《郑州航空港经济综合实验区极化与扩散效应研究》，《地域研究与开发》2016 年第 6 期。

顿晨阳：《供给侧改革视角下郑州航空港产业升级研究》，《学理论》2018 年第2 期。

吴歧林：《郑州航空港建设的人力资源支持研究》，《人才资源开发》2017 年第 19 期。

唐晓旺：《郑州航空港经济综合实验区规划与建设战略》，《城乡建设》2013 年第 12 期。

专题研究篇

Monographic Study Part

B.21

"十四五"时期河南省改善收入和财富
分配格局思路研究

王艳兵　梁前广　王奂*

摘　要： 习近平总书记强调，"蛋糕"不断做大了，同时还要把"蛋
糕"分好。过去一个时期，河南经济的快速发展使居民收入
普遍提升，但也带来了收入分配不均和收入差距加大等问
题。本文总结梳理了"十三五"以来河南省深化收入分配制
度改革的主要成效，指出当前居民收入分配存在的问题，并
结合国家政策导向，进一步提出"十四五"时期河南省改善
收入和财富分配格局的政策建议。

关键词： 居民收入　收入差距　收入分配　河南

---

* 王艳兵，河南省发展和改革委员会政策研究室；梁前广，中原信托有限公司；王奂，河南省
发展和改革委员会政策研究室。

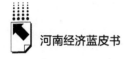

收入分配问题是在不断做大收入"蛋糕"的同时，如何分好"蛋糕"的问题。高质量发展需要合理、公平的收入分配格局与之相匹配，不断健全完善分配机制，改善收入和财富分配格局，对促进经济行稳致远和社会安定和谐至关重要。对河南来说，"十四五"时期，应在总结成效经验、查找问题差距的基础上，结合发展实际推动改革创新，逐步缩小收入分配差距，培育并扩大中等收入群体，努力实现居民收入和经济同步增长、劳动报酬和劳动生产率同步提高，让人人都成为中原更加出彩的参与者、实践者、分享者。

一 河南省深化收入分配制度改革的主要成效

"十三五"以来，河南省居民生活水平迅速提高，收入持续快速增长，收入来源更加宽泛，社会保障体系逐步完善，为提高居民生活水平奠定了坚实基础。

（一）居民收入稳定增长

随着劳动技能培训、最低工资制度完善、公共就业创业服务、减税降费等多种收入分配政策不断调整和实施，河南省城乡居民就业规模持续扩大，城乡居民家庭收入稳定快速增长。一是城乡居民家庭人均可支配收入稳定快速增长。2019年河南省城乡居民家庭人均可支配收入23903元，"十三五"以来年均增长8.7%。按常住地分，城镇、农村居民家庭人均可支配收入分别为34201元、15164元，"十三五"以来年均分别增长7.5%、8.7%。二是工资性收入稳步提高。工资性收入是河南省城乡居民家庭收入的主要来源，也是推动居民家庭收入增长的主要动力，2019年河南省城乡居民家庭人均工资性收入为11962.64元，比2015年增加3166.59元，年均增长8.0%。

（二）收入结构不断优化

居民的收入渠道拓宽，收入多元化的增长格局逐步形成。一是财产性收入比重提升。财产性收入成为河南省城乡居民家庭收入新的增长点，2019

年河南省城乡居民家庭人均财产性收入为 1588.67 元，是 2015 年的 1.7 倍，年均增长 14.1%。财产性收入占可支配收入的比重由 2015 年的 5.5% 提高到 2019 年的 6.6%。二是转移性收入水平不断提高。居民得到的政策性转移收入稳定增长，2019 年河南省城乡居民家庭人均转移性收入为 5212.34 元，2015 年以来年均增长 11.9%。转移性收入占可支配收入的比重为 21.8%，比 2015 年提升了 2.4 个百分点。

（三）再分配力度继续加大

城乡社会保障体系逐步完善，在脱贫攻坚民生工程的推动下，河南省社会保障普惠性进一步提高，覆盖面持续扩大，受益人群逐渐增加。一是社会保障力度加大。随着财政用于民生保障支出力度的加大，社会保障覆盖面不断扩大。2019 年末，河南省基本养老、医疗、失业、工伤、生育保险参保人数分别达到 7333.04 万人、10289.78 万人、837.26 万人、966.24 万人、765.30 万人，基本医疗保险参保率稳定在 96% 以上，基本实现"应保尽保"。二是贫困地区农村居民家庭收入快速增长。2019 年，河南省贫困地区农村居民人均可支配收入 13252 元，连续 8 年高于全省农村平均水平。河南省 9536 个贫困村均有集体经济收入，10 万~50 万元的达 4501 个，50 万元以上的 157 个。河南省贫困发生率由 2013 年的 8.79% 下降到 2019 年底的 0.41%，2020 年，长期困扰河南省的绝对贫困问题历史性地得到解决。

二 河南省居民收入分配存在的问题

近年来，河南省经济建设取得了显著成绩，居民家庭收入水平有了较大提高，人民生活日益得到改善。但是居民家庭收入低于全国平均水平，城乡区域发展不平衡、收入差距大的问题依旧存在。

（一）居民收入总体水平不高

虽然河南省城乡居民家庭收入逐年提升，但是"十三五"期间，增长水平不及全国平均水平，差距进一步拉大。一是占全国平均水平的比重降低。河南省城乡居民家庭收入占全国平均水平的比重由 2015 年的 77.96% 降至 2019 年的 77.78%，城镇、农村居民家庭人均可支配收入分别由 81.99% 降至 80.74%、95.02% 降至 94.65%。二是居民家庭人均可支配收入增速相对较低。2019 年河南省居民家庭人均可支配收入增速在全国仅排第 18 位，在中部六省中居倒数第 2 位，其中，城镇和农村居民家庭人均可支配收入增速分别居于全国第 21 位、第 15 位（见表 1）。三是与全国平均水平的绝对差距拉大。河南省居民家庭收入基数较低，导致绝对差距拉大的趋势更加凸显，从总体水平上看，河南省居民家庭收入与全国平均水平的差值由 2015 年的 4841 元拉大到 2019 年的 6830 元，城镇、农村居民家庭人均可支配收入分别由 5619 元拉大到 8158 元、569 元拉大到 857 元，绝对值差距均呈现不断增长的趋势。

表 1　2019 年中部六省和全国居民家庭人均可支配收入

地区	居民家庭人均可支配收入				城镇居民家庭人均可支配收入				农村居民家庭人均可支配收入			
	收入（元）	位次	增速（%）	位次	收入（元）	位次	增速（%）	位次	收入（元）	位次	增速（%）	位次
全国	30733		8.9		42359		7.9		16021		9.6	
河南	23903	23	8.8	18	34201	26	7.3	21	15164	16	9.6	15
湖北	28319	12	9.7	6	37601	13	9.1	2	16391	9	9.4	19
湖南	27680	13	9.7	6	39842	10	8.6	7	15395	13	9.2	23
安徽	26415	15	10.1	3	37540	14	9.1	2	15416	12	10.1	6
江西	26262	16	9.1	12	36546	16	8.1	17	15796	11	9.2	23
山西	23828	24	8.4	23	33262	28	7.2	24	12902	25	9.8	11

资料来源：国家统计局。

（二）低收入群体规模较大

作为农业大省，河南省的居民收入分配结构仍然是以中低收入群体为主，而在低收入群体中，农民和农民工值得特别重视。一是乡村人口数量多。2019 年河南省乡村常住人口近 4500 万人，其中超过 2300 万人从事第一产业。按居民五等份收入分组，2019 年河南省农民家庭人均收入中，低收入户组的月人均收入仅为 725 元，中低收入户组仅为 1013 元。二是农民工群体规模大。2019 年末河南省农村劳动力转移就业总量 3041 万人，其中河南省内转移 1826 万人，省外输出 1215 万人。农民工收入相对较低，年平均收入约为城镇非私营单位职工平均收入的一半，得到社会保障的预期也相对较低。三是最低生活保障人口较多。2019 年末，河南省低保对象人数居全国第 2 位，分别有 45 万的城市低保人员和 269 万的农村低保人员；50 万特困供养人员，占全国特困人员的 1/10；202 万领取"两项补贴"的困难残疾人和重度残疾人；近 70 万农村留守儿童，兜底保障任务艰巨。

（三）城乡居民收入差距持续扩大

虽然农村居民家庭人均可支配收入增幅持续高于城镇居民，河南省城乡居民收入比持续下降，从 2015 年的 2.36 下降到 2019 年的 2.26，但是由于农村居民家庭人均可支配收入基数较小，二者的绝对差距已由 2015 年的 14723 元扩大至 2019 年的 19037 元（见图 1）。其原因有两个，一是农业与非农业的效率差距不断扩大。河南省全员劳动生产率与农业劳动生产率的比值，由 2015 年的 3.7 扩大到 2019 年的 4.1。农业就业人员是所有国民经济行业中平均收入最低的，仅为所有行业平均值的 60%。二是农村居民财产性收入比重低。财产性收入比重提升是城镇居民家庭收入提高的重要因素，而在城乡二元体制下，城乡土地市场严重分割，土地增值收益在城乡之间分配严重不公。与城镇居民相比，广大农村居民除了务农收入和打工收入外，财产性收入占全部收入的比重较低，2019 年仅为 1.3%，远低于城镇居民的 9.3%。

（四）区域居民收入差距明显

受地理环境、基础条件、产业模式及历史因素等影响，河南省区域之间居民家庭收入不平衡现象突出。一是其他省辖市（示范区）与郑州差距大。2019 年，河南省 18 个省辖市（示范区）的居民家庭人均可支配收入中，郑州以 35942 元排第 1 位，而 30000 ~ 35000 元的省辖市（示范区）缺失，接

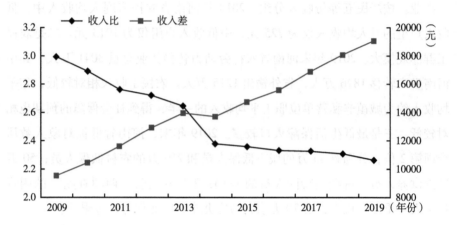

图1　2009～2019年河南省城镇、农村居民家庭人均可支配收入比与收入差

资料来源:《河南统计年鉴》。

下来是济源示范区的29045元。郑州市居民家庭人均可支配收入高于全省平均水平,差距由2015年的9376元拉大至2019年的12039元(见表2)。二是黄淮四市形成居民家庭收入"盆地"。商丘、信阳、周口、驻马店的常住人口占河南省的30.6%,GDP占比仅为21.4%,居民家庭收入明显低于全省平均水平,形成全省居民家庭收入"盆地"。而且"十三五"以来,黄淮四市与全省平均水平的绝对差距呈不断拉大的趋势,周口由2015年的4218元拉大至2019年的5582元,商丘由3100元拉大至3728元,信阳由2282元拉大至2975元,驻马店由3263元拉大至4259元。

表2　2019年省辖市(示范区)居民家庭人均可支配收入及增速对比

单位:元,%

		居民家庭人均可支配收入	位次	增速	位次
河南省		23903		8.8	
中部	郑州	35942	1	8.6	15
	许昌	25949	6	8.9	10
	开封	21795	13	9.1	5
	新乡	24562	9	8.7	13
	焦作	27116	3	8.9	10

续表

		居民家庭人均可支配收入	位次	增速	位次
西部	洛阳	27101	4	8.9	10
	平顶山	24020	10	8.4	16
	三门峡	23924	11	9.0	7
	济源	29065	2	9.1	5
南部	南阳	22637	12	8.7	13
	信阳	20928	15	9.3	2
	驻马店	19644	17	9.2	4
东部	商丘	20175	16	9.7	1
	周口	18321	18	9.3	2
	漯河	24625	8	9.0	7
北部	安阳	24647	7	8.0	18
	鹤壁	26105	5	8.4	16
	濮阳	21592	14	9.0	7

资料来源:《河南统计年鉴》。

三 "十四五"时期河南省改善收入和 财富分配格局的政策建议

党的十九届五中全会通过的《中共中央关于制定国民经济和社会发展第十四个五年规划和二〇三五年远景目标的建议》明确提出,要"坚持按劳分配为主体、多种分配方式并存",重点任务包括"提高劳动报酬在初次分配中的比重""多渠道增加城乡居民财产性收入""完善再分配机制"等。结合河南实际,现从促进就业创业、畅通收入渠道、加快城乡融合、统筹区域发展、完善社会保障五个方面提出政策建议。

(一)促进就业创业,增加居民工资性和经营性收入

就业是经济发展的基础和财富增长的来源,也是居民家庭收入的主要渠道。"十四五"时期,应推进更高质量充分就业,建立就业目标导向优先机

制，深入实施就业优先战略，缓解就业结构性矛盾，全面提高就业质量。一是增加就业岗位。拓展新动能就业空间，发挥新产业新业态拓展就业岗位的作用，提高服务业就业创业吸纳能力，稳定制造业就业，引导制造业企业吸纳新一代高素质技术型劳动力就业。二是以创业带动高质量就业。支持创业平台建设，为创业者提供低成本场地支持、服务指导和政策扶持。充分调动各类人员的创业积极性，释放全社会创业活力，以技术人员、高校毕业生、返乡农民工、退役军人等为重点，健全创业帮扶机制，鼓励多渠道灵活就业。三是稳定重点群体就业。继续把高校毕业生就业摆在工作首位，引导高校毕业生转变就业观念，拓展多元就业渠道。强化困难群体就业援助，完善就业援助政策，加大就业援助力度，及时提供就业指导和技能培训，帮助各类劳动者尽快实现就业。四是加大教育和培训力度。大力发展继续教育，开展多类型、多形式的职工继续教育，完善终身学习服务平台，加快构建终身学习体系。引导高校调整优化学科专业结构，建立紧密对接产业链、创新链的学科专业体系。加大职业技能培训力度，持续实施全民技能振兴工程、职业技能提升和高职扩招行动。五是完善公共就业服务体系。提供更加方便快捷、优质高效的公共就业创业服务，加强基层服务平台建设，整合完善信息平台，推进公共就业服务向基层、农村、边远地区延伸。强化失业风险防范，健全劳动关系协调机制，营造公平的就业环境。

（二）畅通收入渠道，增加财富分配方式，提高居民财产性收入

多渠道增加居民财产性收入是我国收入分配改革的重要目标。我国居民家庭收入结构中财产性收入占比偏低，且主要是存款和短期理财产品，养老金、保险和共同基金的投资占比低于其他国家，"十四五"时期，应加速畅通资本报酬向居民财产性收入的转化渠道。一是深化金融改革。促进多层次资本市场平稳健康发展，稳定资本市场主体财产性收入预期，完善分红激励制度，切实维护中小投资人利益。加强金融产品和金融工具创新，循序渐进拓展公募、保险等机构的投资途径和比例，稳健增加财富及投资管理工具，提供多元理财产品。改善金融服务，提升银行、证券、公私募等金融中介机

构的服务能力，整合资源，挖掘居民的差异化财富管理需求。二是深化国资国企改革。完善企业经营业绩考评制度，实行差异化分配办法，健全收入与业绩挂钩的联动机制。支持符合条件的混合所有制企业建立骨干员工持股、上市公司股权激励、科技型企业股权和分红激励等中长期激励机制。三是完善产权保护制度。依法保护所有制经济组织和公民财产权，保护股权、债权、物权和知识产权等无形财产权益，增强人民群众财富安全感和社会信心。

（三）加快城乡融合，提高农民和农民工收入

当前社会主要矛盾中最大的发展不平衡是城乡发展不平衡，最大的发展不充分是农业农村发展不充分。"十四五"时期应积极拓展农民和农民工的增收空间，提高其财产性收入，将附着在宅基地和农村集体经营性建设用地上的潜在财富转化为可以平等交易的财产权益。一是深化农村改革。落实农村集体经营性建设用地入市制度，推动建立同价同权、流转顺畅、收益共享的入市机制。探索农村宅基地"三权分置"改革，建立市县主导、乡镇主责、村级主体的农村宅基地管理机制，盘活农村闲置宅基地和住宅。在完成农村集体资产清产核资基础上，全面推进集体经济组织成员身份确认、股份合作制改革、成立农村集体经济组织、探索完善农村集体产权权能等工作，深入推进农村集体产权制度改革。培育壮大家庭农场、专业合作社等新型农业经营主体，开展多形式的适度规模经营。二是促进各类要素向乡村流动。建立健全城市人才入乡激励机制，完善返乡入乡创业的政策机制，促进人才回归、技术回乡、资本回流。加强乡村金融和技术转移服务，鼓励资本投资适合产业化、规模化、集约化经营的农业领域，形成人才、资金、产业、信息汇聚的良性循环，为乡村振兴注入新动能。三是加强农业转移人口培训。加快农村富余劳动力转移就业，深入实施农村创新创业带头人培育行动，将符合条件的返乡创业农民工纳入创业补贴范围。提高农民工职业技能和就业创业能力，全面治理农民工工资拖欠问题，保障农民工合法权益。四是加快推进农业转移人口市民化。深化户籍制度改革，畅通落户渠道，推动城镇稳

定就业的农业转移人口落户，提升农业转移人口市民化质量。推动公共资源按实际服务管理人口规模配置，扩大与居住证相挂钩的基本公共服务范围，推动城镇基本公共服务常住人口全覆盖，完善"人地钱"挂钩等配套激励政策。

（四）统筹区域发展，缩小地区间居民收入差距

地区间居民家庭人均可支配收入差距背后是经济发展的严重不平衡，"十四五"时期应促进发展平衡，根据各地区条件走合理分工、优化发展的路子。一是完善区域功能定位。落实主体功能区战略，发挥各地区比较优势，增强中心城市和城市群等经济发展优势区域的经济和人口承载能力，增强其他地区在保障粮食安全、生态安全、文化安全等方面的功能。做大做强中心城市，推进郑州、洛阳都市圈一体化发展，促进要素合理流动和高效集聚，提升区域中心城市和重要节点城市能级。优化空间布局，构建县域新发展格局，推动县域经济高质量发展。提高城镇化发展质量，构建以中原城市群为主体、大中小城市和小城镇协调发展的现代城镇体系。二是推动特殊类型地区振兴。谋划推进华北平原保护与发展战略，推动传统农区提速发展。加快革命老区振兴，推动老区红色资源优势、生态优势加快向产业优势、经济优势转化。因地制宜推进资源型地区科学发展，推动老工业基地调整改造。建立财政转移支付制度，整合设立区域协调发展基金，对重点生态功能区、农产品主产区、困难地区提供有效转移支付。建立健全长效普惠的扶持机制和精准有效的差别化支持机制，统筹推进特殊类型地区加快实现高质量发展，补齐区域协调发展短板。三是强化区域协调发展的政策工具。建立区域间产业转移税收分享机制和产业园区共建共管机制，加大产业转移引导力度，增强产业转移动力。建立多元化、市场化的横向生态补偿机制，构建政府、企业和社会力量广泛参与的区域互助机制。建立多元化区域协调机构和区域协同发展长效机制，推动区域一体化发展从项目协同走向制度创新。建立健全"更加协调"的区域发展政策体系，明确发展定位与方向，完善不同功能区域的绩效考核机制和干部考核体系。

（五）完善社会保障，增加居民的转移性收入

社会保障是实现收入再分配的重要方式之一，同时是民生安全网和社会稳定器。"十四五"时期应兜住民生底线，保障基本民生，以民生、社会保障、基本公共服务为重点，优化政府支出结构，发挥二次分配平抑收入分配差距的作用。一是加强民生兜底保障。坚持应保尽保原则，健全统筹城乡可持续的社保制度，完善基本养老保险制度，拓宽社保基金投资渠道，构建以基本医疗保险为主体、医疗救助托底、补充医疗保险和商业健康保险等共同发展的多层次医保体系。建立统一的社会保险公共服务平台，统筹完善社会救助、社会福利、慈善事业、优抚安置等制度。加快建立以公租房、政策性租赁住房和共有产权住房为主体的住房保障体系。二是优化基本公共服务供给。以标准化促进基本公共服务均等化、普惠化、便捷化，科学制定省级基本公共服务标准、行业规范标准和地方实施标准。推进城乡、区域基本公共服务制度统一，拓展基本公共服务覆盖面，延伸下沉和提质扩容优质服务资源。加快补齐基本公共服务短板，加强普惠性、基础性、兜底性民生建设。三是建立解决相对贫困长效机制。保持脱贫攻坚政策总体稳定，加大结对帮扶、定点扶贫及社会扶贫力度，拓宽低收入群体就地、就近就业渠道，扎实做好易地扶贫搬迁后续扶持工作。调整财政、金融、土地、人才政策扶持着力点，创新政策实施方式，加大对重点区域、重点人群帮扶力度。保证兜底扶贫，建立动态帮扶机制，及时掌握脱贫户返贫情况和边缘人口致贫情况，通过综合社会保障政策做好兜底。推动减贫战略统筹纳入乡村振兴战略，建立完善长短结合、标本兼治的体制机制，接续推进全面脱贫与乡村振兴有效衔接。完善产业支撑的造血机制，增强贫困地区发展后劲。

B.22
推动河南制造业高质量发展研究

李凯钊 仝宝琛 冶伟平 裴坤远*

摘 要： 制造业高质量发展是当前经济发展的主攻方向和重中之重。河南制造业门类齐全、规模较大，但结构不优、效益不好、质量不高，制约因素明显，突破瓶颈较为困难。本研究从河南制造业发展的现状出发，分析制造业发展面临的困难问题与瓶颈制约，有针对性地提出河南制造业高质量发展的对策建议，以期助力制造强省建设。

关键词： 制造业 高质量发展 河南

2019年9月，习近平总书记在河南考察调研时强调，"要推动经济高质量发展，抓住促进中部地区崛起的战略机遇，立足省情实际、扬长避短，把制造业高质量发展作为主攻方向，把创新摆在发展全局的突出位置"。2020年12月27日，河南省委十届十二次全会暨省委经济工作会议提出，"聚焦制造业高质量发展，加快建设现代化产业体系"。这是从长远角度和战略角度对河南制造业发展做出的重大谋划和部署，具有重要而深远的意义。

* 李凯钊，河南省工业和信息化厅运行监测协调局局长；仝宝琛，河南省工业和信息化厅运行监测协调局副局长；冶伟平，河南省工业和信息化厅运行监测协调局；裴坤远，国网郑州供电公司。

一 河南制造业重点产业发展现状

（一）主导产业持续壮大

近年来，河南的装备制造、食品制造、电子制造、新型材料制造和汽车制造五大主导产业实现较快发展。受疫情影响，2020年主导产业增加值同比下降0.9%。

1.装备制造

河南在农业机械、矿山装备、盾构装备、电力装备、机械基础件等领域具有较好的产业基础，涌现郑煤机、中铁装备、中信重工、许继集团等一批国内行业排头兵企业，拥有世界上最大的自由锻造油压机、自磨机和球磨机，支护高度最大的矿用液压支架，第一套特高压开关和直流输电控制保护系统等一批重大标志性产品。受疫情影响，2020年装备制造行业增加值同比下降1.2%。

2.食品制造

河南食品制造产业规模自2006年来一直稳居全国第2位，营业收入占全国的1/10，双汇肉制品排世界第1位，面粉、方便面、挂面、速冻面米制品等产量均居全国第1位，速冻食品占国内市场销售份额的60%。2020年前11个月，全省销售收入超100亿元的企业有3家，超50亿元的企业有8家，重点骨干企业有双汇集团、思念食品、三全食品、牧原食品等。仰韶、赊店等9家重点酒企主营业务收入62.05亿元，同比增长10.5%；缴纳税金6.25亿元，同比增长8.0%。2020年，全省食品制造行业增加值同比下降1.7%。

3.新型材料制造

河南铝加工产业发展条件较好，板带规模居全国第1位，铝材产量居全国第2位。鹤壁镁粉（屑、粒）产量占全国50%以上，镁牺牲阳极产量占世界的40%以上。焦作六氟磷酸锂生产技术国内领先，产值居全国第1位；

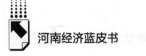

单晶金刚石产量占全国 80%、全球 70% 以上。三磨所、黄河旋风、中南钻石等企业技术达世界一流水平。2020 年，新型材料制造行业增加值同比增长 2.4%。

4. 电子制造

河南形成了智能终端、光电子、电子材料、锂离子电池等多个特色产业园区。2020 年全省手机产量 1.36 亿部，占全国手机产量的 9.3%。智能终端整机制造带动郑州、鹤壁、新乡、商丘、信阳、济源等地配套产业集聚发展，骨干企业有郑州鸿富锦、济源富泰华、鹤壁富准精密电子、商丘金振源等。2020 年，电子制造行业增加值同比增长 14.9%。

5. 汽车制造

2020 年河南整车企业超过 14 家，整车产销超过 76 万辆。宇通客车国内市场占有率达到 35% 左右，全球市场占有率连续 8 年保持第 1，新能源客车产销量居全国首位。上汽乘用车、奇瑞汽车、东风日产 3 家企业产量分别为 19.58 万辆、11.00 万辆、14.93 万辆，分别实现营收 169 亿元、74 亿元、211 亿元。全省主要汽车整车生产企业在郑州集聚发展，整车产量已占全省的 80% 以上。受疫情影响，2020 年汽车制造行业增加值同比下降 9.2%。

（二）传统产业改造提升

河南坚持以智能制造为引领，带动绿色化改造和企业技术改造，智能化、绿色化水平持续提升。2020 年，传统产业增加值同比增长 2.5%。

1. 冶金工业

钢铁方面，2020 年全省生铁产量 2769.5 万吨，粗钢产量 3530.2 万吨，钢材产量 4233.4 万吨，安钢、济钢、信钢等 9 家重点企业实现销售收入 1328.44 亿元，利润达 28.53 亿元。有色金属方面，2019 年全省铝、铅、铜、镁等 10 种有色金属产量 436 万吨，居全国第 4 位。氧化铝产量 1096 万吨，居全国第 3 位；铝材产量 962 万吨，居全国第 2 位；电解铝产量 186 万吨，居全国第 7 位。铅产量 140 万吨，居全国第 1 位，重点骨干企业有豫光金铅、万洋冶炼、金利金铅。拥有全国唯一的国家级镁合金产品质量监督检测中心和镁交易中心,综合加工能力约 30 万吨。2020 年,冶金工业增加值同比增长 4.9%。

2. 化学工业

河南化学工业主营业务收入连续 6 年居全国第 5 位,现有规模以上企业近 1300 家,氮肥、纯碱产能居全国第 2 位,甲醇、乙二醇产能居全国前列。平煤神马尼龙 66 产能产量稳居亚洲第 1 位、世界第 2 位,龙蟒佰利联钛白粉产量居世界第 3 位,风神轮胎工程胎产量居全国第 1 位,中源化学的天然碱、金山化工的联碱产量居全国第 1 位,心连心化肥产量、能耗指标全国领先。受疫情影响,2020 年化学工业增加值同比下降 3.9%。

3. 建材工业

2020 年,河南水泥产量 1.17 亿吨,居全国第 9 位。全省水泥熟料产能 1.15 亿吨,水泥产能约 3 亿吨,主要集中在豫北、豫西地区,全部采用了新型干法生产技术,天瑞、中联、同力等大型水泥集团装备技术全国领先。耐材方面,共有规上耐材企业 800 多家,拥有濮耐、利尔、瑞泰、洛耐等企业;产量占全国的一半,其中郑州的产量占全省生产总量的 65% 以上。2020 年,建材工业增加值同比增长 2.8%。

4. 轻纺工业

河南轻纺工业主要以纺织服装为代表,形成了包括纺纱、织布、染整、服装、纺织机械制造等行业在内的较为完整的纺织工业产业链。2020 年,全省规模以上纺织企业 1500 余家,主营业务收入约 5000 亿元,总量居全国第 6 位、中部六省第 1 位。现已形成郑州女裤、安阳婴幼儿针织服装、商丘针织服装、濮阳羽绒制品、光山羽绒制品、镇平毛衫 6 个服装加工生产基地,重点纺织服装企业有新野纺织、新乡白鹭化纤、领秀服饰等。受疫情影响,2020 年轻纺工业增加值同比下降 0.4%。

5. 能源工业

2020 年,河南发电量 2791.05 亿千瓦时,煤炭产量连年稳定在 1.1 亿吨左右,居全国第 8 位。河南是全国重要的产煤省份和国家规划的 14 个大型煤炭基地之一,共有各类煤矿 231 处,产能 1.57 亿吨,有河南能源、平

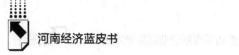

煤神马、郑煤、神火 4 家骨干煤炭企业。2020 年，能源工业增加值同比增长 5.6%。

（三）新兴产业加快培育

2020 年，河南省战略性新兴产业增加值增长 2.6%，占规上工业增加值比重的 22.4%。其中，生物医药、新一代信息技术行业增加值同比分别增长 3.1%、13.4%。

1. 智能装备产业

近年来，随着智能化改造深入推进，河南智能装备产业发展较快。在数控机床方面，洛阳轴研科技、洛阳 LYC 轴承公司研制的数控机床轴承在国内具有领先水平，台湾友嘉集团（郑州）、安阳鑫盛、新乡日升等专业数控机床产品优势较为明显。在机器人产业方面，焊接机器人、码垛机器人、移动搬运机器人、消防机器人和管道检测机器人等产品实现了中小批量生产和应用，精密减速器、传感器已经实现小批量生产和应用。

2. 节能环保产业

河南初步形成了以高效节能装备和电器、工业余热余压利用、工业废气治理、污水处理、资源综合利用技术装备和产品为主的产业格局。郑州经济技术开发区、长葛大周产业园、长葛市产业集聚区、商城县产业集聚区、虎岭高新技术产业开发区的环保装备和服务产业集聚发展、初见成效；宇通重工新能源环卫车辆市场占有率达 25.7%；清水源参与制定了 22 项国家标准及 43 项行业标准，获授权专利 60 多项。

3. 新一代信息技术产业

河南在人工智能龙头企业引进、创新应用示范等方面取得了一定成效。海康威视、释码大华、中科院计算所等一批人工智能领军企业入驻郑东新区龙子湖智慧岛，洛阳科大讯飞语音云创新研究院、北京嘉芸汇财务大数据处理中心等一批项目取得了良好的效益，森源重工年产 2000 辆基于 5G 网络的无人驾驶环卫车辆项目、汉威科技基于智能传感的城市综合管理云平台项目等重点应用项目加快推进。

4.生物医药产业

河南生物医药产业规模稳居全国前5位，形成了以体外诊断试剂、血液制品为特色，化药、现代中药和生物技术药协同并进的产业发展格局。安图生物体外诊断试剂和产品生产在国内行业影响力排前2名；华兰生物血液制品和疫苗生产处于行业领先地位；天源集团年产60吨青蒿素项目产量居国内第1位。

二 河南制造业发展面临的困难与瓶颈

（一）龙头企业较少，产业集聚效应不高

河南制造业发展长期处于产业链前端、价值链低端，产业集中度低、资源利用率低、能源消耗高的局面仍未根本改变。传统产业占比过高，2019年高达46.7%；战略新兴产业贡献不足，仅占规模以上工业增加值的19%；高技术产业增加值占规模以上工业的9.9%，远不能支撑经济高质量发展。目前，河南除了食品、装备两个产业集群外，其他产业集群在全国的影响力不够，与全国第5工业大省的地位不匹配。此外，河南在重点行业中的全国性、全球性龙头企业较少，特别是带动力强的百亿级龙头企业较少。

（二）国内市场低迷，国外需求深度走弱

当前，国际疫情形势波澜反复，对国际贸易冲击巨大，进出口持续低迷。外贸企业新订单不足，老订单被推迟、暂停或取消，原料和成品库存积压现象严重，对出口型企业带来较大冲击。疫情全球大流行导致国际贸易链、供应链深度扭曲，全省发制品、皮革、鞋帽、电线电缆、汽车零部件等行业受创严重。就国内而言，受疫情局部地区反复及南方洪涝灾情影响，国内需求明显走弱，短时间难以有效提振，企业产能不能充分释放，生产出来的产品销售不畅。全省多个产业受到需求不足影响，汽车、轻纺产业尤为严重。汽车零部件产业受汽车整车行情不振影响，企业经营效益下滑明显；轻纺行业

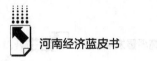

受冲击较大，2020年前三季度新乡88家规模以上纺织服装企业营业收入、利润同比分别下降25.6%、51.8%，40家企业出现亏损，占行业总数的近1/2。

（三）金融支撑不够，企业资金压力增大

受疫情影响，企业盈利能力下降，应收款项周期延长，货款回流滞后，新增贷款受限，造成企业资金压力猛增、资金链受创严重，员工工资、房租、贷款本息、防疫成本等刚性支出压力凸显，流动资金异常紧张，由"开门难"转为"经营难"。疫情不仅对中小企业资金链造成很大冲击，大中型企业也受到较大影响。调研中近九成企业反映，营业收入减少，流动资金紧张；近一半企业无法及时偿还贷款，资金压力加大。新乡市反映，2020年前三季度工业企业资产周转天数同比增加了52天，应收账款平均回收期同比增加了20天，企业流动性资金紧缺，财务风险增大；濮阳市反映，调查的80家企业资金缺口达22.31亿元；鹤壁市监测的60家工业企业资金缺口合计13.04亿元，其中流动资金缺口5.67亿元，项目建设资金缺口7.37亿元。与此同时，全省GDP约为全国的1/20，人民币贷款余额仅为全国的1/30，全省工业贷款增速低于全部贷款增速15个百分点以上；工业贷款新增额占全部贷款新增额比重不足住房贷款的零头；工业增加值占GDP的40%，工业贷款占全部贷款比重却仅为13%；信贷资源外流状况较为突出，有限金融产品供给与企业多元融资需求不相匹配。

（四）中小企业问题加重，保市场主体难度加大

长期以来，中小企业受身份、门槛、融资歧视，加之抗风险能力弱，企业融资贷款受到极大影响；员工流动性很大，技术人员跳槽频繁，高技术人才难招难留。在疫情叠加市场需求走弱双重打击下，很多中小企业困难放大、问题加重。随着疫情在全球范围快速蔓延，世界经济下行压力明显加大，国外订单正从过去的年度单、季度单变为短单、应急单，订单金额也随之下降，对原有供应链产业链产生重大冲击，对供应链不稳定、产业链地位低的中小企业造成致命伤害。从调研情况看，多数中小微企业订单大量流

失，资金回笼减少、流动性紧张，甚至出现资金链断裂、订单"零封"等严重问题，一些中小企业逼近破产边缘，倒在了"停摆"期间。疫情发生以来，全省规模以上企业数量持续减少，中小企业数量出现明显下降。

三 推动河南制造业高质量发展的对策建议

当前，河南处于工业化中期，离工业化后期尚有一段距离。而全国总体处于工业化中后期，北京、上海、深圳已达后工业阶段，浙江、江苏、广东等经济大省步入工业化后期，中西部省份大多处于工业化中期，个别在初期。河南要想缩小差距，加速达到工业化后期，必须从传统产业体系向新型产业体系转变，创新构建新型产业体系，加快制造强省和网络强省建设。

（一）突出规划引领

结合贯彻落实十九届五中全会精神，按照党中央、国务院和河南省委省政府做好"十四五"规划编制工作的系列决策部署和要求，强化顶层设计，编制好"河南省制造业高质量发展'十四五'规划"，进一步明确"十四五"时期全省制造业发展的主攻方向、战略定位和重大工程与举措。结合黄河流域生态保护和高质量发展战略的实施，统筹好生态保护和制造业高质量发展的关系，统筹好郑州、洛阳两个都市圈与区域协同发展的关系，统筹好传统产业转型升级与培育壮大新兴产业的关系，加快建设"556"先进制造业体系，适时创建中国（河南）黄河流域制造业高质量发展综合试验区，主动融入国家战略大局，提升河南制造在全国格局中的战略地位。

（二）加快培育壮大优势产业集群

一是做优做强主导产业。主导产业是现阶段河南省制造业发展的主力和支柱，要多管齐下"补短延长"、多路并进"强弱壮大"，全面提升发展能级。坚持"龙头带动""创新驱动"，强化"集群共进""链式发展"，开展全方位产业链梳理、评估、研究，实施深层次延链、补链、强链，协同推进

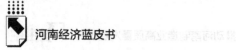

"卡脖子"关键核心技术攻关，持续提升产业配套能力和产品品牌质量，在风口窗口叠加的大潮中倾力打造一批有国际竞争力的行业龙头和先进制造业集群。巩固提升装备制造、食品工业、新型材料、电子制造和汽车制造等主导产业发展优势，打造富民强省的万亿级产业集群。二是改造提升传统产业。加快钢铁、有色、化工、建材、轻纺五大传统产业"绿色、减量、提质、增效"转型，突出生产绿色化、装备大型化、企业智能化、产品精品化，全面提升工艺装备、质量品牌、资源利用和节能减排水平，提升产业集中度。三是培育壮大新兴产业。抢抓产业变革大潮下布局发展新兴产业的重要窗口期，大力发展数字经济，推进人工智能、物联网、大数据、区块链等技术创新与产业应用，大力发展新一代信息技术、高端装备、智能网联及新能源汽车、新能源、生物医药及高性能医疗器械、节能环保六大新兴产业。四是坚持做强制造业和做优服务业并举。既聚焦发展先进制造业，培育先进制造业集群，又大力发展现代服务业，培育新领域新增长点，推动制造与服务全方位、宽领域、深层次融合发展。加快发展一批现代生产性服务业，推动服务模式创新、技术创新和管理创新。深入推广应用服务型制造模式，推动网络化协同制造、个性化定制、众包设计等新模式新业态加快发展。

（三）持续提升产业链现代化水平

打好产业链现代化攻坚战，分行业、分区域做好产业链供应链图谱设计，开展"建链、引链、育链、固链、强链"行动，持续提升产业链现代化水平。建立产业协同常态化机制，建立完善"链长制"，"一链一策"打通堵点、连接端点，促进产业链上下游、产供销、大中小企业整体配套、平稳运行。围绕全省五大主导产业、五大传统产业、四大新兴产业和重点工程重大项目上下游产业链，逐个打通牵一发而动全身的产业链堵点。抢抓产业转移及外溢机遇，积极承接东部沿海省份产业转移，引进扩大新项目新投资，加大招商和开放合作力度，针对产业链断点精准招商，统筹推进营商环境软硬件优化。适时推进产业政策优化，特别是灵活调整传统产业转型升级的政策，助力传统产业企业后疫情时期平稳过渡，为实现高质量发展赢得空间。提高新兴产业基金使用效率，设立面向优势产业和传统产业的重点产业发展引导基金，同时以主要细分行业为主体设立子基金，为全省制造业转型发展提供流畅有力的金融活水。

（四）以数字经济为引领推进新基建新技改

加快数字产业化和产业数字化，深化"两业融合"，坚持以数字产业化推动新兴产业倍增发展，以产业数字化促进传统产业转型升级。要加快"新基建"，加快5G、工业互联网、物联网、大数据、人工智能在制造业领域的应用场景推广，打造一批场景创新赋能场，催生"新基建"关联产业发展，培育制造业高质量发展的新业态和新模式。持续实施"企业上云"专项行动，培育建设行业级工业互联网平台，推动大中小企业融通发展。大力实施以智能化为引领的"新技改"工程，强化新技术、新工艺、新设备在制造业中的推广应用，建立沿黄流域"新技改"项目库，建成一批智能化园区、智能工厂（车间）及绿色化园区、绿色工厂（车间），促进企业提质增效。大力发展服务型制造，培育制造业高质量发展的新动能。

（五）加快融入双循环新格局

抓住国内国际双循环新发展格局的黄金机遇，创新"东中西"共建共享"飞地经济"模式。立足扩大有效内需的战略基点，围绕人民群众日益增长的对美好生活的需求，深化制造业供给侧结构性改革，大力实施制造业"三品"行动，不断提升创新产品供给能力。持续优化传统优势产品供给水平，以投资和消费需求为导向，调整产品结构和产品质量，提供医疗、养老、电子信息等领域的有效供给，扩大循环总量，开拓新的消费增长点。同时，加大制造业高质量发展专项资金规模和产业基金支持力度，进一步优化营商环境，优化循环结构，优化土地、金融、能源、物流等各类生产要素，推动国内统一大市场加速周转，畅通商品循环速度。

（六）加大金融保障市场主体力度

以"金融豫军"为依托，综合运用专项资金、银行信贷和产业基金，全方位、多渠道支持中小微企业和民营企业发展。加强普惠金融覆盖面，提高首贷、信用贷款比重，提高金融资源配置效率，协调推动金融机构降低利率。细化落实尽职免责制度，提高首贷、信用贷、无还本续贷比重。创新民营和中小企业融资方式，积极推广创业贷、投贷联动等做法，允许使用商标权、专利权等无形资产进行抵押质押贷款，并依托各级政府信用体系平台，督促各金融机构切实扩大企业信用贷款规模，破解轻资产及中小企业抵押物缺乏的难题。

（七）提高创新支撑高质量发展水平

紧紧围绕产业链部署创新链，引导科技创新更多地面向产业、更接地气，推动财政资金、产业基金更多投向技术创新、模式创新，在深化"产学金研用"的过程中，全力解决制约实体经济发展的技术瓶颈问题。加大制造业创新中心等创新平台资金支持和市场化力度，充分发挥创新平台作用，加强制造业领域关键共性技术研发及市场应用，破解行业发展瓶颈，推动行业加快发展。依托省内外新型研发机构等科研平台，深化产学研合作，着重激发企业创新活力。

（八）全力打造一流营商环境

河南营商环境指数在经济大省中排名比较靠后，要及时、深刻转变观念，多在权力上做"减法"，多在服务上做"加法"，以实干的正能量推动发展的高质量。要在新时代中原更加出彩的答卷赶考中转好"改革"这个"内驱动力轮"，坚持用改革的办法破除发展面临的体制机制障碍，激活发展潜能，让各类市场主体在科技创新和国内国际市场竞争的第一线奋勇拼搏。持续落实支持企业家发展的政策措施，在招商引资、政企合作等活动中严格兑现政府承诺，坚决杜绝政务失信，加快形成充满活力、富有效率、更加开放的法治化、国际化、便利化营商环境，让高品质营商环境成为新时代中原更加出彩的新标识。

B.23
新时期河南投资增长与
GDP 增长关系研究

冯文元　顾俊龙　朱丽玲　呼晓飞*

摘　要： 新时期以新发展理念为主导的投资，与以往投资的不同之处
在于追求促进高质量发展，不以单纯追求经济效益为目标。
本文以2000年以来河南固定资产投资增长和经济发展的关系
为研究对象，总结分析河南新时期固定资产投资增长的主要
特点，以河南投资和经济发展的关系为切入点，利用回归分
析和投入产出模型得出重要结论。将实证分析结果与2007年
研究结果做对比，得出新时期投资对 GDP 的拉动系数明显小
于2007年计算的结果，说明投资的拉动效应在减弱。进而指
出当前河南固定资产投资存在的问题，并给出投资推动河南
高质量发展的政策建议。

关键词： 新发展理念　固定资产投资　GDP　河南

2014 年5 月，习近平总书记在考察河南时首次提出："我国发展仍处于
重要战略机遇期，我们要增强信心，从当前我国经济发展的阶段性特征出
发，适应新常态，保持战略上的平常心态。"2017 年 10 月，党的十九大报
告做出了"中国特色社会主义进入了新时代"的重要判断。从"新常态"

---

* 冯文元，河南省统计局副局长；顾俊龙，博士，河南省统计局固定资产投资处处长；朱丽玲，
河南省统计局固定资产投资处副处长；呼晓飞，河南省统计局固定资产投资处。

到"新时代",中国不断加深对发展规律、发展阶段和发展任务的认识,经济增长告别传统模式,从高速增长转为中高速增长,从主要依靠土地、资金、劳动要素驱动转向土地、资金、劳动要素和创新共同驱动。新的历史时期,需要重新认识投资增长与经济增长的关系,进一步深化对投资促进发展的认识。

一 新时期河南固定资产投资增长的主要特点

(一)投资增速逐渐放缓,与 GDP 增长趋势基本一致

2004 年以来,河南固定资产投资(不含农户,下同)总体增速逐渐回落,从 2005 年的 39.3% 回落到 2019 年的 8.0%,同时,GDP 增速也由 2006 年的 14.4% 回落到 2019 年的 7.0%,二者在趋势上大体一致,增速到 2019 年基本接近。这一时期正是经济从高速增长逐渐回落到个位数增长的转换期,同时也是向新常态过渡的时期。

从结构变化看,投资结构的变化推动河南三次产业结构改变。三次产业投资结构从 2000 年的 5.9∶43.8∶50.3 到 2010 年的 4.4∶51.1∶44.6,2015 年演变为 4.2∶48.6∶47.1,2019 年进一步演变为 3.7∶28.9∶67.4。第三产业投资占比逐渐占据最大份额,同时推动河南经济结构深刻变化,使第三产业占比成为三次产业中占比最大的产业。

(二)投资增长更加符合高质量发展理念

1. 高成长性制造业投资占比提高,传统支柱产业加快改造提升

党的十八大以来,河南高成长性制造业投资年均增长 10.6%,占工业投资比重由 2012 年的 43.2% 提高到 2019 年的 47.6%。传统支柱产业年均增长 9.4%,占工业投资的比重由 2012 年的 40.4% 提高到 2019 年的 42.9%,改造提升步伐进一步加快。

2. 技改投资成为工业投资增长的重要拉动力量

党的十八大以来,河南工业企业技术改造投资年均增长 12.3%,占工业投资的比重由 2012 年的 13.7% 提高到 2019 年的 29.9%。2019 年,河南工业企业技术改造投资比 2018 年增长 55.0%,高出全省工业投资增速 45.3 个百分点,占工业投资的比重为 29.9%,较 2018 年同期提升 8.8 个百分点。其中,制造业技术改造投资增长 49.3%,高出全省制造业投资增速 41.1 个百分点,占全部工业投资的比重为 25.5%,较 2018 年同期提升 6.7 个百分点。

3. 民间投资活力增强

随着市场机制完善和开放领域扩大,河南民间投资逐渐活跃,投向领域继续拓展。2000 年以来,民间投资占比从 37.7% 提升到 2015 年的 84.9%,之后虽有回落,但仍在 70% 以上。河南民间投资的主体作用十分突出,在整个投资中扮演重要角色。

4. 民生相关领域投资增长较快

党的十八大以来,河南教育行业投资年均增长 21.8%,文化、体育和娱乐业投资年均增长 26.7%,卫生、社会保障和社会福利业投资年均增长 25.1%。房地产开发投资由 2012 年的 3035.29 亿元增加到 2019 年的 7464.59 亿元,住房保障工程扎实推进,河南商品房市场健康发展。

(三)投资更加兼顾经济效益和社会效益

1. 固定资产投资经济效益有所降低

投资弹性系数是年度 GDP 增速与固定资产投资增速的比值,反映了固定资产投资每增长一个百分点带动 GDP 增长的百分点数。从投资与 GDP 增长的弹性系数看,河南投资弹性系数从 2000 年的 0.99 下降至 2019 年的 0.87,总体略有降低。具体来看,2000 ~ 2003 年,河南投资弹性系数明显下降,由 0.98 下降到 0.32;2004 ~ 2009 年在 0.34 ~ 0.39 之间波动,2010 年有所反弹,之后又有所下滑,2014 ~ 2018 年逐步增长,2019 年再次出现下滑。与全国相比,河南投资弹性系数低于全国平均水平,反映出河南投资的效率和效益相对较低。

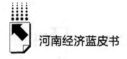

2. 固定资产投资社会效益不断显现

投资在改善民生、推动新型城镇化、完善基础设施等方面发挥了巨大作用，有力地推进社会公平，补足发展短板。近年来，河南先后开工建设一批地铁、水利、高速公路、城市快速路项目，极大地方便群众出行，改善了城市环境。党的十八大以来，河南水利、环境和公共设施管理业投资年均增长25.4%，占全部投资的比重从2012年的7.0%提升到2019年的14.4%；交通运输、仓储和邮政业投资年均增长19.9%，占全部投资的比重从2012年的4.3%提升到2019年的6.1%。脱贫攻坚方面，从解决"两不愁三保障"突出问题出发，聚焦深度贫困地区和特殊贫困群体，一批交通扶贫项目、农村水利项目、农厕改造项目、易地扶贫搬迁项目建成并投入使用，贫困地区群众生活质量得到提升。截至2019年底，河南933个贫困村饮水安全得到巩固提升；"十三五"易地扶贫搬迁26万人入住任务全面完成，黄河滩区居民迁建20万人安置区基本建成；"百县通村入组"工程顺利实施，实现约1万个自然村通硬化路，全省自然村通硬化路率达80%左右，农村公路成为乡村振兴的"加速器"。

二 河南固定资产投资增长与经济增长的关系

（一）投资项目建设对经济发展的带动作用

1. 提供就业岗位

固定资产投资对增加就业的作用，可以从四个层面理解：一是投资项目的建设，直接为建筑业提供就业岗位；二是增加投资引起对相关投资品供应行业产品需求的增加，促进相关行业扩大生产，增加相关行业就业岗位；三是投资项目建成后，吸纳劳动力维持项目的正常生产运行；四是为交通运输业、商业流通业、售后服务业等后续相关行业提供就业岗位。从与固定资产投资密切相关的房地产业和建筑业看，2019年河南房地产开发企业直接吸纳从业人员27.61万人，是2010年的2.75倍，建筑业从业人数达到296.92万人，是2010年的1.26倍。

2. 拉动当期生产和消费，形成未来供给

固定资产投资不仅通过当年施工拉动钢铁、水泥、建材、设备等生产增加当年的 GDP，还在项目建成后形成新的生产和服务能力。一方面，可以弥补因折旧和技术落后而淘汰的生产能力；另一方面，通过扩大再生产，实现产业扩大和转型升级，增强市场供应能力和竞争力。

3. 促进消费增长，提高人民生活水平

投资对消费的促进作用主要体现在以下几个方面：一是固定资产投资通过建设过程中的各项支出，一定比例的投资资金要转入消费领域；二是扩大就业增加收入，形成新的消费；三是生产新产品，适应市场需求，激发消费热点。

4. 改善发展条件，提升经济运行效率

近年来，河南省地铁、市域铁路等城市轨道交通项目加快建设，水利领域"四水同治"工程，高速公路建得更多更密，"米"字形高铁网日益完善，城市快速路投入使用，旧城改造、新区开发、中心区建设等加快推进，不仅便利了出行，而且降低了经济运行成本，提升了经济运行效率。

（二）新时期河南投资增长与 GDP 增长的回归分析

通过计量分析方法，定量分析 2000 年以来河南投资与经济增长间的关系，分析得出河南投资和经济增长之间的回归关系。

1. 数据与变量

采用地区生产总值（*GDP*）作为衡量经济增长的指标，采用固定资产投资额（*TZ*）作为衡量投资的指标，时间跨度为 2000～2018 年。为消除价格因素影响，以 1999 年的 GDP 和固定资产投资数据为基期，以 1999 年为基期的 GDP 增长指数和投资增长率计算 2000～2018 年实际的 GDP 和固定资产投资额。同时，为消除时间序列异方差的影响，对数据进行自然对数化处理，分别用 ln*GDP*、ln*TZ* 表示。

2. 平稳性检验

分析时间序列数据以数据的平稳性为前提，且要求变量间存在协整关

系，因此需对数据的平稳性和协整关系进行检验。本文采用单位根检验
（Unit Root Test）方法，对投资和 GDP 进行平稳性检验，结果如表1所示。

表1　GDP 与投资平稳性检验结果

变量	ADF 统计量	临界值(5%)
lnGDP	-1.496568	-3.710482
lnTZ	0.583790	-3.759743

从检验结果看，lnGDP 和 lnTZ 的 ADF 检验统计量在5%的显著性水平
下大于对应的临界值，表现为非平稳。再对 lnGDP 和 lnTZ 进行一阶差分处
理，进行检验，结果表明时间序列平稳。因此得出：lnGDP 和 lnTZ 序列均
为一阶单整，差分后分别为 lnGDP（-1）和 lnTZ（-1）。

3. 协整检验

平稳性检验证明变量间可能存在协整关系，但不能确定，因此继续进行
协整检验，以证明变量间是否存在长期的稳定关系。

首先，对 lnGDP（-1）和 lnTZ（-1）进行最小二乘估计（OLS），回
归方程如下：

$$\ln GDP(-1) = 5.347316 + 0.448779 \times \ln TZ(-1) \qquad (1)$$
$$(84.79) \quad (66.25)$$

对上述模型的残差进行单位根检验，结果如表2所示。

表2　GDP 与固定资产投资的协整检验

变量	ADF 统计量	临界值(5%)
μ	-2.728252	-1.966270

从检验结果看，残差序列 μ 在5%的显著性水平下，ADF 统计量小于临
界值，通过了检验，属于平稳序列。因此得出：投资和 GDP 之间存在协整
关系，即二者之间存在长期的稳定关系。

4. 结果说明

通过前述对河南固定资产投资与经济增长之间关系的定量分析，说明河南固定资产投资和经济增长之间存在长期的稳定关系，且投资增长对 GDP 的拉动系数为 0.448779。

5. 与过去结论的对比

徐良等人对 1984~2006 年投资与 GDP 增长的关系做过研究，对 $\ln GDP$ (-1) 和 $\ln TZ$ (-1) 进行最小二乘估计（OLS），得出以下结论：

$$\ln GDP(-1) = 2.1712 + 0.8736 \times \ln TZ(-1) \tag{2}$$

两个结果对比来看，2000~2018 年投资对 GDP 的拉动系数明显小于 1984~2006 年计算的结果，说明投资拉动 GDP 增长的效应在减弱。新时期需要重新认识投资增长与经济增长的关系，投资活动贯穿创新、协调、绿色、开放、共享的新发展理念，追求的不再是刺激经济增长和反周期调节，而是发展的高质量。有效投资也不再单指经济效益，而是兼顾社会效益，解决发展不平衡、不充分的问题。

（三）基于投入产出模型测算的投资拉动经济结构变化的效应

1. 投入产出模型

凯恩斯的有效需求原理提出了投资乘数概念，即投资的扩大带来国民收入扩张的倍数。在投入产出分析中，也存在乘数概念，即投入产出乘数。投入产出模型可表示为：

$$X = (I-A)^{-1} \times Y = (I-A)^{-1} \times (C+I+EX)$$

其中，X 表示社会总产出，Y 表示最终需求；A 为直接消耗系数矩阵，$(I-A)^{-1}$ 为里昂惕夫逆矩阵，C 为最终消费列向量，EX 为净流出列向量。可以看出，I 的增加会带来总产出的成倍扩张。

2. 数据计算

基于 2017 年河南省投入产出表，计算分行业的直接消耗系数矩阵及里昂惕夫逆矩阵，将 $(I-A)^{-1}$ 与 2017 年分行业投资总额矩阵相乘，得出各行

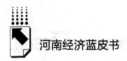

业基于投入产出表的产出量（见表3）。运用分行业的产出量占比/投资总额占比，评价行业投资的产出效果。当比值＞1时，表明该部门固定资产投资对国民经济产出的影响程度超过该部门的投入水平；当比值＜1时，表明该部门固定资产投资对国民经济产出的影响程度低于该部门的投入水平。比值越大，投资效果越好，对经济的拉动作用越大。

表3　分行业投资与产出情况

产品部门	投资占比	产品部门	产出占比	产品部门	产出占比/投资占比
房地产业	0.21661271	化学工业	0.08750027	邮政业	52.48346367
水利、环境和公共设施管理业	0.11405010	房地产业	0.08612899	金融业	41.91421738
农林牧渔业	0.05865570	金属冶炼及压延加工业	0.05708352	石油和天然气开采业	25.74319211
交通运输及仓储业	0.05609022	农林牧渔业	0.05126529	燃气生产和供应业	10.64617502
通用、专用设备制造业	0.05196722	燃气生产和供应业	0.04334600	煤炭开采和洗选业	9.03552487
化学工业	0.05164710	租赁和商务服务业	0.04131421	石油加工、炼焦及核燃料加工业	7.74274001
食品制造及烟草加工业	0.04361801	水利、环境和公共设施管理业	0.04120365	建筑业	7.47652722
非金属矿物制品业	0.03968867	金融业	0.04104485	仪器仪表及文化办公用机械制造业	6.12902973
电力、热力的生产和供应业	0.03432963	食品制造及烟草加工业	0.03973185	租赁和商务服务业	4.29162033
批发和零售业	0.02853474	通用、专用设备制造业	0.03814676	金属冶炼及压延加工业	3.58008648
交通运输设备制造业	0.02699796	非金属矿物制品业	0.03077743	非金属矿及其他矿采选业	3.41504838
电气机械及器材制造业	0.02466100	邮政业	0.03075561	金属矿采选业	3.41486604
纺织服装鞋帽皮革羽绒及其制品业	0.02108823	电气机械及器材制造业	0.02777070	废品废料	3.20186640

续表

产品部门	投资占比	产品部门	产出占比	产品部门	产出占比/投资占比
木材加工及家具制造业	0.02106681	造纸印刷及文教体育用品制造业	0.02572640	信息传输、计算机服务和软件业	2.80103062
金属制品业	0.01953276	煤炭开采和洗选业	0.02561794	居民服务和其他服务业	2.36316968
教育	0.01739402	通信设备、计算机及其他电子设备制造业	0.02462497	造纸印刷及文教体育用品制造业	1.89475467
通信设备、计算机及其他电子设备制造业	0.01684425	交通运输及仓储业	0.02454639	化学工业	1.69419502
金属冶炼及压延加工业	0.01594473	金属制品业	0.02291714	通信设备、计算机及其他电子设备制造业	1.46192204
文化、体育和娱乐业	0.01497755	电力、热力的生产和供应业	0.02271636	纺织业	1.37871401
纺织业	0.01495613	仪器仪表及文化办公用机械制造业	0.02064638	工艺品及其他制造业	1.30262393
造纸印刷及文教体育用品制造业	0.01357770	纺织业	0.02062023	综合技术服务业	1.24229024
卫生、社会保障和社会福利业	0.01354557	信息传输、计算机服务和软件业	0.01978511	金属制品业	1.17326681
住宿和餐饮业	0.00989055	金属矿采选业	0.01880612	电气机械及器材制造业	1.12609823
租赁和商务服务业	0.00962672	交通运输设备制造业	0.01737929	水的生产和供应业	1.01644127
信息传输、计算机服务和软件业	0.00706351	石油加工、炼焦及核燃料加工业	0.01690193	食品制造及烟草加工业	0.91090476
水的生产和供应业	0.00590540	批发和零售业	0.01635224	农林牧渔业	0.87400341
金属矿采选业	0.00550713	木材加工及家具制造业	0.01550552	非金属矿物制品业	0.77547143

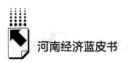

续表

产品部门	投资占比	产品部门	产出占比	产品部门	产出占比/投资占比
综合技术服务业	0.00528203	纺织服装鞋帽皮革羽绒及其制品业	0.01145493	木材加工及家具制造业	0.73601646
公共管理和社会组织	0.00426244	石油和天然气开采业	0.01098578	通用、专用设备制造业	0.73405428
燃气生产和供应业	0.00407151	废品废料	0.00883369	电力、热力的生产和供应业	0.66171287
居民服务和其他服务业	0.00345292	居民服务和其他服务业	0.00815984	交通运输设备制造业	0.64372622
仪器仪表及文化办公用机械制造业	0.00336862	教育	0.00753698	住宿和餐饮业	0.58799256
煤炭开采和洗选业	0.00283525	非金属矿及其他矿采选业	0.00716073	批发和零售业	0.57306419
废品废料	0.00275892	文化、体育和娱乐业	0.00672080	纺织服装鞋帽皮革羽绒及其制品业	0.54319069
工艺品及其他制造业	0.00219752	综合技术服务业	0.00656181	公共管理和社会组织	0.47713452
石油加工、炼焦及核燃料加工业	0.00218294	水的生产和供应业	0.00600249	文化、体育和娱乐业	0.44872489
非金属矿及其他矿采选业	0.00209682	住宿和餐饮业	0.00581557	交通运输及仓储业	0.43762325
研究与试验发展业	0.00144291	卫生、社会保障和社会福利业	0.00488009	教育	0.43330877
金融业	0.00097926	工艺品及其他制造业	0.00286254	房地产业	0.39761743
邮政业	0.00058601	建筑业	0.00227922	水利、环境和公共设施管理业	0.36127678
石油和天然气开采业	0.00042675	公共管理和社会组织	0.00203376	卫生、社会保障和社会福利业	0.36027185
建筑业	0.00030485	研究与试验发展业	0.00049662	研究与试验发展业	0.34417651

3. 结果分析

从投资占比情况看，第二产业中通用、专用设备制造业，化学工业，食品制造及烟草加工业等支柱产业投资占比较高，石油和天然气开采业、建筑业占比较低。第三产业中房地产业，水利、环境和公共设施管理业，交通运输及仓储业等民生相关行业投资占比高，金融业、邮政业等具有垄断性质或寡头性质的服务业投资占比低。

从产出占比情况看，化学工业、金属冶炼及压延加工业、燃气生产和供应业等传统制造业占比较高，房地产业，租赁和商务服务业，水利、环境和公共设施管理业等第三产业产出占比高。

4. 投入产出效果分析

根据投入产出模型测算结果，河南省固定资产投资产出效果较好的大多是邮政业、金融业、石油和天然气开采业、燃气生产和供应业、石油加工等垄断性行业。教育，房地产业，水利、环境和公共设施管理业以及卫生、社会保障和社会福利业等行业产出效果不佳。从经济效益的角度分析，投资垄断行业的收益最好，投资社会领域则收益较差。从全社会平衡发展的角度分析，教育，房地产业，水利、环境和公共设施管理业以及卫生、社会保障和社会福利业中的相当一部分属于公共产品，正是需要政府投入的领域，也是推进社会公平、弥补发展短板的领域。从制造业看，制造业投资受市场影响较为显著，同时不能享受垄断收益，因此制造业的投入产出效果处于中等水平，但不能因此放弃对制造业的投资。

三　当前河南固定资产投资存在的主要问题

（一）符合新发展理念的投资增速快但占比低，拉动作用不明显

近年来，河南认真贯彻落实党中央各项决策部署，谋划实施了一批符合新发展理念的投资项目，相关项目投资快速增长，但因其占比较低，对经济发展的拉动作用尚不显著。党的十八大以来，河南科学研究和技术服务业投

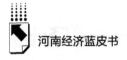

资年均增长 27.6%，占全部投资的比重从 2012 年的 0.4% 提升到 2019 年的 0.7%，对经济增长的拉动作用尚不明显。从投入产出分析，与其相关的研究与试验发展业产出效果不佳，拉动系数仅为 0.34417651。

（二）制造业投资增长低迷，制约工业转型和高质量发展

近年来，河南紧抓中部地区崛起战略机遇，立足省情实际，扬长避短，坚持把制造业高质量发展作为推动经济高质量发展的主攻方向，制造业投资保持较快增长。党的十八大以来，随着"三去一降一补"和产业转型发展的推进，全省制造业投资逐渐从高速增长转向中低速增长，制造业投资增速从 2012 年的 23.8% 逐渐下降到 2019 年的 8.2%。特别是 2015 年以来，制造业投资增速一直在 8.8% 以下，最低点为 2017 年的 3.1%。2020 年以来，受疫情和大项目减少等因素影响，河南制造业投资增速持续低迷。2020 年，全省制造业投资同比仅增长 0.8%，低于工业投资 1.9 个百分点。从工信部门提供的数据看，虽然河南出台了一系列推动工业经济发展的政策，但国内外疫情变化以及市场有效需求不足影响制造业投资的增长，且进一步波及投资。2020 年，全省汽车制造业投资同比下降 9.3%，消费品制造业投资下降 5.5%，食品制造业投资仅增长 0.1%，服装服饰、现代家居产业投资分别下降 21.2%、25.1%。

（三）房地产开发投资增速明显放缓，对经济增长的拉动作用弱化

河南认真落实"房住不炒"的政策要求，坚持不将房地产作为短期刺激经济手段的原则，积极推动房地产行业高质量发展。随着房地产市场热度下降，全省房地产开发投资增速也逐渐回落，从 2016 年的 28.2% 回落到 2019 年的 6.4%，回落幅度明显。从投入产出分析看，房地产业产出效果不佳，对经济增长的带动系数仅为 0.39761743，拉动效果较弱。

四 投资推动新时期河南高质量发展的建议

"十四五"时期是河南经济发展水平和质量进一步提升的关键时期，要

在保增长、转方式、调结构上取得明显突破，谋求更持久的发展动力，关键要加大有效投资力度，着力提高投资效率，优化投资结构对产业结构调整升级的引领作用。

（一）加快投资结构调整，着力解决经济发展中的不平衡不充分问题

新时期要依据当前河南经济发展的现状和特点确定投资重点，合理调整投资结构。在投资结构上，要巩固提高第一产业、优化升级第二产业、加快发展第三产业。始终把工业放在牵动全局的战略位置上，在现有优势产业的基础上继续重点投入、重点培养，对国家明令禁止、已处于淘汰边缘的行业坚决取缔，坚持有保有压。

（二）聚焦优势产业发展，做大做强优势产业

河南要瞄准先进制造业强省目标，加大制造业投资力度，做大做强制造业。进一步做强、做精传统优势产业，不断提升传统优势产业的竞争力。同时要加大研发投入力度，提高产业技术水平和规模。

（三）着眼培育经济新增长点，加大战略性新兴产业投资力度

在新旧动能转换进程中，河南要巩固新能源、高端技术装备等领域的发展成果，着力引进和扶持生物、医学、数字等领域有发展前景的高新技术企业，加大新兴产业重点领域投资的政策扶持力度，支持企业创新投资。充分调动科研人员的创新积极性，释放企业科研创新红利，使科研成果迅速转化为项目落地，形成新的增长动能，打造河南经济增长动力新引擎。

参考文献

宋丽智：《我国固定资产投资与经济增长关系再检验：1980～2010 年》，《宏观经济

河南经济蓝皮书

研究》2011 年第 11 期。

廖媛：《固定资产投资与中国经济周期波动关系的实证研究》，硕士学位论文，复旦大学，2010。

马艳丽、徐良：《河南产业投资结构研究》，《建筑经济》2011 年第 1 期。

B.24
河南加快发展新兴产业研究

陈陆阳　谷雅聪　李子枫　王　鹏*

摘　要： 习近平总书记多次强调，"把新一代信息技术、高端装备制造、绿色低碳、生物医药、数字经济、新材料、海洋经济等战略性新兴产业发展作为重中之重，构筑产业体系新支柱"。加快推进新兴产业发展，对贯彻落实党中央、国务院决策部署，深化供给侧结构性改革，推动新旧动能接续转换，促进河南经济高质量发展具有重要意义。本文在总结梳理新兴产业发展趋势及河南省新兴产业发展情况的基础上，研究提出了2021年促进河南新兴产业发展的措施建议：加强统筹推动、培育新兴产业集群、补齐科技创新短板、强化政策扶持引导、完善提升载体功能。

关键词： 新兴产业　新兴产业链　新旧动能接续转换　河南

为加快新兴产业发展、培育新兴产业链，河南省发展和改革委员会调研组认真学习借鉴上海、江苏、浙江、安徽、湖北、四川等地经验做法，对新兴产业发展趋势进行了分析，提出了河南新兴产业发展的重点任务和政策建议。

---

* 陈陆阳，河南省发展和改革委员会数字经济发展处；谷雅聪，河南省发展和改革委员会创新和高技术发展处；李子枫，河南省发展和改革委员会工业发展处；王鹏，河南省发展和改革委员会资源节约和环境保护处。

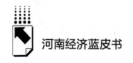

一　河南新兴产业发展现状

近年来，全省上下认真贯彻落实省委省政府工作部署，大力发展5G、新型显示和智能终端、新能源及网联汽车等新兴产业，努力培育新业态新模式，新兴产业正在成为经济转型升级的主动能、高质量发展的强大支撑。

（一）总量规模稳步扩大

"十三五"时期全省战略性新兴产业增加值年均增速达12.5%，占规模以上工业增加值比重由2016年的11.9%提升至2019年的19.0%。特别是2020年面对新冠肺炎疫情的严峻挑战，新兴产业呈现回稳更快、后劲更足的特点，占规模以上工业增加值比重稳步提高，自2020年5月由负转正后持续保持增长。2020年，全省高技术制造业、战略性新兴产业增加值增速分别为8.9%、2.6%，占规模以上工业增加值比重分别为11.1%、22.4%，高于2019年同期1.2个、3.4个百分点。

（二）产业规划逐步完善

积极构建引领高质量发展的新兴产业体系，出台5G、新型显示和智能终端、新一代人工智能等10个新兴产业发展行动方案，研究制定数字经济、鲲鹏计算、量子通信等发展规划。聚焦补齐产业链薄弱环节，突破产业关键领域，制定实施十大新兴产业链现代化提升方案，分产业链制定重点事项、重点园区、重点企业和重点项目"四个清单"，建立链长牵头、部门负责、清单管理、按月调度的新兴产业链推进机制。

（三）创新实力显著增强

郑洛新国家自主创新示范区加快建设，国家生物育种产业创新中心、智能农机国家制造业创新中心、国家超级计算郑州中心等高能级创新平台落户河南。截至 2020 年底，河南拥有国家级创新平台 166 家，其中国家级企业技术中心达到 91 家，数量居全国第 5 位。全省高新技术企业保持 40% 以上的高速增长态势，科技型中小企业数量突破 1 万家，居全国第 4 位、中西部首位。实施了超大直径硬岩盾构、燃料电池客车、光互连芯片等一批填补空白的重大科技专项。

（四）特色产业集群逐步形成

统筹推进产业布局，郑州重点发展电子信息、新能源及网联汽车等产业，洛阳以智能装备为主，新乡生物医药、鹤壁光通信等各具特色，全省逐步形成错位发展、优势互补的新兴产业发展格局。积极培育产业集群，形成电子信息、节能环保、生物医药等一批千亿级新兴产业集群，郑州信息技术服务等 4 个产业集群被纳入首批国家战略性新兴产业集群发展工程。规划建设郑开科创走廊、中原科技城、鲲鹏软件小镇等发展载体，打造新兴产业高质量发展引领区。

（五）龙头带动效应日趋凸显

坚持优化布局，初步形成"核心引领、节点带动"的产业集聚发展态势，吸引华为、阿里巴巴、紫光、海康威视、浪潮等一批龙头企业落地河南，推动产业链上下游企业在河南协同发展。重大项目引领带动作用不断增强，鲲鹏计算产业生态初步形成，自主品牌"Huanghe"服务器和 PC 机正式下线，成为华为鲲鹏生态重要生产基地。浪潮安全可靠生产基地、长城（郑州）自主创新基地、紫光智慧计算终端全球总部基地等重大项目相继落地，推动河南省自主可控产业进入全国前列。

虽然河南新兴产业发展取得了积极成效，成为全省经济高质量发展的重要推动力量，但与先进省市相比还存在一定差距。一是集群竞争能力不强。面对全国各省份新兴产业突飞猛进的发展态势，河南集群竞争力还存在较大差距，产业层次不高，缺乏类似上海集成电路、武汉光电子信息、合肥新型显示、杭州信息技术服务、长沙智能制造等具有核心竞争力的产业集群。河南电子信息主导产业增加值占规模以上工业的比重为 6%，新型显示和智能终端等 10 个新兴产业占比均低于 5%，还未形成对工业经济转型升级的有效支撑。二是骨干企业支撑不够。河南核心产业和市场主体培育不够，高新技术企业数量 4782 家，仅占全国总数（226972 家）的 2.1%，居中部六省第 5 位，仅相当于广东（51270 家）的 9%、湖北（7942 家）的 60%、湖南（6330 家）的 76%。龙头企业少，高新技术企业中营收超百亿元的仅有 12 家，没有一家"独角兽"企业。三是技术创新能力不足。河南高水平科研机构和创新型人才数量明显不足，关键核心技术创新能力较弱，高新技术企业数量仅占全国的 2.1%，居全国第 16 位、中部六省第 5 位，全省每万人就业人员中 R&D 人员仅相当于全国平均水平的 49.0%，产学研用联动的环境尚未有效形成。四是支持政策措施不细。河南支持新兴产业发展的政策措施、体制机制亟待创新，各地多专注于发展传统产业，并形成了较强的路径依赖，出台的新兴产业相关政策多为"大而全"的统筹性政策，在新兴产业细分领域生态培育方面缺乏针对性政策。

二 河南新兴产业发展趋势和面临的形势

在新一轮科技革命和产业变革背景下，新技术、新业态、新产业蓬勃发展，将对生产方式、管理形式和发展模式产生革命性影响。

（一）新兴产业发展趋势

一是新技术加速涌现。全球科技创新进入密集活跃期，以 5G、大数据、人工智能等为代表的新一代信息技术、先进制造技术、生物技术、新材料技术、新能源技术广泛渗透到各个领域，带动了以智能、绿色、融合为特征的群体性重大技术变革，全球正在步入新技术孕育发展的关键时期。

二是新业态加速融合。伴随着新技术的广泛应用，传统企业与互联网平台企业、行业性平台企业、金融机构等开展联合创新，平台经济、共享经济等新业态加快向各领域渗透，传统行业逐渐由生产型向服务型转变，制造业服务化成为全球产业发展的重要趋势。

三是新产业加速发展。随着劳动力成本上升、资源环境约束增强以及市场竞争格局转变，产业结构调整和转型升级势在必行，以重大技术突破和重大发展需求为基础的数字经济、生命健康、新材料等新兴产业快速增长，推动传统产业智能化升级，为经济发展提供新动力、构建新支点。

（二）新兴产业面临的形势

当前，全球产业链、供应链、价值链加速重构，河南省产业基础能力提升和产业链现代化建设任务更加艰巨，新兴产业发展机遇与挑战并存。

有利因素方面。从政策机遇看，黄河流域生态保护和高质量发展、中部地区崛起等重大政策红利持续释放，新兴产业迎来历史性发展机遇。从产业布局看，在构建国内国际双循环新发展格局下，新兴产业领域骨干企业逐步向国内收缩、向内地转移，为河南承接产业转移提供了难得机遇。从重点产业看，国家加快建设自主可控产业体系，为河南培育新兴产业增长点提供了有利环境。从发展环境看，全省各地发展新兴产业的积极性不断提升，政策吸引力逐步增强。

不利因素方面。从宏观环境看，国际环境日趋复杂，高端要素资源对接困难，导致市场预期不稳、企业信心不足、生产投资积极性不高等问题。从区域竞争看，各省份特别是中部省份对新兴产业发展的重视程度空前提高，针对未来产业制高点的竞争更趋激烈，虹吸效应越发明显。从重点产业看，河南电子信息产业对富士康依赖程度高，替代力量储备不足，存在"单点失效"的风险。从要素制约看，人才密集、技术密集和资金密集已成为新兴产业布局的基本条件，河南人才短缺、技术薄弱等短板更加凸显。

综合分析，尽管国际国内环境日趋复杂，但河南市场规模优势突出，产业体系比较完备，特别是全省上下对新兴产业的重视程度日益提高，预计2021年河南省新兴产业有望保持较快发展态势。

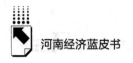

三 河南新兴产业发展的重点任务

下一步，河南要深入贯彻落实习近平总书记视察河南重要讲话精神，抢抓黄河流域生态保护和高质量发展、促进中部地区崛起战略机遇，主动融入双循环新发展格局，加快实施新兴产业链现代化提升方案，坚持开放合作、市场牵引、统筹布局、远近结合，以集群化发展为重点，推动河南新兴产业实现跨越式发展。

（一）新型显示和智能终端产业

可强化与立讯精密、闻泰科技、中兴、兆芯等龙头企业合作，通过项目引进、园区合作、"飞地经济"等方式积极承接产业转移，落地一批带动性强、投资规模大、业态模式新的引领型标志性重大项目。加快推动黄河鲲鹏生产基地、浪潮安全可靠生产基地、长城（郑州）自主创新基地、紫光智慧计算终端全球总部基地、华锐光电第 5 代 TFT—LCD 面板、合晶 8 英寸硅抛光片等重点项目建设，培育新的产业增长极。全力推进郑州下一代信息网络和信息技术服务两大国家级战略性新兴产业集群建设，打造具有国际竞争力的产业生态圈。

（二）生物医药产业

可依托郑州临空生物医药园、新乡生物与新医药专业园区，围绕传染性疾病、恶性肿瘤、心脑血管疾病等重大需求，开展新型疫苗、基因工程药物、血液制品等创新药物研发。推动中医药骨干企业做精传统知名品牌，开展新型制剂、中药饮片和配方颗粒等研发，促进中医药提质升级。加快郑州临空生物医药园二期、安图生物体外诊断产业园建设，打造国内最大的体外诊断产品生产基地。依托新乡、郑州、平顶山等地产业优势，打造医用物资应急储备基地。加强与上海药物所、上海交通大学等合作，推动重大成果转化落地。

（三）节能环保产业

持续实施节能环保产业示范基地创建行动，支持建设一批专业化园区。聚焦农业面源污染、工业污染、城乡生活污染和矿山综合整治"3＋1"治理清单，实施一批园区综合能源改造、第三方污染治理、城镇污水垃圾收集处理设施等重点工程。以高效节能技术装备、工业废气废水治理装备、新能源环卫装备、环保新材料、废旧电池回收利用等细分领域为突破口，培育一批节能环保领域骨干企业。强化科技创新驱动，组织筛选一批具有先进性、适用性的绿色技术，适时纳入省节能低碳与环境污染防治技术指导目录。

（四）新能源及网联汽车产业

突破发展智能网联技术产品，推动新能源及网联汽车产业配套能力和质量规模提升。深化宇通和华为战略合作，开展智能驾驶计算平台、自动驾驶云服务、智能网联系统软件等联合创新，打造智能驾驶系统解决方案。建设智能网联汽车测试应用示范区，举办智能网联汽车大赛，打造集行业论坛、权威赛事、项目签约于一体的全国性重大活动。推动上汽郑州、海马汽车、郑州日产等整车企业制订智能网联汽车车型研发和导入计划，开发具有市场竞争力的新车型，提升产能利用水平。加快推动福田智蓝新能源商用车等项目投产，积极申报国家燃料电池汽车示范城市群。

（五）新一代人工智能产业

深化与科大讯飞、中原动力等龙头企业、创新型企业的合作，实施中科寒武纪（洛阳）人工智能计算平台、华为（许昌）人工智能与智能制造创新中心等项目，突破人工智能芯片技术，拓展智能人机交互终端设备，形成智能计算设备、智能机器人规模化竞争优势。加快鲲鹏软件小镇建设，推动软件领域骨干企业集聚发展，积极发展面向人工智能应用设计的智能软件及智能系统解决方案。结合新型智慧城市试点市建设，推动新一代人工智能技

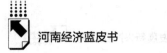

术深度应用，打造一批"智能＋"应用场景。支持郑州市争创国家新一代人工智能创新发展试验区。

（六）网络安全产业

推进省信息安全示范基地、紫荆网络安全科技园建设，实施信大捷安光接口网络安全芯片、信安通信 5G 网络安全试验场等项目，突出发展网络安全芯片，实现车规级安全芯片、服务器专用安全芯片、嵌入式超低功耗芯片规模化生产，引进落地 10 家以上网络安全企业。以重大安全需求为牵引，在政务、基础、产业等重点领域打造一批典型应用解决方案。发挥战略支援部队信息工程大学、中电科 27 所等的技术优势，联合骨干企业建设一批高水平创新平台和新型研发机构，加快关键核心技术产品研发生产。持续举办"强网杯"全国网络安全挑战赛等重大活动，打造国内一流网络安全产业发展论坛。

四　加快河南新兴产业发展的对策建议

（一）加强统筹推动

强化链长牵头、部门负责的全省新兴产业链工作推进机制，围绕新兴产业链重点事项、重点园区、重点企业、重点项目"四个清单"，实行跟踪推进、动态调整。坚持全省"一盘棋"，以郑州、洛阳都市圈为重点区域，省市联动谋划引进一批重点企业、重大项目，打造新兴产业发展核心区。

（二）培育新兴产业集群

支持各地结合发展实际，发挥比较优势，聚焦新兴产业链薄弱环节，积极承接发达地区新兴产业转移，培育一批各具特色的新兴产业集群。突出龙头带动，支持规模优势明显、具备产业链整合能力的新兴企业，实施高端并购、强强联合，加速产业链关键资源整合，提升集群产业发展层次。

（三）补齐科技创新短板

组织实施重大技术攻关行动，聚焦新兴产业关键核心环节，布局重大科技基础设施和重大创新平台，提升产业技术供给和转化能力。加快构建适应新兴产业发展的创新生态，以"研发团队＋产业项目"模式为主，引进组建一批高水平新型研发机构。

（四）强化政策扶持引导

深入落实国家推动新兴产业发展的相关政策，充分发挥政府性产业基金作用，加大对具有重大带动作用的龙头项目和强链补链延链的专精尖配套项目支持力度。引导鼓励各地出台财政、土地、金融、科技、人才等方面的具体支持政策。

（五）完善提升载体功能

统筹省级产业集聚区、服务业专业园区高质量发展，推动具备条件的园区规划建设新兴产业"园中园"，打造新兴产业发展新载体。积极探索共建园区，抢抓国家推动中部与东部地区示范区结对发展机遇，引进培育平台型园区运营企业，推动跨地区产业转移协作。

B.25
从五年来基本单位变化看
河南经济转型升级

张奕琳 黄莹莹 苏 豪*

摘 要: 基本单位是构成社会经济活动最基本的社会单元,是国民经
济发展的载体。本文利用第四次全国经济普查数据,分析五
年来河南基本单位的变化和呈现的特点,解读全省五年来经
济转型发展取得的成就和存在的不足,并提出相关对策建
议,以期对加快全省基本单位结构优化、推进经济转型升级
提供参考。

关键词: 基本单位 经济转型升级 经济普查 河南

2020 年 7 月 21 日,习近平总书记在企业家座谈会上强调:"市场主体
是经济的力量载体,保市场主体就是保社会生产力。要千方百计把市场主体
保护好,激发市场主体活力,弘扬企业家精神,推动企业发挥更大作用实现
更大发展,为经济发展积蓄基本力量。"基本单位的总体状况和结构反映了
地区经济发展的水平和特点。深入分析河南基本单位的发展状况,进而把握
河南经济发展的规模、结构和效益等情况,对促进经济高质量发展、提高宏
观决策和管理水平具有重要意义。

---

* 张奕琳,河南省统计局普查中心副主任,高级统计师;黄莹莹,河南省统计局普查中心经济
师;苏豪,河南省统计局普查中心统计师。

一 五年来河南基本单位发展的主要特点

（一）基本单位数量快速增长，企业主体作用进一步增强

党的十八大以来，随着商事制度改革的实施和推进，市场主体的活力得到激发，单位数量进入高速增长阶段。2018 年末，全省共有从事第二产业和第三产业活动的基本单位 270.3 万个，较 2013 年末增加 160.4 万个，增长 145.9%，年均增长 25.2%。其中，法人单位 127.9 万个，较 2013 年末增加 76.7 万个，增长 149.9%，年均增长 25.7%；产业活动单位 142.3 万个，较 2013 年末增加 83.6 万个，增长 142.4%，年均增长 24.8%。2018 年末，河南法人单位数量占全国的比重为 5.9%，仅次于广东、江苏、山东、浙江，居全国第 5 位，较 2013 年末前进了 1 位。

（二）社会经济持续发展，产业结构调整成效显著

产业结构是衡量地区经济社会发展水平的重要标志。近年来，河南坚持以新发展理念为引领，加快产业结构优化升级步伐，促进产业向高端化、信息化、集群化、融合化、生态化和国际化方向发展，产业结构实现由"二三一"到"三二一"的历史性转变。2018 年，全省生产总值达 49935.9 亿元，2013 年以来年均增长 8.3%，人均生产总值达 52114 元；三次产业占 GDP 比重分别是 8.6%、44.1% 和 47.2%。而 2013 年，全省生产总值仅为 31632.5 亿元，三次产业占比分别为 12.1%、50.6% 和 37.3%。2013 ~ 2018 年，第三产业比重提升 9.9 个百分点，第二产业比重下降 6.5 个百分点。第三产业年均增长 9.9%，高于全省平均水平 1.6 个百分点，对全省 GDP 年均增速的贡献率最大，说明第三产业正在快速发展，产业格局正向既定目标稳步迈进。

从基本单位发展趋势看，2013 ~ 2018 年，河南从事第三产业的法人单位净增 72.4 万个，增幅达 156.1%，年均增速为 26.5%，远高于第二产业的增幅和年均增速，成为五年来单位数量增长的"主推手"，也是推动产业

结构调整的中坚力量。2018年末，第三产业法人单位数量占比为79.6%，比2013年末提高了5.3个百分点；第三产业法人单位从业人员为1304.4万人，占全部单位从业人员的54.7%，比2013年末提高了12.8个百分点；第三产业法人单位资产总计20.3万亿元，占比为72.8%，比2013年末提高了9.1个百分点。

（三）行业内部分化明显，新业态、新产业表现亮眼

从总体上来看，河南第二产业法人单位数量稳步增长，2013～2018年年均增速为16.8%，但低于全省平均水平8.9个百分点。其中，采矿业出现负增长；制造业增速放缓，年均增速为8.4%；建筑业异军突起，在近年来全社会固定资产投资需求旺盛的拉动下，年均增速高达57.0%。制造业是国民经济的支柱行业，也是拥有单位数量最多的行业。2018年全省从事制造业的法人单位有13.8万个，占全省的10.8%，比2013年的19.6%下降了8.8个百分点。第三产业快速发展，法人单位进一步向第三产业集聚，法人单位数量由2013年的38.0万个增至2018年的101.9万个，年均增速28.0%，比重由74.3%提升至79.6%。

不同行业增速出现明显分化。分行业看，2018年末单位数量居前3位的行业为批发和零售业、制造业、租赁和商务服务业，占全部单位的比重分别为32.0%、10.8%、9.9%。绝大多数行业单位数量均比2013年末有不同程度的增长，但增速出现明显分化。增速较高的有信息传输、软件和信息技术服务业，建筑业，租赁和商务服务业，批发和零售业，分别是2013年的10.7倍、5.1倍、4.5倍、3.1倍。采矿业、卫生和社会工作是仅有的两个单位数量减少的行业，五年间分别减少了0.2万个和1.4万个，增速分别下降了37.5%和40.1%。信息产业高速增长。五年来，以互联网为代表的新一代信息技术产业快速发展，成为推动经济发展的重要力量。2018年末，信息传输、软件和信息技术服务业共有法人单位5.6万个，比2013年末增加5.1万个，是2013年末的11.2倍；从业人员46.6万人，增长233.4%；资产总计2578.1亿元，增长139.2%。

（四）各区域统筹兼顾、协调发展，郑州、洛阳、南阳优势明显

从地区分布看，河南省单位分布呈现向中心城市集聚的特点，行业地域性特征明显。全省 18 个省辖市（示范区）单位数量的分布与经济实力一样，呈现较大的差异。2013～2018 年，河南省法人单位总量增长 76.7 万个，增长 149.9%。在全省 18 个省辖市（示范区）中，郑州法人单位数量增速高于全省平均水平，单位数量增长了 4.4 倍，对全省法人单位数量增长的贡献率达到了 40.9%；增速超过 120% 的还有开封、鹤壁、周口；濮阳、许昌、漯河、三门峡、南阳、济源的单位数量增速低于 100%，相对较慢。郑州、洛阳、南阳发展强劲，区域集中特征明显。无论是单位数量、从业人员数量还是两者增长的幅度，均名列前茅。2018 年末，郑州、洛阳、南阳 3 市法人单位数量占全省法人单位总量的 45.6%，比 2013 年末提高了 12.6 个百分点；吸纳的从业人员数量占全省的 35.1%，比 2013 年末提高了 2 个百分点。除郑州、洛阳、南阳外，单位总量超过 6 万个的还有新乡、商丘、周口；从业人员超过 120 万人的有新乡、许昌、商丘、周口（见表1）。

表1　河南省各省辖市（示范区）法人单位数量及从业人员数量

地　区	法人单位数(万个)		从业人员数(万人)	
	2018 年	2013 年	2018 年	2013 年
全　省	127.9	51.2	2254.5	1972.7
郑　州	38.5	7.1	462.5	347.1
开　封	5.7	2.5	105.1	107.1
洛　阳	9.0	4.3	162.3	151.7
平顶山	5.2	2.5	104.4	95.2
安　阳	5.4	2.5	104.7	109.1
鹤　壁	2.1	0.9	41.4	37.3
新　乡	7.1	3.3	125.7	129.4
焦　作	4.1	2.0	96.6	91.8
濮　阳	3.8	2.1	68.1	76.0
许　昌	5.9	3.5	130.8	114.8
漯　河	2.1	1.2	55.3	50.1

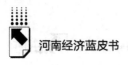

河南经济蓝皮书

续表

地 区	法人单位数(万个)		从业人员数(万人)	
	2018 年	2013 年	2018 年	2013 年
三门峡	2.5	1.5	45.5	51.7
南 阳	10.8	5.5	167.1	154.0
商 丘	7.0	3.5	171.2	112.6
信 阳	5.7	2.6	113.4	103.5
周 口	6.2	2.8	151.8	114.0
驻马店	5.9	2.8	117.0	106.4
济 源	1.0	0.5	18.8	21.1

资料来源：河南省统计局。

二 由基本单位反映的河南经济发展中存在的主要问题

2013 年以来，全省法人单位总量虽然有了较快增长，基本单位结构也不断优化，但与经济相对发达的省份相比，企业规模偏小，区域分布、行业分布不尽合理等问题还有待进一步优化。

（一）单位规模偏小，低效率企业法人单位比重过高

2018 年河南省企业法人单位数量居全国第 5 位，但企业总体规模偏小，以小微企业为主，且小微企业多数集中在传统行业，缺乏足够的资源，很难形成产业优势，抵御市场风险的能力较弱。2018 年末河南大型企业仅有1277 个，居全国第 7 位；小型企业有 18.9 万个，仅次于广东和江苏，居全国第 3 位。从从业人员看，全省企业法人单位中，从业人员在 50 人以下的有 99.5 万个，占 96.0%；50～500 人的有 3.7 万个，占 3.6%；500 人及以上的有 0.4 万个，仅占 0.4%。从营业收入看，全省企业年营业收入在 100万元以下的单位有 47.6 万个，占所有企业法人的 45.9%；年营业收入在1000 万元以上的有 9.5 万个，占所有企业法人的 9.2%，比重偏低。从资产看，全省资产在 50 万元以下的企业有 44.0 万个，占 42.4%；50 万～500 万

元的有 42.5 万个，占 41.0%；501 万～5000 万元的有 14.4 万个，占 13.9%；5000 万元以上的有 2.8 万个，仅占 2.7%。

（二）服务业内部结构不尽合理，产业层次亟待提高

经过多年发展，河南省产业结构不断优化，第三产业发展迅速。2018 年服务业增加值为 23586.2 亿元，占全省的 47.2%，比 2013 年末提高 9.9 个百分点，对经济增长的贡献率为 52.4%。作为经济增长的主要拉动力，第三产业虽然发展较快，但是内部结构不尽合理，劳动密集型的传统服务业如批发零售业仍占较高的比重。2018 年末，河南批发零售业法人单位数量占比达 32.0%，比 2013 年末提高 12.5 个百分点；信息传输、软件和信息技术服务业，租赁和商务服务业，科学研究和技术服务业等技术、知识密集型服务业虽发展较快，但在单位数量、营业收入等方面占比仍然偏低。2018 年末，信息传输、软件和信息技术服务业，租赁和商务服务业，科学研究和技术服务业 3 个行业的法人单位数量占比分别为 4.4%、9.9%、5.9%，营业收入占比分别为 1.5%、2.4%、1.6%。

（三）区域间产业结构雷同，低层次重复现象严重

经过多年的发展，河南产业结构得到一定的优化，许多地方结合本地的传统和实际，逐步培育出了一些富有地方特色的产业集群。但是也应该看到，重复引进、重复建设现象普遍存在，产业结构趋同严重。从全省来看，行业布局分散，专业分工不够明显。以制造业为例，全省从事制造业的企业涉及全部 31 个制造业行业大类，单位数量排前 5 位的行业分别是非金属矿物制品业、通用设备制造业、农副食品加工业、专用设备制造业和金属制品业，这 5 个行业的单位数量占全省的 44.3%。分地区看，单位数量排前 5 位的行业与全省完全重合的是平顶山，重合 4 个行业的有郑州、开封、洛阳、安阳等 9 个地区，重合 3 个的有鹤壁、焦作等 5 个地区，重合 2 个的有濮阳、漯河、周口。以通用设备制造业为例，全省通用设备制造业单位四成集中在机械零部件加工领域，而涉及机械制造、设备制造等技术含量高、附

加值高的行业单位数量较少。由于地区间产业结构相似,行业内部单位分布高度集中,因而企业缺乏规模效益,产品技术含量不高,容易造成产品低层次竞争,最终影响整个行业的健康发展。

(四)基本单位地区分布不平衡,折射出河南经济发展的非均衡性

2018 年底,河南省 127.9 万个基本单位的分布不平衡,地区之间数量差距大。基本单位数量最多的是郑州,拥有法人单位 38.8 万个;数量最少的是济源,仅 1.0 万个,二者相差近 40 倍。各省辖市(示范区)基本单位数量与其经济总量密切相关。按照各省辖市(示范区)基本单位数量与地区生产总值分别排序,全省 18 个省辖市(示范区)位次完全吻合的有 7个,相差 1 位的有 4 个,相差 2 位的有 1 个,相差 3 位的有 3 个,相差 4 位的有 3 个。可以说,基本单位数量的多寡从侧面反映出了各地区经济社会发展水平的高低,这种不平衡状况很难在短期内改变,将会在未来较长一段时间内存在。

三 促进河南经济转型升级的对策建议

面对当前极其复杂严峻的国内外形势,全省要统筹抓好疫情防控和经济社会发展各项工作,坚持新发展理念,坚持稳中求进工作总基调,努力实现高质量发展。

(一)优化营商环境,为市场主体发展创造良好的外部环境

近年来,河南始终把优化营商环境作为事关全省发展的大事要事来抓,特别是通过深化"放管服"改革提升服务效能,着力构建有利于市场主体健康发展的制度环境。要坚持新发展理念,对标先进锻长板、补短板,巩固传统基础设施优势,塑造新型基础设施优势,打造系统完备、高效实用、智能绿色、安全可靠的现代化基础设施体系。要通过强化基础支撑塑造发展优

势，厚植河南营商环境的强大势能，为市场主体蓬勃发展营造稳定、公平、透明、可预期的良好环境。

（二）加强企业培育，提高企业综合竞争力

要加快国有企业布局优化和结构调整，做大做强做优国有资本和国有企业。要积极推进大企业、大集团的战略重组，鼓励大企业加大技术投入力度，培育一批有实力、上规模、具有竞争力的大型企业集团，作为引领行业发展的"头雁企业"。要构建亲清政商关系，优化民营经济发展环境，鼓励民营企业并购重组，不断提升企业规模和核心竞争力。要完善促进中小微企业和个体工商户发展的政策体系，加强对市场主体的金融支持，切实解决小微企业及个体工商户在租金、税费、社保、融资等方面的难题，不断激发各类市场主体的活力。

（三）坚持创新驱动发展，大力发展新兴产业，优化产业结构

企业是技术创新的主体。要鼓励自主创新，完善创新体系，促进各类创新要素向企业集聚，提升企业创新能力。要支持发展知识密集型产品，促进河南企业竞争力由低成本优势向知识技术优势转变。要实施培育创新型企业三年行动计划，建立完善"微成长、小升高、高变强"创新型企业梯次培育机制，培育壮大创新型企业群体规模，着力打造具有核心竞争力的创新型企业集群。要大力发展新兴产业，尤其是生物医药、节能环保、智能装备、新能源等战略性新兴产业，扶持大企业、引进大项目、构建大平台，以大企业的发展引领整个产业的优化升级。

（四）推进城镇化进程，加强区域合作，促进区域经济协调发展

在产业结构调整过程中，城镇化对第一产业的优化作用、对第二产业的提升作用和对第三产业的带动作用十分明显。要结合《中原城市群发展规划》的实施，加强区域合作，加大跨区域的产业重组和资源优化配置力度，形成区域特色。要布局好产业链，推进产业链的纵向延伸，提升区域经济的

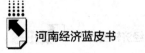

竞争力。要增强郑州国家中心城市的龙头带动作用，巩固提升洛阳副中心城市地位，推动郑州都市圈、洛阳都市圈发展，提升核心城市综合服务功能，充分发挥其在区域发展中的辐射带动作用。

B.26
河南省互联网经济发展现状研究

赵祖亮　田　钧　李　玉*

摘　要： 新冠肺炎疫情影响下，互联网经济对促进经济复苏、保障社
会运行发挥了重要作用，成为助推我国经济增长的重要引
擎。近年来，河南电子商务、在线医疗及教育、"互联网＋
工业"、"互联网＋农业"等新模式新业态蓬勃发展，但也
存在如互联网应用总量相对偏小，发展尚待优化；工业信息
化水平整体偏低，智能制造基础薄弱；农村电商发展面临物
流、人才等多方面因素制约和发展瓶颈等问题。本文在剖析
河南互联网经济发展现状和存在问题的基础上，有针对性地
提出对策建议。

关键词： 互联网经济　电子商务　河南

　　习近平总书记在致2020年浙江乌镇召开的世界互联网大会贺信中指出，
"当今世界，新一轮科技革命和产业变革方兴未艾，带动数字技术快速发
展。新冠肺炎疫情发生以来，远程医疗、在线教育、共享平台、协同办公等
得到广泛应用，互联网对促进各国经济复苏、保障社会运行、推动国际抗疫
合作发挥了重要作用"。党中央、国务院高度重视互联网经济发展，出台实
施"互联网＋"行动、大数据战略等一系列重大举措，加快数字产业化、
产业数字化发展，推动经济社会数字化转型。中国信息通信研究院《中国

---

　　* 赵祖亮，河南省地方经济社会调查队专项调查处处长；田钧，河南省统计局培训中心；李玉，
河南省地方经济社会调查队专项调查处。

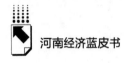

数字经济发展白皮书（2020 年）》显示，2019 年我国数字经济增加值达 35.8 万亿元，占 GDP 比重达 36.3%，对 GDP 增长的贡献率达 67.7%，互联网经济已成为助推我国经济增长的重要引擎。

一 河南省互联网应用情况

（一）信息化应用日益普及

伴随着数字经济的飞速发展，河南企业信息化基础建设稳步发展，信息化各项应用日益普及，成为推动经济发展的有力引擎。从 2014 年到 2019 年，除每百家企业拥有网站数量有所下降外，规模以上企业信息化各项指标均有所提升，通过互联网开展活动的普及率由 98.2% 提升到 100%，实现了完全普及（见表1）。

表1　2014 年和 2019 年河南省规模以上企业信息化发展情况对比

年份	计算机使用普及率（%）	每百家企业拥有计算机数量(台)	每百家企业拥有网站数量（个）	信息技术人员普及率（%）	信息化管理系统普及率（%）	通过互联网开展活动普及率（%）
2014	98.7	2818	51	84.1	96.1	98.2
2019	99.9	3160	45	85.3	97.3	100.0

资料来源：河南省统计局。

信息化在企业管理中广泛运用。2019 年，全省 5.3 万个规模以上企业使用信息化管理，比重达 97.3%。信息化应用贯穿了企业内部生产经营活动的各个环节，财务管理、购销存管理、生产制造管理、物流配送管理、客户关系管理等主要业务流程都有所应用，其中，财务管理的应用最为普及，达 89.8%（见图1）。

企业互联网运用丰富多样。使用互联网收发电子邮件的企业最多，占比达 88.5%；其次为使用网上银行，占比为 68.9%。企业在从政府机构获取

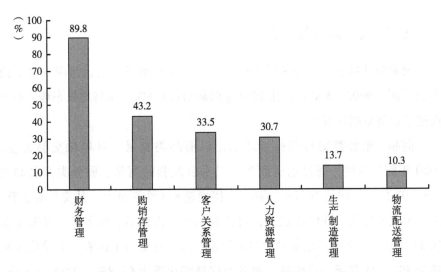

图1　2019年河南省规模以上企业信息化管理应用情况

资料来源：河南省统计局。

信息、了解商品和服务的信息、提供客户服务等方面也广泛使用互联网
（见图2）。

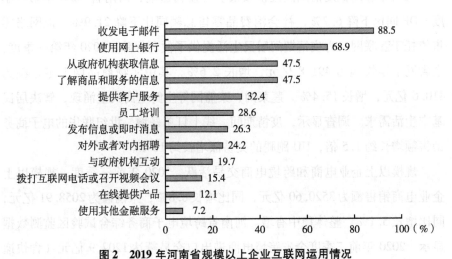

图2　2019年河南省规模以上企业互联网运用情况

资料来源：河南省统计局。

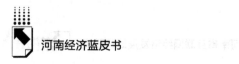

（二）电子商务稳定增长

国家统计局电子商务统计数据显示，2020年前三季度，河南省电子商务交易额为9602.13亿元，比2019年同期增长8.8%，保持增长态势，有力促进了经济双循环发展。

商品、服务类交易额持续增长，以商品类交易、对单位交易为主。2020年前三季度，通过电子商务交易平台监测的商品、服务类交易额为6881.07亿元，增长10.1%，高于全国增速8.1个百分点。从交易对象看，商品类交易额为5739.87亿元，增长14.7%，占商品、服务类交易额比重达83.4%，与全国商品交易的趋势保持一致。从交易主体看，对单位交易额为4530.04亿元，占商品、服务类交易额比重为65.8%。2015年至今，全省的商品、服务类交易额持续增长，但伴随着电子商务从快速扩张到逐渐成熟，增速有所下降，对个人交易增速呈现高于对单位交易增速的趋势。

网络零售助推疫情期间经济发展。受疫情影响，河南省2020年第一季度GDP同比下降6.7%，社会消费品零售总额同比下降21.9%，但网络零售依托于互联网，为疫情期间居民生活提供了便利保障。2020年第一季度，全省网上零售额为491.8亿元，增长2.6%，其中实物商品网上零售额为410.6亿元，增长15.4%。莲菜网、菜篮网等生鲜电商大量涌现，解决居民基本生活需求。调查显示，疫情期间，线上订单暴增，世纪联华的电子商务销售额增长约1.5倍，UU跑腿的交易额增长约16%。

规模以上企业电商和跨境电商交易活跃。2020年前三季度，规模以上企业电商销售额为3520.60亿元，同比增长8.8%，采购额为2058.91亿元，同比增长5.1%，整体稳中有增。河南省跨境电子商务综合试验区监测数据显示，2020年前三季度全省跨境电商进出口交易额达1207.9亿元（含快递包裹），同比增长3.8%。其中，出口881.1亿元，同比增长4.4%；进口326.8亿元，同比增长2.4%。

本土电子商务平台稳步发展。2020年前三季度，河南监测的本省有一定规模的电商平台共计 110 个，交易金额 3223.24 亿元，比 2019 年同期增长 12.5%，增幅有所下降。收取的平台交易服务费为 2.06 亿元，互联网广告收入为 0.19 亿元。从地区分布来看，电子商务平台数量最多的是郑州市，有 67 个，占全省的 60.9%。

（三）互联网各项应用蓬勃发展

四众平台各有发展。四众平台在河南省由 2015 年的快速增长期步入稳定发展期，在市场"试金石"检验之下，发展各有不同。众创空间作为主要模式，就业吸纳、创新产出作用进一步发挥。2019 年，全省众创空间共计 188 个，其中国家级 42 个、非国家级 146 个，与 2018 年持平；当年服务的创业团队数为 14287 个，增长 46.8%，当年服务的初创企业数量为 7200 个，增长 47.6%，合计获得投融资 7.76 亿元，吸纳就业人数 9.46 万人，累计拥有知识产权 8991 个，其中发明专利 1218 个，均有不同程度的增长。众包、众扶、众筹平台数量持续下降，分别从 2017 年的 69 个、169 个、44 个减少到 2019 年的 20 个、86 个、12 个，但发展前景不同。众包金额、众扶项目持续增长，平台规模、产出效益逐渐优化，但众筹金额持续下降。

互联网教育加快发展。为加快推进"互联网 + 教育"发展，2019 年河南省教育厅等八部门共同出台了《关于加快推进"互联网 + 教育"的实施意见》，明确提出全面提升教育信息化水平。2019 年，全省 2.43 万所各类学校中，有 1.22 万所建立了校园网，占 50.2%；有 2.38 万所学校通过光纤方式接入互联网，占 97.9%；计算机拥有量达 261.81 万台，电子图书、期刊、学位论文等数字资源拥有量达 5.28 亿册，信息网络及软件购置更新支出达 83.84 亿元；普通高等学校（机构）上网课程达 3.08 万门。新冠肺炎疫情期间，全省学校利用钉钉、直播等在线教学方式，依托电视、电脑等智能终端，实现"延迟开学不停教、不停学"，充分发挥互联网教育的实际效用。

互联网医疗有序推进。截至 2019 年底，全省 691 个公立医院中，246

个开展网上预约诊疗，占比 35.6%；313 个开展远程医疗服务，占比 45.3%，有效解决医疗资源分布不均问题。公立医院信息化服务能力不断强化，标准化电子病历、管理信息系统、医学影像系统（PACS）和实验室检验的使用率分别达 66.9%、66.9%、56.4% 和 49.1%。

互联网政务及其他各项应用发展良好。互联网政务加快发展，全省推进"互联网 + 政务云"建设，截至 2019 年底，在线政务服务网民规模达 3361 万人，占全省网民的 38.2%；共有政府网站 841 个，居全国第 3 位；移动端政务服务搜索量 11.5 亿次，居全国第 6 位。互联网其他各项应用也蓬勃发展，河南省网民互联网应用渗透率最高的为即时通信，达 96.7%（见图 3）。

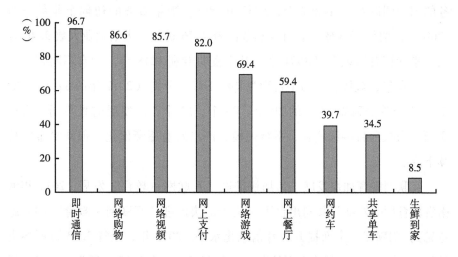

图 3　2019 年河南省网民互联网应用渗透率

资料来源：《2019 河南省互联网发展报告》。

二　河南省"互联网 + 工业"发展情况

近年来，河南省"互联网 + 工业"以两化融合为主线，以智能制造为主攻方向，推动制造业高质量发展。

（一）强化顶层设计，突出引领示范

为加快制造业质量变革、效率变革、动力变革，河南省制定《智能制造和工业互联网发展行动计划（2018－2020年）》，强力出台支持智能制造和工业互联网发展的相关政策。自2018年至2020年10月，省级层面累计落实两化融合奖补资金4.17亿元。为加快企业信息系统综合集成和生产装备数字化升级，全省加强两化融合管理体系建设，建立省市县三级智能化改造项目库。截至2020年10月，全省对标企业10442家，贯标企业1523家，1003家企业获得评定证书；累计入库重点项目2755个，已完成投资2714.5亿元。为突出示范引领，选树20家省级智能制造标杆企业，建立省市两级智能制造示范体系，累计培育省级智能车间387个、智能工厂184个，生产效率平均提升38.7%，产品质量合格率平均提升11.3%，单位产值能耗平均降低20.2%，形成了一批解决方案，智能制造、服务型制造等新型制造模式优势显现。

（二）建设平台载体，推动企业上云

工业互联网平台是推动企业数字化转型、实现制造业转型升级的重要支撑。河南致力于构建本土工业互联网平台体系，推动各类制造资源整合集聚和开放共享，截至2020年10月，累计认定综合性工业互联网平台1个、行业工业互联网平台培育对象24个，在原材料、矿山装备、起重装备、智能农机、煤焦化、智能传感、盾构装备、建筑材料、节能环保等领域，涌现一批具有较大影响和发展潜力的工业互联网平台；机械工业第六设计院有限公司获批组建国家工业互联网平台应用创新推广中心。为提升企业信息化水平和核心竞争力，河南实施"企业上云"行动，构建"企业上云"服务资源池，开发建设公共服务平台，引导企业将基础设施、业务系统、设备产品向云端迁移。截至2020年10月，全省累计上云企业超过8.3万家，有效加速了中小企业数字化转型。郑州累计上云企业为3.13万家，占比37.7%，居全省首位（见图4）。

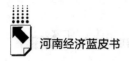

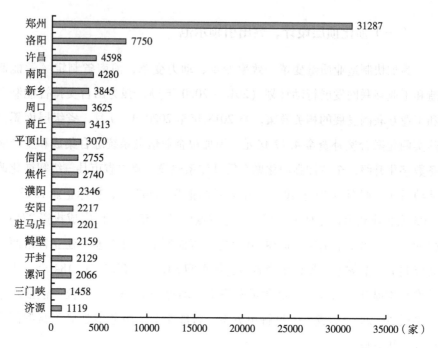

图4　2020年10月底河南省各地企业累计上云数量分布

资料来源：河南省工信厅。

三　河南省"互联网＋农业"发展情况

（一）农村电商扶贫成效显著

河南大力发展农村电商，助推农村脱贫攻坚。截至2019年底，河南共认定95个电商进农村综合示范县，其中国家级53个、省级42个，实现了国家级电子商务进农村综合示范县对国家级贫困县的全覆盖，累计获得中央和省级财政资金14.81亿元。河南建成农村电商服务站点2.35万个，实现了农村电商服务站点对所有建档立卡贫困村服务全覆盖、县级电商公共服务中心对贫困县全覆盖的目标。淘宝村由2018年的50个增加到2019年的75个，淘宝镇由3个增加到44个，增长势头迅猛。强化电商人才培训，累计培训贫困户 11.1 万人，对 21 万名乡镇、村干部和第一书记进行了轮训，大力培育电商扶贫带头人。2019 年，通过电商促进农村产品上行 415.70 亿元，带动贫困人口就业创业 5.93 万人，农村电商扶贫成效显著。

（二）农村直播经济飞速发展

新冠肺炎疫情期间，依托于电子商务，所见即所得、实时互动的直播经济快速扩张，成为新常态下中国经济增长的新引擎。2020 年 4 月，习近平总书记在陕西调研脱贫攻坚时提出"电商在推销农副产品方面大有可为"。为了解河南农村直播经济发展现状，河南省地方经济社会调查队对全省 53 个国家级电子商务进农村综合示范县的商务局和 102 家有直播活动的企业进行了典型调查。调查显示，2020 年上半年，全省国家级电子商务进农村综合示范县累计直播约 2 万场，直播带货金额约 6.4 亿元，直播从业人员约 5000 人，而 2019 年上半年累计直播仅约 3600 场，直播带货金额约为 1.6 亿元，直播从业人员约 1000 人。其中，2020 年上半年各示范县领导参加直播场数为 489 场，直播带货金额约为 1.4 亿元，2019 年上半年领导参加直播场数仅为 41 场，直播带货金额约为 0.2 亿元，县长直播带货成为新趋势。企业直播使用的平台主要为淘宝、京东、抖音等流量高的大型平台，仅有 10.8% 的企业使用河南本土平台。97.1% 的企业直播产品有质量管控措施，质量管控意识较普及。42 个被调查的示范县认为直播带货在一定程度上缓解了农产品滞销问题，占比为 79.2%，直播经济有利于缓解农产品滞销，助力经济相对落后地区实现弯道超车。

四 河南互联网经济发展存在的主要问题

（一）互联网应用总量相对偏小，新经济、新模式的发展尚待优化

河南互联网应用总量相对偏小。从电子商务方面来看，规模以上企业中有电子商务交易活动的企业仅占 7.0%，应用比例偏低；2020 年前三季

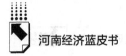

度，商品、服务类电商平台交易额排前三位的广东、上海、北京交易额分别是河南的 6.17 倍、3.42 倍、3.13 倍；天猫、京东 2020 年"双十一"期间成交额分别为 4982 亿元、2715 亿元，河南本土电商平台 2020 年前三季度交易额合计仅 3223.24 亿元，平台规模整体偏小。互联网经济快速发展催生的新经济、新模式也带来了新的挑战。一方面，新经济的发展模式仍需优化。互联网经济新业态站在资本市场逐利的风口，大量补贴"烧钱"的背后，可持续的经营模式、盈利模式尚不成熟。共享单车、网约车、共享汽车、外卖等起步较早的行业已经几易其主，倒下了大批的企业，河南的一步用车也不能幸免；互联网房屋租赁行业也因蛋壳公寓的"爆雷"而频现危机，河南的悦如公寓在 2019 年已被收购；社区团购行业作为互联网当前最大风口，兴盛优选、十荟团、滴滴、美团、拼多多、京东等巨头均已入场，短期补贴带来的混战之下，行业的可持续竞争力尚待探索。另一方面，新经济对传统经济的冲击必须正视。受疫情影响，消费者培养了线上购物的消费习惯，社区团购挤占了传统商贩的市场空间；电子商务对传统行业的影响巨大，河南的大商、家乐福、卜蜂莲花等部分商超闭店，北京华联、金博大等百货商场也悄然退场；商品线上线下的价格不统一，扰乱了原有的价格体系，冲击企业固有销售模式。互联网时代，企业必须在电商和实体经济中找到平衡，线上线下共同布局发力才能持久生存。

（二）工业企业信息化水平整体偏低，智能制造基础薄弱

根据工信部发布的《中国两化融合发展数据地图（2019）》，2019 年河南两化融合水平指数比全国平均水平低 2.2 个百分点，76.5% 的企业信息化建设仍处于水平较低的起步建设和单项应用阶段；规模以上工业企业智能制造就绪率为 6.8%，比工业大省浙江、山东、江苏分别低 8.2 个、8.1 个、6.3 个百分点，总体基础较为薄弱。从数字经济的关键指标用云量来看，腾讯研究院《数字中国指数报告（2020）》显示，河南 2019 年全国排第 15 位，比 2018 年后退两位，用云量相对落后。从企业层面看，企业智能制造

应用整体规划缺失，多以解决局部问题为主，没有从全局层面进行业务系统整合。调查显示，全省仅有 8% 的企业对智能制造有全面系统的认知，近 62% 的企业实施智能化改造缺乏整体规划。从智能制造外部技术支撑能力来看，河南智能装备、工业软件等领域发展滞后，本土智能制造系统解决方案供应商普遍存在核心技术薄弱、高端人才缺乏、应用领域单一等短板，工信部先后发布了 140 家解决方案供应商，河南仅 2 家入选。调查显示，51% 的企业表示无法找到合适的解决方案供应商，难以从外部获得有效的技术和资源支持，制约了智能制造的发展。

（三）农村电商和农村直播经济发展受多重因素影响

农村电商和农村直播经济根植于农村，依托于农产品，与城市相比存在诸多制约。一是农产品的产业化、标准化、品牌化程度不高，影响农产品上行。农产品在种养殖环节产业化、规模化程度不够，产品认证及质量追溯体系不健全，品牌培育相对滞后，无法满足电商大规模销售需求。二是物流成本相对较高，冷链物流尚待完善。农村人口居住相对分散，快递量小而散，达不到规模效应，物流费用相较于江浙等发达地区相对较高。部分地区快递量大时发货配送不够及时，从产地到餐桌冷链仓储物流基础设施不足，影响生鲜农产品的销售。三是乡村两级电商服务站点功能发挥不够。乡村电商服务站点大多业务内容单一，以网上代购、在线充值和网上缴费等便民服务为主，网上代卖功能较少，带动贫困户增收作用不强。四是人才缺乏。目前，农村年轻劳动力较少，现有人员电商知识和操作能力不高，普遍缺乏电商营销策划、设计、包装、直播等农村电商实用人才。

五 对河南省互联网经济发展的对策建议

互联网经济是河南省构建现代化经济体系、实现经济高质量发展的重要引擎。在国内大循环为主体，国内国际双循环相互促进的新发展格局中，要围绕新的战略机遇，坚持新发展理念，把支持线上线下融合的新业态新模式

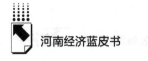

作为经济转型和促进改革创新的重要突破口，推动全省数字化转型，做大做强互联网经济，拓展经济发展新空间。

（一）加强扶持引导，推动新业态、新模式健康发展

政府层面要做好互联网经济发展顶层设计，坚持遵循规律、分类施策，进一步完善相关产业政策，推动互联网与实体经济的融合，促进新产业新模式健康快速发展。激发市场活力，鼓励大众利用互联网发展微经济、宅经济等新个体经济，营造良好氛围，开辟消费和就业新空间。加快5G等新型基础设施建设，构建高速安全的信息网络体系，为数字化发展提供技术支撑。打破惯性思维，探索改革举措，优化行业监管模式，建立包容审慎的新业态新模式治理规则。

（二）搭平台强创新，全力推动智能制造发展

加强两化融合管理体系建设，坚持重点培育和市场机制相结合，建设河南省智能制造公共服务平台，打造覆盖制造业重点行业的工业互联网平台体系，推动"企业上云"和工业互联网应用。围绕企业智能制造建设需求，引进和培育一批专业性强、行业特色明显的智能制造系统解决方案供应商，为企业提供实现横向集成、纵向集成以及端到端集成的"一站式"服务。实施重点行业智能制造推广行动，依托智能制造标杆企业，引领行业、产业上下游企业智能化升级。鼓励企业运用5G、大数据存储、分析、挖掘等新兴技术进行融合创新，开展人工智能试点应用，推动生产方式向柔性化、智能化、精细化转变，加快传统企业数字化转型步伐。

（三）树品牌强基础，发挥农村电商扶贫效能

引导农村电商树立品牌意识，加强品牌建设，探索形成可持续发展的农产品市场化运营机制。加强对贫困地区农产品的宣传和推广，开展多种形式的产销对接活动，推动农产品上行。优化直播行业发展环境，打造农产品网络直播基地，培育本土网络主播，发挥直播最大效能。联合第三方物流企

业，推动县、乡、村物流资源整合，打通乡村物流"最初、最后一公里"，实现农村物流智慧化、集约化发展。完善农村电商服务站点功能，做好智慧乡村服务应用，进一步提升农村电商乡村站点管理和服务水平。依托电商专家下乡宣讲、线上电商培训等方式，围绕营销策划、设计、包装、直播等方面开展深层次培训，提升电商从业人员实战能力，巩固电商扶贫成效，助推乡村振兴。

B.27
新动能快速成长　引领河南新发展

刘朝阳　张小科[*]

摘　要： 经济新动能为河南经济健康发展提供了重要支撑，对河南经济新动能成长情况进行监测，对于做好全省经济工作非常重要。本文从知识能力、经济活力、创新驱动、网络经济和转型升级五个方面，分析河南经济新动能的成绩和不足，得出网络经济保持最快增速和对新动能的最大贡献率，经济新动能增速波动大、发展不均衡，转型升级和知识能力需要着力提升等结论。并针对现状和问题提出五条建议：强化转型升级，推动新动能和传统动能的转换；做好人才引进和培养，厚积经济发展的知识基础；激发经济活力，让新兴经济的潜力充分释放；推进创新驱动发展，发挥创新作为发展第一动力的作用；推动新一代信息基础设施建设，发挥网络经济的引领作用。

关键词： 经济新动能　网络经济　河南

2019年是中原更加出彩历史进程中极不平凡的一年，全省上下以习近平新时代中国特色社会主义思想为指导，全面贯彻党的十九大和十九届二中、三中、四中全会精神，认真落实习近平总书记关于河南工作的重要讲话和指示批示精神，坚持新发展理念，不断深化改革、扩大开放，大力实施创新驱动发展战略，深化"放管服"改革，优化营商环境，激发市场活力，

---

[*] 刘朝阳，河南省统计科学研究所所长；张小科，河南省统计科学研究所统计师。

经济发展新动能快速增长，为促进经济增长、推动结构调整、实现高质量发展提供了重要支撑。

一 培育成效显现，新动能保持快速增长势头

为了全面准确反映经济发展新动能情况，国家统计局制定了包含知识能力、经济活力、创新驱动、网络经济、转型升级五个方面共 29 个指标的经济发展新动能指数测算体系。根据国家统计局最新指数体系，并依据河南省第四次全国经济普查数据修订结果以及部分指标最新数据，对 2016～2019 年河南经济发展新动能指数进行测算，结果显示，2016～2019 年河南经济发展新动能指数分别为 121.0、143.0、199.2 和 265.0，同比分别增长 21.0%、18.2%、39.2% 和 33.1%，年均增速为 27.6%，经济新动能呈现持续较快增长势头。

从五个分类指数来看，2019 年知识能力指数为 131.0，经济活力指数为 206.3，创新驱动指数为 266.0，网络经济指数为 591.0，转型升级指数为 130.9，五个分类指数对总指数的贡献率①分别为 1.5%、7.6%、19.0%、67.9% 和 4.0%，网络经济对全省经济发展新动能的贡献最大（见表 1）。

表 1 2019 年河南省经济发展新动能指数和分类指数的增速和贡献率

指数名称	指数值	增速（%）	贡献率（%）
经济发展新动能	265.0	33.1	100.0
知识能力	131.0	3.8	1.5
经济活力	206.3	13.9	7.6
创新驱动	266.0	30.7	19.0
网络经济	591.0	61.0	67.9
转型升级	130.9	11.2	4.0

① 分类指数对总指数增长贡献率的计算公式为：

$$贡献率 = \frac{（报告期分类指数值 - 上年分类指数值）\times 该分类指数权重}{报告期总指数值 - 上年总指数值} \times 100\%$$

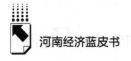

（一）知识能力基础更加坚实和稳固

知识能力反映推动新兴经济发展所需的知识型人才基础。2019年河南省委省政府继续深入实施科教兴豫战略和人才强省战略，坚持引进外部人才和培育本地人才并重，落实人才政策待遇，重视解决住房、子女教育等实际问题，建设高层次创新人才团队。经测算，2019年全省知识能力指数为131.0，同比增长3.8%。

从分指标来看，人口素质和受教育程度进一步提高。2019年常住人口中研究生学历人数占比为2.24‰，同比提高0.17个千分点。专业技术岗位人才占比提升，专业技术人才队伍不断壮大。2019年四上企业从业人员中专业技术人员占比为14.73%，同比提高2.25个百分点。科技人力投入增大。2019年R&D人员折合全时当量为191570.40人年，同比增长14.9%。

（二）经济活力进一步释放和提升

经济活力反映经济活跃程度对新兴经济发展的潜在推动力。2019年河南省委省政府着力深化改革开放，国企改革三年攻坚任务顺利完成，"放管服"改革步伐加快，"最多跑一次"实现率达到87%，对省辖市开展营商环境评价，让市场主体评价政府服务。同时，适应国际经贸形势变化，出台稳外贸增外资促外经政策措施，扩大开放持续推进。经测算，2019年全省经济活力指数为206.3，同比增长13.9%。

从分指标来看，营商环境优化成效显现，市场主体快速增长。2019年全省新设立各类市场主体159.07万户，同比增长20.6%，其中新设立各类企业42.35万户，日均新增1145户。政府对新兴经济发展的扶持成效显著。2019年国家高新技术开发区企业单位数72290个，增长18.9%。资本市场表现活跃，新兴经济发展的市场基础向好。2019年创业板挂牌公司14家，比上年增加1家。开放经济活力提升。2019年实际使用外资金额187.27亿美元，增长4.6%。交通、物流为经济发展注入新的活力。2019年河南省加快构建便捷畅通的综合交通体系，围绕打造"现代国际物流中心、全产业链现代物流强省"总体思路,快递业务快速增长。2019 年全省快递业务量达到 21.11 亿件,增长 38.3%。快递业务量居全国第 9 位、中部第 1 位。

(三)创新的催生和引领作用不断凸显

创新是引领发展的第一动力。2019 年河南省委省政府将创新作为高质量发展的第一动力,以郑洛新自创区建设为龙头,聚焦培育"四个一批",持续促进"四个融合",优化科技创新服务,加快提升创新发展水平。经测算,2019 年全省创新驱动指数为 266.0,同比增长 30.7%。

从分指标来看,企业研发投入持续增长,研发能力进一步增强。2019 年全省 R&D 经费支出占 GDP 比重为 1.46%,同比提高 0.12 个百分点;企业 R&D 经费 692.78 亿元,同比增长 16.6%。政府扶持科技企业发展的成效逐步显现。2019 年全省科技企业孵化器内累计毕业企业数 6701 个,同比增长 3.6%。科技成果加快转化。2019 年全省技术市场成交合同金额 234.07 亿元,同比增长 56.3%。

(四)网络经济继续保持最快增速和最大贡献率

河南省第十次党代会提出了建设网络经济强省的战略目标。省委十届六次全会暨省委工作会议进一步明确,要加快建设网络经济强省。2019 年河南省委省政府聚焦网络强省建设,推进下一代互联网规模部署和千兆城市建设,加快 5G 商用步伐,构建高效泛在的信息网络体系。经测算,2019 年全省网络经济指数为 591.0,同比增长 61.0%。

从分指标来看,固定宽带普及率和移动互联网普及率持续提高。2019 年全省固定互联网宽带接入用户 2796.20 万户,增长 11.7%;移动互联网用户 8247.60 万户,新增 481.1 万户,新增数居全国第 1 位。移动互联网使用规模大幅增长。2019 年全省移动互联网接入流量 685946.38 万 GB,同比增长了 1.4 倍。电商新业态持续发展。2019 年四上企业跨境电子商务交易额 123.31 亿元,增长 0.5%。2019 年全省电子商务平台交易额 12552.89 亿

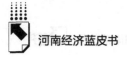

河南经济蓝皮书

元，增长 14.5%。新兴消费模式快速发展。2019 年全省实物商品网上零售额占社会消费品零售额的比重为 7.7%，同比提高 1.0 个百分点。

（五）转型升级稳步提升

2019 年，河南省委省政府继续贯彻落实新发展理念，持续实施转型攻坚，推进实现由经济大省向经济强省的跨越，转型升级步伐不断加快，结构调整成效显著，对推动全省经济平稳健康发展发挥了重要作用。经测算，2019 年全省转型升级指数为 130.9，增长了 11.2%。

从分指标来看，战略性新兴产业发展水平提升，2019 年工业战略性新兴产业增加值占 GDP 比重为 5.18%，比上年提高了 1.2 个百分点；乡村振兴战略持续实施，农民互助性经济组织发展势头良好，农业现代化水平提升。2019 年全省农民专业合作社数量为 186000 个，同比增长 4.0%。企业营销中电子商务普及程度进一步提高。2019 年全省通过电子商务交易平台销售商品或服务的四上企业占比为 7.0%，提高了 0.7 个百分点。节能降耗持续推进，能源使用效率整体提升。2019 年全省单位 GDP 能耗降低率为 7.98%，提高了 3.0 个百分点。

二　河南经济新动能存在的短板和问题

2019 年，面对错综复杂的内外部环境，全省经济保持总体平稳、稳中有进的发展态势，其中经济新动能发挥了重要支撑作用。但是，河南经济新动能的成长仍然存在一些短板和问题。

（一）经济新动能增速波动大、发展不均衡

总体来看，河南经济新动能持续高速增长，但是在快速增长的同时，增速起伏波动大（见图 1）。同时，经济新动能发展不均衡，且不均衡呈现逐年扩大趋势。在五个分类指数中，2019 年网络经济指数为 591.0，转型升级指数为 130.9，二者之间的差距达 460.1。通过绘制五个分类指数 2016～2019 年的雷达图可以看到，五个分类指数构成的图形 4 年间均不规则，且不规则性逐年

凸显（见图2）。基础指标间的不均衡性更加突出。2019年移动互联网接入流量指数①为2851.0，对外直接投资额指数为61.7，二者之间相差2789.3。

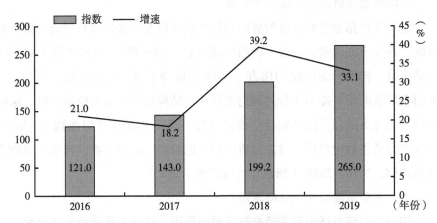

图1 2016～2019年河南经济新动能指数及增速

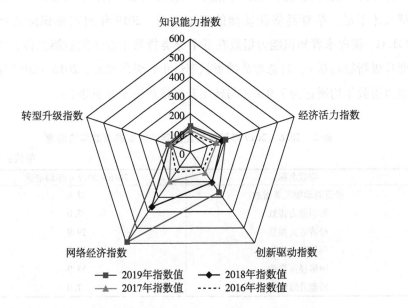

图2 2016～2019年河南经济新动能5个分类指数值

---

① 移动互联网接入流量指标在测算时为了降低其对整个指数的影响对其进行了平滑处理。

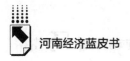

（二）转型升级和知识能力需要着力提升

1. 传统动能的改造升级有待加强

转型升级指数是对经济发展的质量和效益以及经济转型升级成效的全面反映，是多方面因素的综合。河南持续打好"四张牌"，推动经济大省迈向经济强省，转型升级指数2018年、2019年保持了两位数的增长。但是，当前河南发展的不平衡不充分问题仍然存在，结构性矛盾尚未根本解决，结构调整转型升级的任务依然艰巨。横向来看，2019年转型升级指数为130.9，在五个分类指数中最低，对总指数的贡献也较弱。纵向来看，转型升级指数低位徘徊，2016～2019年指数年均增速为7.0%。

2. 孕育新动能的知识基础薄弱

知识在经济发展中起着越来越重要的作用，已成为重要的生产要素，是孕育经济新动能的重要基础。但是，当前河南推动新兴经济发展所需的知识型人才不足，孕育经济新动能的基础薄弱。2019年河南知识能力指数为131.0，横向来看知识能力指数在五个分类指数中处于倒数第二位，仅比转型升级指数高0.1，对总指数的贡献率最小；纵向来看，2016～2019年知识能力指数年均增速为7.0%，与转型升级指数持平（见表2）。

表2 2016～2019年河南省经济新动能发展指数年均增速

单位：%

指数名称	2016～2019年年均增速
经济新动能发展指数	27.6
知识能力指数	7.0
经济活力指数	19.9
创新驱动指数	27.7
网络经济指数	55.9
转型升级指数	7.0

（三）一些弱项指标需要重点关注

在知识能力分类指数中，2019年常住人口中研究生学历人数占比指数为 109.3，同比增长 10.7%，但是全省常住人口中研究生学历人数占比不高，指数基础薄弱，2017 年、2016 年的指数分别为 91.2 和 86.8，实际占比低于基期 2015 年。在经济活力指数中，2019 年对外直接投资额 143358.00 万美元，同比下降 35.9%，对外直接投资额指数为 61.7，是 29 个基础指标中指数最低的一个；纵向来看该指数波动大，下滑严重。在转型升级分类指数中，2019 年高新技术产品出口额占总出口额的比重指数为 96.45，同比下降 2.4%。2017 年以来高新技术产品出口额占总出口额的比重连续 3 年下降，指数值均低于 2016 年。

三　河南培育经济新动能的建议

习近平总书记主持召开中央全面深化改革委员会第十四次会议时强调，"要加强鼓励和引导，让新生事物健康成长，让发展新动能加速壮大"。根据全省经济新动能的成长现状和问题，在今后的工作中河南要发挥优势、补足短板，促进经济新动能的全面均衡发展。

（一）强化转型升级，推动新动能和传统动能的转换

新动能不仅来自新兴产业，更来自传统产业的技术进步和改造升级。近年来，河南经济发展结构与质量效益不断改进与提升，但在一定程度上仍然存在层次与水平偏低的问题，需要进一步推动经济转型升级。一方面，着力强化对战略性新兴产业的引导与培育。根据《中共中央关于制定国民经济和社会发展第十四个五年规划和二〇三五年远景目标的建议》提出的发展战略性新兴产业的规划，结合河南实际，突出特色、优势互补、结构合理，做好战略性新兴产业的引导和培育。另一方面，推进制造业高质量发展。河南制造业发展仍处于"旧力渐弱、新力将生"的交替时期。河南要坚持新发展理念，围绕稳定供应链、优化产业链、提升价值链，加快制造业质量变革、效率变革、动力变革，努力建成全国先进制造业强省。

（二）做好人才引进和培养，厚积经济发展的知识基础

人才是第一资源。知识能力反映新兴经济发展所需的知识型人才基础。培育经济发展新动能，筑牢经济发展的知识基础，河南必须重视人才，做好人才工作。一是要创新人才引进政策，加快形成更具竞争力的人才集聚制度。对于紧缺人才要树立"不求所有，但求所用"的理念，推行兼职、科研和技术合作、技术（专利）入股、聘请顾问等柔性引才方式，形成更为顺畅的人才流动机制。二是重视培养人才。对于高层次人才的培养，要以人为本，分类培养和指导，做到既把握高端人才的动态需要，又考虑地域发展状况，更加精准地培养高层次人才。三是创新人才服务，打造人才生态最优省。一方面，要筑巢引凤，打造一流用人平台，以广阔的发展舞台成就人才；另一方面，要打造高层次专业技术人才创新创业的良好环境，解除人才来豫工作的后顾之忧。

（三）激发经济活力，让新兴经济的潜力充分释放

习近平总书记深刻指出，我们全面深化改革，就要激发市场蕴藏的活力。加快市场化改革，让生产要素自由流动起来，让改革效力充分释放出来。河南培育经济发展新动能，需要不断激发市场活力。一是优化营商环境，着力提升发展软环境。深化"放管服"改革，推进跨部门跨层级跨区域业务流程系统性重构，降低制度性交易成本，优化公开透明、稳定可预期的市场环境，推动出台河南省优化营商环境条例。二是加大对科技型企业和新兴经济的培育和扶持力度。三是激发新兴经济发展的资本市场活力。支持和鼓励更多科创企业上市，加快打造服务全省科创企业的投融资平台。四是推动全方位高水平开放，深度融入"一带一路"建设，引导对外投资平稳健康发展。

（四）推进创新驱动发展，发挥创新作为发展第一动力的作用

习近平总书记强调，抓创新就是抓发展，谋创新就是谋未来，抓住了创新，就抓住了牵动经济社会发展全局的"牛鼻子"。2020年河南省《政府工

作报告》强调，把创新摆在事关发展全局的核心位置，以创新引领高质量
发展。推进创新驱动发展，更好地发挥创新作为发展第一动力的作用。一是
提高科技创新支撑能力，支持基础研究和应用基础研究，把大众创业万众创
新引向深入，鼓励更多社会主体创新创业，引导企业增加研发投入。二是大
力优化创新生态。营造包容性创新文化氛围，消除不利于创新发展的思想障
碍，破除阻碍创新发展的制度樊篱。三是以郑洛新自主创新示范区建设为龙
头，引领辐射全省创新发展，把创新作为提升区域竞争力的关键。四是促进
创新链与产业链深度融合，加强全方位服务，促进产学研融通，建立科技成
果转化激励机制。

（五）推动新一代信息基础设施建设，发挥网络经济的引领作用

河南大力推动网络经济发展，建设网络经济强省，取得丰硕成果，2016～
2019 年网络经济指数保持高速增长，引领全省经济新动能的发展。全省上下
需要继续发挥优势，推进网络经济的发展。一是要加快新一代信息基础设施
建设，夯实网络经济发展的关键基础。加快 5G、新一代互联网大规模部署
和商用，深入普及高速无线宽带，建设先进泛在的精品无线宽带网。二是加
快政府职能转变和治理能力提升，营造有利于网络经济创新健康发展的环
境。制定网络经济关键规则，重视加强知识产权保护，在法律层面为知识产
权保护提供有力保障，防范相关风险。三是深化消费领域供给侧结构性改
革，促进新型消费模式和电商新业态的发展，支持跨境电商综合试验区提质
发展，扩大电商、快递农村覆盖面。

附表　2016～2019 年河南经济新动能发展指数

指数及构成指标	2019 年指数值	2018 年指数值	2017 年指数值	2016 年指数值
经济新动能发展指数	265.0	199.2	143.0	121.0
一、知识能力指数	131.0	126.2	122.4	101.8
1 常住人口中研究生学历人数占比(‰)	109.3	101.0	91.2	86.8
2 四上企业从业人员中专业技术人员占比(%)	119.7	101.4	99.7	99.4

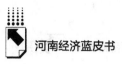

河南经济蓝皮书

续表

指数及构成指标	2019年指数值	2018年指数值	2017年指数值	2016年指数值
3 信息传输、软件和信息技术服务业从业者占比(%)	172.1	196.6	194.1	107.4
4 R&D人员折合全时当量(人年)	120.6	105.0	102.3	109.1
二、经济活力指数	206.3	181.2	149.7	140.4
5 新登记注册市场主体数量(个)	193.7	160.7	135.1	120.7
6 科技企业孵化器数量(个)	167.3	172.3	155.4	131.7
7 国家高新技术开发区企业单位数(个)	189.7	159.5	135.3	115.2
8 创业板、新三板挂牌公司数量(个)	156.8	186.4	180.4	171.4
9 实际使用外资金额(亿美元)	116.4	111.2	107.0	105.6
10 对外直接投资额(万美元)	61.7	96.2	75.6	186.6
11 快递业务量(万件)	410.3	296.7	208.7	163.0
三、创新驱动指数	266.0	203.5	139.1	117.6
12 R&D经费支出与GDP之比(%)	124.8	114.5	112.0	104.3
13 企业R&D经费(亿元)	182.1	156.1	135.8	114.4
14 科技企业孵化器内累计毕业企业数(个)	178.8	172.5	141.8	124.4
15 每万名R&D人员专利授权数(件)	147.0	162.2	105.0	99.3
16 技术市场成交合同金额(万元)	513.8	328.7	168.9	130.0
四、网络经济指数	591.0	367.2	197.3	136.3
17 固定互联网宽带接入用户数(万户)	187.8	168.2	142.9	118.7
18 移动互联网用户数(万户)	152.8	161.1	139.7	118.2
19 移动互联网接入流量(万GB)	2851.0	1450.1	452.3	160.9
20 电子商务平台交易额(亿元)	163.9	143.1	130.3	118.7
21 四上企业跨境电子商务交易额(亿元)	188.5	187.7	201.4	222.7
22 实物商品网上零售额占社会消费品零售总额的比重(%)	284.1	247.2	184.5	131.4
23 网购替代率	102.8	102.6	102.6	102.2
五、转型升级指数	130.9	117.8	106.6	108.9
24 工业战略性新兴产业增加值占GDP比重(%)	113.0	87.9	104.4	105.5
25 高技术制造业增加值占规模以上工业增加值比重(%)	112.5	113.6	93.2	98.9
26 农民专业合作社数量(个)	184.9	177.7	123.8	111.1
27 通过电子商务交易平台销售商品或服务的四上企业占比(%)	179.5	161.5	112.8	123.1
28 高新技术产品出口额占总出口额的比重(%)	96.4	98.8	101.3	102.9
29 单位GDP能源消耗降低率(%)	121.5	76.4	120.9	117.0

B.28
河南农村经济持续发展
乡村振兴稳步推进

杨 争*

摘 要： 近年来，在河南省委省政府的正确领导下，全省上下牢牢抓住历史性机遇，全省农村社会经济总体稳定向好。本文依据2018年、2019年河南省的县、乡、村社会经济基本情况年报数据，对全省农村经济社会发展情况进行量化描述和简要分析，并对存在的问题提出对策建议，为全省实施乡村振兴战略提供参考。

关键词： 农村经济 乡村振兴 人才培养 河南

党的十九大提出实施乡村振兴战略的重大历史任务，在我国"三农"发展进程中具有划时代的里程碑意义。河南是全国重要的人口大省、粮食和农业大省，近年来，省委省政府认真总结"三农"工作经验和发展成效，准确把握经济社会发展新趋势和乡村演变发展新特征，推动全省农村社会经济总体稳定向好。

一 河南省农村经济社会发展取得的主要成效

（一）农业生产条件进一步改善，农业经营新模式快速发展

藏粮于地是保障国家粮食安全、推动现代农业发展的重要举措。河南省

---

* 杨争，河南省地方经济社会调查队。

持续开展农业基础设施建设，农田灌溉条件明显改善。2019 年，全省耕地灌溉面积 54.4 万公顷，同比增长 1.4%。全省行政村能正常使用的机电井 114.4 万眼，能正常使用的排灌站 2.2 万个，本村能够使用的灌溉用水塘和水库 12.4 万个，平均每个村有 25.1 个机电井、0.5 个排灌站和 2.7 个灌溉用水塘和水库。农业生产条件的进一步改善，也使农产品品质得到了提升，农业绿色化、优质化、特色化、品牌化水平不断提高。2019 年，全省无公害农产品、绿色食品、有机农产品和农产品地理标志产品总数 4254 个，基地面积达 246.4 万公顷，同比分别增长了 6.3% 和 13.0%。

2019 年中央"一号文件"确立了将家庭农场等新型农业经营主体发展成为建设现代农业骨干力量的重要目标。河南着力培育各种新型农业生产经营主体和服务主体，农民合作社、家庭农场、农业企业、农产品加工企业等数量快速增加，规模日益扩大。2019 年，全省种植规模户 11.8 万户，同比增长 27.3%。全省农民专业合作社 10 万个，同比增长 9.8%；农民合作社成员 148.9 万户，同比增长 7.4%。家庭农场 3.1 万个，同比增长 29.1%。农业企业 2.0 万个。农产品加工企业 1.0 万个，产值达 3615.4 亿元。2019 年，全省规模经营的耕地面积达 98.1 万公顷，同比增长 13.6%；占耕地面积的比重也由 2018 年的 12.6% 增加到 2019 年的 14.2%。全省畜禽养殖规模户达 7.6 万户。新型经营主体大量涌现，使得现代农业活力增强。

设施农业、观光休闲农业、农产品电商等新模式快速发展。设施农业改变了农业生产的季节性，拓宽了农业生产的时空分布。2019 年，全省设施农业种植占地面积达 18.1 公顷，设施林业经营占地面积达 24.6 公顷，设施畜牧养殖占地面积达 7.1 公顷。观光休闲农业由原来单纯的观光游，逐步拓展到民俗文化、农事节庆、科技创意等，促进了休闲农业和乡村旅游的蓬勃发展。2019 年，全省共有 2305 个行政村开展了休闲农业和乡村旅游接待。开展休闲农业和乡村旅游的农户数达 1.6 万户，同比增长 40.1%。大数据、物联网、云计算、移动互联网等新一代信息技术向农业农村领域快速延伸，农产品电商方兴未艾。2019 年，全省有 21840 个行政村设有电子商务配送站，占行政村总数的 48.0%。开展网上销售农产品的农户达 3.8 万户，同比增长 13.2%。

（二）乡村经济发展持续增长，农民收入不断提高

农村经济是现代化经济体系的重要组成部分。近年来，河南省多项举措推进乡村经济发展，加大强农惠农富农政策支持力度，稳步发展村集体企业，持续促进农民增收。2019 年全省乡镇一般预算收入总和为 670.9 亿元，同比增长 9.5%。平均每个乡镇一般预算收入为 3714.6 万元，同比增长 9.5%。一般预算收入在 10 亿元以上的乡镇有 2 个，比 2018 年增加 1 个，分别为新郑市龙湖镇（21.8 亿元）、荥阳市豫龙镇（10 亿元）。一般预算收入在 5 亿~10 亿元（不含）的有 4 个乡镇，与 2018 年持平；1 亿~5 亿元（不含）的有 132 个乡镇，同比多 7 个；5000 万~1 亿元（不含）的有 161 个乡镇，同比多 12 个；1000 万~5000 万元（不含）的有 896 个乡镇，同比多 29 个。全省乡镇资产总额为 529.5 亿元，同比增长了 9.8%。全省乡镇经济水平整体提高。

乡镇经济水平的提升，带动了农村经济的发展，更带动了农民收入的增加。2019 年，全省行政村村集体收入达 156.7 亿元，同比增长 16.6%。村集体收入在 1 亿元以上的村有洛阳市洛龙区关林街道皂角树村、漯河市临颍县城关街道南街村、新乡市新乡县七里营镇刘庄村和漯河市临颍县新城街道邢庄村，村集体收入分别为 37.1 亿元、18.1 亿元、8.5 亿元和 2.5 亿元。

2019 年，全省农村居民人均可支配收入 15163.7 元，同比增长 9.6%；增幅比全省居民人均可支配收入高 0.7 个百分点，比城镇居民人均可支配收入高 2.3 个百分点。

（三）乡村基础设施全面提升，农村人居环境明显改善

近年来，河南省农村基础设施建设不断加强，水电路网建设提速，电气化有序推进，农民生活更加方便快捷。2019 年，全省 81.8% 的行政村通公共交通，99.7% 的行政村通宽带，95.9% 的行政村通有线电视，94.7% 的行政村通自来水，同比分别增加 3.5 个、0.3 个、0.9 个、2.3 个百分点。2019 年，在全省 37.6 万个村民小组中，有 99.6% 的村民小组

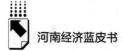
通电，99.1%的村民小组通电话，96.6%的村民小组通公路，90.4%的村民小组安装了有线电视，95.9%的村民小组通宽带，19.5%的村民小组通天然气，同比分别增加0.1个、0.4个、2.2个、2.9个、1.9个、6.1个百分点。2019年，全省乡镇使用自来水的户数达1834.3万户，同比增长5.1%；使用管道燃气的户数达到329.2万户，同比增长19.9%。

2019年以来，随着农村人居环境整治的持续推动，全省农村人居环境进一步得到改善，垃圾治理全面覆盖，粪污治理初见成效，污水治理稳步推进，村庄环境基本整洁有序，村容村貌显著提升，村民环境与健康意识不断增强。2019年，全省90.0%的村实现了生活垃圾全部集中处理，同比增加8.3个百分点；8.0%的村实现了生活垃圾部分集中处理，同比减少4.8个百分点；2.0%的村没有实现生活垃圾集中处理，同比减少3.5个百分点。2019年，全省14.2%的村实现了生活污水全部集中处理，同比增加2.9个百分点；14.9%的村实现了生活污水部分处理，同比增加3.9个百分点；70.9%的村没有实现生活污水集中处理，同比减少6.8个百分点。

随着全省硬化绿化亮化工程的推进，全省农村村容村貌得到了显著改善，农民的幸福感和满足感明显增强。2019年，全省99.9%的行政村进村道路完成硬化，99.3%的行政村村内主要道路完成硬化，同比分别增长0.1个和0.6个百分点。在村民小组中，有69.7%的村民小组主要道路都安装了路灯，同比增加5.1个百分点。随着"厕所革命"的推进，农民的卫生意识也不断增强。2019年，在全省的行政村中，有51.2%的行政村建有公共厕所，同比增加10.7个百分点。在农村常住户数中，有49.3%的户使用卫生厕所，同比增加14.0个百分点。

（四）公用服务全面提升，社会保障稳固发展

近年来，河南省大力支持农村教育，实施教育脱贫攻坚等重大工程。2019年，全省乡镇有2.7万个幼儿园、托儿所，同比增长3.9%；小学有2.5万个，同比增长2.3%。52.1%的行政村有小学，45%的行政村有幼儿园、托儿所，

其中8.2%的行政村有本级创办的幼儿园、托儿所。

农村医疗服务体系不断完善，农民健康水平逐步提高。近年来，河南省农村医疗卫生服务体系日趋完善，以县级医院为龙头、乡镇卫生院为枢纽、村卫生室为基础的农村医疗卫生服务网络快速形成，农村医疗卫生状况大为改观。2019年，全省乡镇医疗卫生机构5.7万家，同比增长76.8%；医疗卫生机构床位数25.7万张，同比增长4.6%；执业医师数达到12.0万人，同比增长10.0%。其中，村卫生室5.7万个、执业医师6.6万人，与2018年基本持平。多层次养老服务体系正逐步建成，农村"养老难"问题有所缓解。2019年，全省乡镇政府创办的养老机构1850个，提供住宿的社会工作机构床位14.5万张；村集体创办的养老机构1150个，收养和救助人数达1.6万人。

医疗卫生、文化教育等公共服务能力的增强，对乡村文明建设起到了积极的推动作用，也丰富了乡村居民的文化生活。2019年，全省乡镇有897个体育场馆，同比增长21.2%；有199个剧场、影剧院，有1.2万个图书馆。村级图书馆、文化站达4.1万个，同比增长12.0%；村级体育健身场所4.9万个，同比增长9.1%。农民业余文化组织3.9万个，与2018年基本持平。在全省的行政村中，有4.4万个村有村规民约，占比达97.2%，同比增长1.3个百分点；有3.5万个村有合法的村庄规划，占比达75.8%，同比增长6.9个百分点；有1.1万个村是县级以上文明村，占比达24.4%，同比增长4.0个百分点。

二　河南农村经济社会发展中存在的主要问题

近年来，河南农村经济社会全面发展成效显著，但依然存在一些薄弱环节。

（一）农村经济依然薄弱，制约乡村自主发展

河南省乡镇财政实力依然较弱，地方财政压力较大。一方面，随着乡镇建设的不断发展，乡镇基础设施建设和社会事业发展投入不断增加，企业发

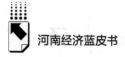
展和工业项目配套对资金的需求也在不断加大；另一方面，乡镇自身经济实力还依然较弱，并且乡镇外部融资渠道不畅，融资平台缺乏，乡镇地方财政面临较大压力。数据显示，2019 年，全省一般公共预算收入在 1000 万元以下的乡镇有 612 个，占乡镇总数的 33.9%。

河南省村级集体经济虽然近年来有了较大发展，但整体依然较弱，且存在发展不均衡现象。2019 年，全省 4.5 万个行政村中，有经营性收入的行政村 1.0 万个，占 23.1%，没有经营性收入的行政村有 3.5 万个，占 76.9%。从有村集体经营性收入的村占行政村的比例来看，济源示范区占比最高，达62.8%。焦作、洛阳、郑州都在 30% 以上；安阳、新乡、三门峡、南阳、信阳、驻马店都占 20% 以上；其他市较低，都在 20% 以下，最低的只占 8.5%。

（二）农村人才队伍建设乏力，基层组织力量薄弱

农村的吸引力低，大批劳动力涌向城市，导致一定数量的"空心村"出现。农村人才队伍建设主要面临以下问题。一是人才流失严重。农村社会经济发展滞后，导致农村人口尤其是高素质人才和青壮年劳动力进城生活，很少选择回家建设农村。全省行政村的教师、执业医师数量连年无增，甚至略有下降。人才素质整体偏低，基层组织力量薄弱，主要体现在农村党员干部中，文化程度普遍不高，知识结构单一。2019 年，全省行政村党支部书记受教育程度在大专及以上的为 7321 位，占有村党支部书记的行政村总数的 16.2%。行政村村委会主任受教育程度在大专及以上的为 1449 位，占有村委会主任的行政村总数的 5.1%。在年龄分布上，中青年人才占比少，基层组织人才断层现象严重。2019 年，全省行政村党支部书记年龄在 50 岁以下（含 50 岁）的只有 16083 位，占有村党支部书记的行政村总数的35.6%。行政村村委会主任年龄在 50 岁以下（含 50 岁）的有 11879 位，占有村委会主任的行政村总数的 41.6%。在性别上，男性远远多于女性。2019 年，全省行政村村干部人数为 27.7 万人，其中女干部人数 4.7 万人，占比为 17.0%。人才队伍的短板严重制约了农村政治生态、经济生态以及文化生态的建设。

（三）乡村文化缺乏活力，农村文化生活单调

实现乡村振兴战略离不开乡村文化的支撑，而现阶段河南省的乡村文化建设还面临很多困难。由于缺乏农村文化的展示平台，优秀传统文化在家庭和村落内部的传播力和影响力不足，优秀乡风民俗作用发挥不明显。根据《河南省乡村振兴战略规划（2018－2022年）》，到2019年底，村综合性文化服务中心覆盖率应达到99.9%，县级及以上文明村占比应达到50%，有村规民约的村占比应达到98%。依据2019年乡、村社会经济基本情况统计年报数据，三项指标分别为85.8%、24.4%、97.2%，均未达到预计值。

三　加快河南农村经济社会发展的建议

（一）加快农业现代化建设，推进农业供给侧结构性改革

加快发展农业现代化，转变农业发展方式，推进农业技术创新步伐。首先，要以市场需求为导向，调整、完善农业生产结构和产品结构，利用高科技、新技术等发展现代农业，大力发展家庭农场和农民合作社，发展农业适度规模经营。其次，要推行绿色生产方式，加大农村环境突出问题综合治理力度，开发农业多重功能，发挥三产融合带来的多重效应，发展农村电商、休闲农业、乡村旅游等新产业新业态。

（二）培育农村新型人才，加强乡村人才队伍建设

实施乡村振兴战略，必须破解人才瓶颈制约。2020年中央"一号文件"提出，抓紧出台推进乡村人才振兴的意见。要培养一批懂农业、爱农村、爱农民的人才队伍。一要做好乡村选举工作，保证德才兼备、受村民爱戴的人进入乡村领导组织，为乡村实现良好治理打下组织基础。二要构建新农民培育机制。加强对本土职业农民和新型农业经营主体的培训，建设一支专业性技术性强的本土队伍。同时加大人才引进力度，利用各种优惠政策和共建共

享机制，吸引外来优秀人才。三要结合河南省农村乡土文化状况和经济发展状况，构建矛盾纠纷化解机制，建设一支矛盾调解队伍，充分利用新时代新乡贤的影响力，发挥其在协调村民纠纷、处理邻里矛盾等方面的独特作用。

（三）加快农村文化基础设施建设，推进乡村文化建设

农村文化由于对传统文化和外来文化的反思和批判不够，难免会有一些封建愚昧和迷信思想。在推进乡村文化建设的过程中应该坚持以社会主义核心价值观为统领，弘扬中华民族优秀传统文化，积极引导广大农民群众抵制腐朽文化，破除迷信，崇尚科学，提高科学文化素养，形成文明健康的生活方式和社会风尚。

国家在《关于进一步加强农村文化建设的意见》中明确指出，要进一步加大对农村文化基础建设的投入力度，构建起更加完善的农村公共文化服务网络。在国家投入基础之上，各级政府要出台相应的配套措施，加快本地区农村文化基础设施建设，要加大对乡镇和村级文化基础设施建设的投入力度，满足广大农民群众对文化基础设施的需求，推进乡村文化振兴。

参考文献

张才志：《乡村振兴战略实施中乡村文化建设的价值取向研究》，《农业经济》2019年第8期。

耿振善：《乡村振兴背景下农村发展的突出问题与对策》，《农村经济与科技》2020年第13期。

B.29
河南省城市社区居家养老服务
保障情况调研报告

杨冠军　张乾林　魏　巍*

摘　要：　社区居家养老是以社区为平台，整合社区内各种服务资源，以社区的养老机构或相关组织为依托，为老年人提供助餐、助洁、助浴、助医等服务的新兴养老模式。本文依据河南省188个社区1645位城市社区居住老年人的社区居家养老服务情况网络问卷的调查结果，对全省城市社区居家养老服务保障工作现状和存在的问题进行了深入分析，并结合河南实际，提出提升河南城市社区养老服务工作的五点对策建议：以政策保障为抓手，加快推进社区养老服务中心建设；鼓励社会力量参与，促进居家养老服务工作有序提升；以服务质量为底线，提升社区居家养老服务工作成效；加大工作宣传力度，营造全员参与关注的良好氛围；以多元共建为契机，鼓励多种新兴养老模式协同发展。

关键词：　居家养老　服务保障　老龄化　河南

社区居家养老是指老年人按照我国传统生活习惯，选择居住在家庭中安度晚年生活并享受社区内各种服务资源的养老方式。这种兼具社会机构养老

---

* 杨冠军，河南省地方经济社会调查队二级巡视员；张乾林，河南省地方经济社会调查队二级调研员；魏巍，河南省地方经济社会调查队。

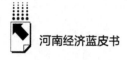

和居家养老优点的新兴养老模式既解决了在养老院养老易产生亲情淡泊的问题，又弥补了传统居家养老服务不足的难题，已成为我国城市养老服务的发展趋势。为了解全省城市社区居家养老服务保障现状、存在的问题及老年群体的期盼和诉求，更好地为党委政府研究制定城市社区居家养老政策提供科学依据，2020 年河南省地方经济社会调查队对全省 17 个省辖市及济源示范区范围内的 188 个社区 1645 位城市社区居住老年人的社区居家养老服务情况进行了网络问卷调查。调查结果显示，全省城市社区居家养老服务保障工作取得积极成效，受访群众对社区居家养老服务工作满意度较高，但仍存在政策保障不充分、资金渠道单一、宣传工作不到位等问题。

一　河南省城市社区居家养老服务的现状

（一）全省社区养老服务建设情况

四成多的社区建有社区养老服务中心。在被调查的 188 个社区中，建有社区养老服务中心（或日间照料中心）的有 82 个，占 43.6%，其中有 72 个社区建有 1 个，10 个社区建有多个社区养老服务中心；其他 106 个调查社区未建立社区养老服务中心，占 56.4%。在调查的 188 个社区中，有 22 个社区内建有社区养老院，占 11.7%；其他 166 个社区未建立养老院，占 88.3%。

约八成的社区养老服务中心提供日间照料、文化娱乐及医疗保健等服务。在建有社区养老服务中心的 82 个社区中，有 67 个社区为老年人提供有日间照料服务和文化娱乐服务，占 81.7%；有 64 个社区提供有医疗保健服务，占 78.0%；有 46 个社区提供有法律援助方面的服务，占 56.1%；有 32 个社区提供有家政服务，占 39.0%；另有 2 个社区提供有其他方面的服务。

在对居家老年人提供上门服务方面，有 56 个社区提供助医服务，占 68.3%；有 47 个社区提供有助急服务，占 57.3%；有 46 个社区提供有助餐服务，占 56.1%；有 44 个社区提供有助洁服务，占 53.7%；有 17 个社区提供有助浴服务，占 20.7%；另有 9 个社区为居家老年人提供其他方面的上门服务。

在社区养老服务工作方面，在被调查的 188 个社区中，有 66 个社区对老年人的家庭成员进行过养老服务培训，占 35.1%；有 159 个社区围绕助医、助急、助洁、助餐、助浴等方面为老年人开展过义工服务。

超七成的社区建有社区卫生服务中心。在被调查的 188 个社区中，建有社区卫生服务中心的有 135 个，占 71.8%，主要向居家老年人提供健康管理、医疗保健、上门巡诊等服务；有 84 个社区的卫生服务中心聘有两名及以上的全科医生；有 105 个社区卫生服务中心对接有专业化的医疗服务资源。

七成以上的社区开展过老年人养老需求评估工作。在被调查的 188 个社区中，有 130 个社区对辖内老年人建有养老信息档案，占 69.1%。有 140 个社区开展过老年人养老需求评估工作，占 74.5%，其中有 20 个社区能够做到一个月开展一次社区老年人养老需求调查，占 10.6%；有 43 个社区一个季度开展一次，占 22.9%；有 32 个社区半年开展一次，占 17.0%；有 45 个社区一年开展一次，占 23.9%；其余 48 个社区从未开展过社区老年人养老服务需求评估，占 25.5%。

（二）全省社区老年人居家养老情况

超九成老人以居家养老为主要养老方式。在受访的 1645 位老年人中，有 1585 人目前主要养老方式是居家养老（以子女赡养、自我照料等方式为主），占 96.4%；有 37 人以社区居家养老（享受社区提供的养老服务）为主要养老方式，占 2.2%；另有 23 位老年人为其他养老方式，包括养老机构集中养老（养老院）、旅居式养老以及抱团式养老等方式，占 1.4%。

对目前养老现状满意的比例较高。在受访的 1645 位老年人中，对目前养老方式感到满意的有 897 人，占 54.5%；感到基本满意的有 695 人，

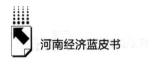

42.2%；对目前养老现状不满意的有53人，占3.2%。

半数以上的老年人与子女亲属共同居住。在受访的1645位老年人中，与子女亲属共同居住的有869人，占52.8%；老年人独自居住，子女经常回家探望的有651人，占39.6%；老年人空巢居住，子女不能经常回家探望的有104人，占6.3%；有21位老年人与其他人共同居住，占1.3%。

超九成的受访老年人生活可以自理。在受访的1645位老年人中，身体健康或基本健康的有1199人，占72.9%；身体欠佳，但可以自我照料的有329人，占20.0%；身体状况较差，身边需要有人长期陪伴照顾的有117人，占7.1%。

老年人有多个子女赡养的占比超八成。在受访的1645位老年人中，独生子女的有256人，占15.6%；有多个子女赡养的有1389人，占84.4%，其中有两个子女的有596人，占36.2%，有三个及以上子女的有793人，占48.2%。

受访老年人收入渠道单一、收入有限。从受访老年人的主要收入渠道来看，以离退休金、养老金收入为主的有916人，占55.7%；由家庭其他成员供养的有411人，占25.0%；以劳动收入为主的有220人，占13.4%；依靠政府最低生活保障的有58人，占3.5%；另有40人靠其他收入，主要包括财产性收入（房屋租金等）、抚恤金等。

在受访的1645位老年人中，年收入不足1万元的有654人，占39.8%；收入在1万~3万元的有582人，占35.4%；收入在3万~5万元的有351人，占21.3%；年收入超过5万元的有58人，占3.5%。

六成以上老年人只能承受千元以下的养老费用。从每个月能承受的养老费用来看，在受访的1645位老年人中，每个月可承受养老费用不足500元的有383人，占23.3%；每个月可承受养老费用在500~1000元的有703人，占42.7%；每个月可承受养老费用在1000~2000元的有427人，占26.0%；每个月可承受养老费用超过2000元的有132人，占8.0%。

受访老年人对社区养老服务项目满意度高。在申请享受社区居家养老服务项目的125位老年人中，有106位老年人对服务工作表示满意，占

84.8%；有18位老年人表示基本满意，占14.4%，有1位老年人对社区养老服务工作不满意，占0.8%。

超半数的受访老年人较为认可社区在居家养老服务方面的工作。在受访的1645位老年人中，有374位老年人对所住社区在居家养老服务方面的工作表示认可，占22.7%；有509位老年人表示基本满意，占30.9%；有103位老年人表示不满意，占6.3%；其余659位老年人对社区开展的居家服务养老工作了解不多，无法评价，占40.1%。

（三）老年人的养老意愿

不愿去养老机构（养老院）的老年人仍占大多数。在受访的1645位老年人中，有1004位老年人不愿去养老机构（养老院），占61.0%；愿意去养老机构（养老院）的有641位，占39.0%。调查结果显示，在不愿去养老机构（养老院）的1004位老年人中，有579位老年人更认可传统的养老模式，从未考虑过去养老机构（养老院），占57.7%；有389位老年人认为负担不起养老机构（养老院）的高额费用，占38.7%；有300位老年人不习惯养老机构（养老院）的集体生活，占29.9%；有299位老年人对养老机构（养老院）的服务质量心存顾虑，占29.8%；有262位老年人担心入住养老机构（养老院）后缺少子女的关心陪伴，占26.1%；有187位老年人担心入住养老机构（养老院）会给子女造成社会舆论的压力，占18.6%。公立养老机构（养老院）建设不足、入住难等其他问题也不同程度地存在。

传统的居家养老被认为是最理想的养老模式。在受访的1645位老年人中，有1051位老年人认为居家养老（以子女赡养、自我照料等方式为主）是最理想的养老模式，占63.9%；有356位老年人认为社区居家养老模式更为理想，占21.6%；有100位老年人认为抱团式养老（与年龄相近、志同道合的亲属朋友共同生活）更为理想，占6.1%；有72位老年人认为养老机构集中养老更为理想，占4.4%；有56位老年人认为旅居式养老模式更为理想，占3.4%；剩余10位老年人认为其他的养老模式更为理想，占0.6%。

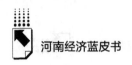

二 河南省城市社区居家养老服务保障工作存在的问题

（一）社区养老服务工作在资金及政策方面缺乏保障

资金不足是社区养老服务中心面临的最大难题。在建有社区养老服务中心的 82 个被调查社区中，有 67 个社区面临社区养老服务中心资金不足的问题，占 81.7%；未建立社区养老服务中心的 106 个社区中，有 40 个社区存在缺少资金支持的问题，占 37.7%。

缺少规划及政策支持是社区养老服务中心无法建立的主要原因。在未建立社区养老服务中心的 106 个社区中，没有规划建设区域是主要原因，有 81 个被调查社区存在这方面的问题，占 76.4%；有 29 个社区所在的地方政府未出台建立社区居家养老服务中心的相关政策，占 27.4%。

社区养老服务设施运营维护的主要资金来源单一较为普遍。在被调查的 188 个社区中，有 82 个社区的养老服务设施主要依靠财政投资，占 43.6%；有 51 个社区的资金来源主要为自筹公助的方式，占 27.1%；有 22 个社区的资金来源主要为社会资本注入，占 11.7%；有 38 个社区的资金来源为其他方式，占 20.2%①。

（二）社区居家养老服务质量需完善提升

一是缺少专业人员。在建有社区养老服务中心的 82 个社区中，有 61 个社区存在缺少专业人员的问题，占 74.4%；受访的 1645 位老年人中，有 643 位老年人认为社区居家养老服务缺少专业的健康服务和护理服务人员，占 39.1%。二是社区居家养老服务内容单一。目前，社区养老服务更多的是重视对老年人物质生活的照顾，其服务多是围绕生活需求，容易忽视老年人在文化娱乐、心理疏导等方面的精神需求。受访的老年人中有 434 位老年

---

① 部分选项存在多项，被调查合计数会大于 188 个。

人认为社区服务无法满足养老需求，占 26.4%；有 334 位老年人认为社区为老年人提供的文化娱乐活动较少，占 20.3%；有 240 位老年人认为社区对老年人缺少有效的心理疏导，占 14.6%。

（三）宣传不到位导致社区老年人对社区居家养老工作了解不足

对社区居家养老服务工作了解不足的受访老年人比例超过了八成，在受访的 1645 位老年人中，有 1050 位老年人听说过社区居家养老服务模式，但了解不足，占 63.8%；有 343 人没有听说过社区居家养老服务模式，占 20.9%；只有 242 人对社区居家养老服务模式非常了解，占 14.7%。由于对社区居家养老服务工作的不熟悉，多数老年人未享受过社区居家养老服务。此外，缺少社会关注的问题也较为突出。被调查的 1645 位老年人中，有 317 人认为目前社区居家养老工作缺少社会关注，占 19.3%。

（四）养老费用高是老年人理想养老面临的主要困难

目前，老年人主要收入来源为离退休金、养老金或家庭成员供养，收入水平有限，购买服务的能力相对不足，有限的收入和购买力意味着享有服务的质量和频次保障不充分，因此费用高成为限制老年人理想养老模式的主要原因。在受访的 1645 位老年人中，有 922 位老年人认为养老费用高是享受最理想模式面临的主要困难，占 56.0%。除收入因素的限制以外，有 522 位老年人认为存在缺少医疗卫生机构、交通不便等基础设施缺失的问题，占 31.7%；有 483 位老年人认为与子女生活习惯不同，占 29.4%；有 451 位老年人认为提供的养老服务项目太少，占 27.4%；有 280 位老人认为身体状况不允许，限制了享受理想养老模式，占 17.0%；有 181 位老年人认为生活环境较差，无法满足理想的养老模式，占 11.0%；另有 50 位老年人认为存在其他原因导致理想养老模式实现存在困难。

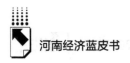
三 对提升河南城市社区居家养老服务工作的建议

（一）以政策保障为抓手，加快推进社区养老服务中心建设

完善的法规政策、健全的制度设计以及科学的管理机制是实现社区居家养老服务事业健康快速发展的先决条件。各级政府应从满足人民的实际需求出发，站在经济社会发展的战略高度上，高度重视发展地区社区居家养老服务事业。一要健全法律法规，完善相关政策措施。受访的1645位老年人中，有896位老年人认为亟须加快社区居家养老立法建设工作进度，占54.5%。在城市社区养老服务中心建设方面，应充分结合各地实际情况，因地制宜，加快对社区居家养老服务中心建设做出中长期规划，要注重从宏观的角度制定各项支持社区养老的政策，如社区养老服务设施用房用地优惠政策、减征或免征相关税费等，尽快研究出台社区养老服务中心的建设标准及实施管理规定等。二要增加财政投入，加大资金支持力度。受访的1645位老年人中，有727位老年人认为要加大对社区居家养老服务建设的财政投入力度，占44.2%。要加大各级财政对城市社区居家养老服务中心建设的支持力度，形成有利于社区居家养老服务模式快速发展的配套资金保障体系。以先急后缓为发展策略，重点向老旧社区、老龄群众密集社区倾斜，在符合条件的情况下优先向这些区域安排，并逐渐在全域范围内推广复制，不断提升社区养老服务中心的建设规模，扩大覆盖范围。三要探索多渠道提升养老补贴，实现高水平养老。受访的1645位老年人中，有1052位老年人认为应提高养老金标准，占64.0%。目前，老年人收入能力有限、购买服务能力有限的问题较为突出，对于部分城市社区老年人而言，购买社区养老服务的支出较高，老年人经济负担较大。各地应逐渐探索并建立完善养老补贴机制，对低收入老年人、存在实际困难的空巢老人等特殊群体予以政策关爱，通过奖补特殊老龄群体或贴补社区居家养老服务中心的方式鼓励他们享受社区居家养老服务，实现高水平养老。

（二）鼓励社会力量参与，促进居家养老服务工作有序提升

在社会主义市场经济条件下，只有充分运用市场机制才能调动各方积极性，更好地促进社区居家养老服务事业的蓬勃发展。要逐步建立以社会筹集为主、政府资助为辅的多层次、多途径、多渠道的投资发展体制，建立多渠道的资金供给和运作管理机制，强化政府监管，确保制度先行、规则先行、监管先行，明确规范市场运行的责任和义务。对参与社区居家养老服务的社会组织和企业，政府应出台政策扶持，包括降低准入门槛、场地优惠、税收优惠及财政补贴等。要注重通过引进市场提供的多样化的服务，在保障老年群体享有基本养老服务的基础上，同时满足不同老年人多层次养老服务需求，切实提高老年人的获得感、幸福感、安全感。

（三）以服务质量为底线，提升社区居家养老服务工作成效

服务质量是社区居家养老服务工作的生命线，提高社区居家养老服务标准化和专业化程度是居家养老服务持续健康发展的重要保障。一要鼓励发展养老技能培训机构，建立社区养老服务人员培训和用工标准，组织开办社区居家养老服务专业化培训，实现服务人员全部持证上岗。二要通过培养选拔等方式吸引专业化程度高的专业服务人员，引进优秀高校人才，稳定人才队伍。鼓励在校大学生利用课余时间，结合自身专业优势参与到社区居家养老服务工作中去。三要研究出台养老服务标准，包括服务质量标准、监管标准等，只有将标准规范化、明细化，才能做到有章可循、运行通畅、监管有力，不断提升服务质量。

（四）加大工作宣传力度，营造全员参与关注的良好氛围

社区居家养老服务工作是在居家养老的基础上逐渐演变的新兴养老服务模式，虽然各级党委政府在社区居家养老服务建设中开展宣传工作，但老龄群众社会交流不充分等自身原因以及宣传方式单一等，导致老龄群众对社区居家养老服务工作的知晓度低，对相关养老政策及服务方式了解不足，从而

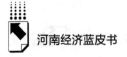

限制了其参与其中的意愿。此次调查受访的 1645 位老年人中，有 571 位老年人认为应加大社区居家养老服务工作的宣传力度，占 34.7%；有 485 位老年人认为应加快建立社区养老志愿服务制度，占 29.5%。因此，要不断提高对宣传工作的重视程度，把宣传工作引入社区，到老年人身边开展。要在社区通过宣传栏、宣讲会等方式，宣传社区居家养老服务方面的惠民政策，鼓励老龄群众积极参与。同时，要在社会上开展敬老爱老的教育宣传活动，鼓励社会团体、公益机构、志愿者参与到社区养老服务中来，通过组织开展政策宣传、上门服务等公益性活动，营造全社会爱老、敬老、养老的良好氛围。

（五）以多元共建为契机，鼓励多种新兴养老模式协同发展

随着经济社会的不断发展，探究符合全省实际情况的多元化养老模式，对满足老年人不断增长的养老服务需求、提高老年人的生活质量有积极作用，同时也是加快新旧功能转换，积极应对老龄化挑战的必然选择。随着时代的不断进步，河南省已初步构建起了以居家养老为基础、社区养老为依托、机构养老为支撑、其他养老模式并存的多层次养老服务体系。在今后的养老事业发展过程中，要始终坚持以多元共建为契机，既要在集中养老方面做好政府兜底保障工作，也要鼓励社会养老投入，实现高端市场兜底的市场化运作，同时更要注重医养结合、文化养老等服务方式，强化定位功能，建立并完善各类养老信息平台，构建智慧养老模式，确保多元化的养老模式协同发展。

B.30

后　记

　　刚刚过去的 2020 年，极不平凡。新冠肺炎疫情和百年变局交织，严峻挑战和重大困难并存，以习近平同志为核心的党中央高瞻远瞩、审时度势，团结带领全党全国各族人民迎难而上、攻坚克难，在这极不寻常的年份创造了极不寻常的辉煌。"河南经济蓝皮书"作为忠实反映、如实记录当代河南经济社会发展成就的智库图书，有幸见证并参与了这一历史，社会影响力不断扩大，智库作用日益显现。

　　风正潮平，自当扬帆破浪；任重道远，更须策马扬鞭。2021 年"河南经济蓝皮书"将继续肩负历史使命，紧扣时代脉搏，全面贯彻党的十九大和十九届二中、三中、四中、五中全会精神，深入贯彻习近平总书记视察河南重要讲话精神，立足新发展阶段，贯彻新发展理念，构建新发展格局，锚定"十四五"和 2035 年远景目标，接续奋斗、守正创新，奋力谱写全面建设社会主义现代化国家的河南篇章。

　　志不求易者成，事不避难者进。2021 年"河南经济蓝皮书"的编撰工作得到了河南省发展改革委、省工信厅、省扶贫办、省生态环境厅等省直部门和有关高校的大力支持。在此向所有参与供稿的单位、作者以及评审专家表示衷心感谢！由于时间仓促和编者水平有限，编撰过程中难免有纰漏或不妥之处，希望社会各界人士提出宝贵的意见和建议。

本书编辑部

2021 年 1 月 20 日

社会科学文献出版社

皮 书

智库报告的主要形式
同一主题智库报告的聚合

✤ 皮书定义 ✤

皮书是对中国与世界发展状况和热点问题进行年度监测，以专业的角度、专家的视野和实证研究方法，针对某一领域或区域现状与发展态势展开分析和预测，具备前沿性、原创性、实证性、连续性、时效性等特点的公开出版物，由一系列权威研究报告组成。

✤ 皮书作者 ✤

皮书系列报告作者以国内外一流研究机构、知名高校等重点智库的研究人员为主，多为相关领域一流专家学者，他们的观点代表了当下学界对中国与世界的现实和未来最高水平的解读与分析。截至2021年，皮书研创机构有近千家，报告作者累计超过7万人。

✤ 皮书荣誉 ✤

皮书系列已成为社会科学文献出版社的著名图书品牌和中国社会科学院的知名学术品牌。2016年皮书系列正式列入"十三五"国家重点出版规划项目；2013~2021年，重点皮书列入中国社会科学院承担的国家哲学社会科学创新工程项目。

中国皮书网

（网址：www.pishu.cn）

发布皮书研创资讯，传播皮书精彩内容
引领皮书出版潮流，打造皮书服务平台

栏目设置

◆**关于皮书**
何谓皮书、皮书分类、皮书大事记、
皮书荣誉、皮书出版第一人、皮书编辑部

◆**最新资讯**
通知公告、新闻动态、媒体聚焦、
网站专题、视频直播、下载专区

◆**皮书研创**
皮书规范、皮书选题、皮书出版、
皮书研究、研创团队

◆**皮书评奖评价**
指标体系、皮书评价、皮书评奖

◆**皮书研究院理事会**
理事会章程、理事单位、个人理事、高级
研究员、理事会秘书处、入会指南

◆**互动专区**
皮书说、社科数托邦、皮书微博、留言板

所获荣誉

◆2008 年、2011 年、2014 年，中国皮书
网均在全国新闻出版业网站荣誉评选中
获得"最具商业价值网站"称号；
◆2012 年，获得"出版业网站百强"称号。

网库合一

2014年，中国皮书网与皮书数据库端口
合一，实现资源共享。

中国皮书网

权威报告・一手数据・特色资源

皮书数据库
ANNUAL REPORT(YEARBOOK)
DATABASE

分析解读当下中国发展变迁的高端智库平台

所获荣誉

- 2019年，入围国家新闻出版署数字出版精品遴选推荐计划项目
- 2016年，入选"'十三五'国家重点电子出版物出版规划骨干工程"
- 2015年，荣获"搜索中国正能量 点赞2015""创新中国科技创新奖"
- 2013年，荣获"中国出版政府奖・网络出版物奖"提名奖
- 连续多年荣获中国数字出版博览会"数字出版・优秀品牌"奖

成为会员

通过网址www.pishu.com.cn访问皮书数据库网站或下载皮书数据库APP，进行手机号码验证或邮箱验证即可成为皮书数据库会员。

会员福利

- 已注册用户购书后可免费获赠100元皮书数据库充值卡。刮开充值卡涂层获取充值密码，登录并进入"会员中心"—"在线充值"—"充值卡充值"，充值成功即可购买和查看数据库内容。
- 会员福利最终解释权归社会科学文献出版社所有。

数据库服务热线：400-008-6695
数据库服务QQ：2475522410
数据库服务邮箱：database@ssap.cn
图书销售热线：010-59367070/7028
图书服务QQ：1265056568
图书服务邮箱：duzhe@ssap.cn

S 基本子库
SUB DATABASE

中国社会发展数据库（下设 12 个子库）

　　整合国内外中国社会发展研究成果，汇聚独家统计数据、深度分析报告，涉及社会、人口、政治、教育、法律等 12 个领域，为了解中国社会发展动态、跟踪社会核心热点、分析社会发展趋势提供一站式资源搜索和数据服务。

中国经济发展数据库（下设 12 个子库）

　　围绕国内外中国经济发展主题研究报告、学术资讯、基础数据等资料构建，内容涵盖宏观经济、农业经济、工业经济、产业经济等 12 个重点经济领域，为实时掌控经济运行态势、把握经济发展规律、洞察经济形势、进行经济决策提供参考和依据。

中国行业发展数据库（下设 17 个子库）

　　以中国国民经济行业分类为依据，覆盖金融业、旅游、医疗卫生、交通运输、能源矿产等 100 多个行业，跟踪分析国民经济相关行业市场运行状况和政策导向，汇集行业发展前沿资讯，为投资、从业及各种经济决策提供理论基础和实践指导。

中国区域发展数据库（下设 6 个子库）

　　对中国特定区域内的经济、社会、文化等领域现状与发展情况进行深度分析和预测，研究层级至县及县以下行政区，涉及省份、区域经济体、城市、农村等不同维度，为地方经济社会宏观态势研究、发展经验研究、案例分析提供数据服务。

中国文化传媒数据库（下设 18 个子库）

　　汇聚文化传媒领域专家观点、热点资讯，梳理国内外中国文化发展相关学术研究成果、一手统计数据，涵盖文化产业、新闻传播、电影娱乐、文学艺术、群众文化等 18 个重点研究领域。为文化传媒研究提供相关数据、研究报告和综合分析服务。

世界经济与国际关系数据库（下设 6 个子库）

　　立足"皮书系列"世界经济、国际关系相关学术资源，整合世界经济、国际政治、世界文化与科技、全球性问题、国际组织与国际法、区域研究 6 大领域研究成果，为世界经济与国际关系研究提供全方位数据分析，为决策和形势研判提供参考。

法律声明

　　"皮书系列"（含蓝皮书、绿皮书、黄皮书）之品牌由社会科学文献出版社最早使用并持续至今，现已被中国图书市场所熟知。"皮书系列"的相关商标已在中华人民共和国国家工商行政管理总局商标局注册，如LOGO（▨）、皮书、Pishu、经济蓝皮书、社会蓝皮书等。"皮书系列"图书的注册商标专用权及封面设计、版式设计的著作权均为社会科学文献出版社所有。未经社会科学文献出版社书面授权许可，任何使用与"皮书系列"图书注册商标、封面设计、版式设计相同或者近似的文字、图形或其组合的行为均系侵权行为。

　　经作者授权，本书的专有出版权及信息网络传播权等为社会科学文献出版社享有。未经社会科学文献出版社书面授权许可，任何就本书内容的复制、发行或以数字形式进行网络传播的行为均系侵权行为。

　　社会科学文献出版社将通过法律途径追究上述侵权行为的法律责任，维护自身合法权益。

　　欢迎社会各界人士对侵犯社会科学文献出版社上述权利的侵权行为进行举报。电话：010-59367121，电子邮箱：fawubu@ssap.cn。

社会科学文献出版社